Rana Ah

Ici, les femmes ne rêvent pas

Récit d'une évasion

Traduit de l'allemand par Olivier Mannoni

11, rue de Sèvres, Paris 6ᵉ

Dépôt légal : novembre 2018

ISBN : 978-2-211-23771-0

À mon père, qui a toujours cru en moi
et m'a donné le sentiment d'être un individu singulier.
À tous ceux qui veulent changer leur vie,
mais ne pensent pas être encore en mesure de le faire.
Ce livre est pour vous.

PROLOGUE

Je traverse la rue et j'entends des oiseaux chanter. Pour le reste, le silence règne au cœur de Cologne. Mon voisin, qui marche à ma rencontre sur les bandes blanches, m'adresse un salut aimable. Le soleil brille, je vois avec plaisir l'éclosion des premiers bourgeons et les feuilles vert tendre sur les arbres et les buissons. J'emplis mes poumons d'air chaud.

Beaucoup de cafetiers ont sorti tables et chaises en terrasse, je croise des hommes en short et des femmes en robe d'été aux couleurs vives. Une jeune fille passe devant moi sur son vélo, je la suis des yeux. Elle sourit. J'aime beaucoup la manière dont les gens savourent le printemps, ici, en Allemagne. C'est une journée ensoleillée et légère, mais lorsque je vois sur l'enseigne – outre des boissons fraîches, des cigarettes et des confiseries – « International Calls and Internet », je ralentis le pas sans le vouloir. J'inspire encore une fois profondément, puis j'abandonne la lumière du jour pour la pénombre du magasin. Derrière le comptoir où l'on vend des barres chocolatées, des chewing-gums et des petits ours à mâcher se tient un homme qui, comme moi, semble avoir ses racines ailleurs qu'en Allemagne. Il me lance un regard interrogateur. L'espace d'un instant, j'ai oublié qu'il ne peut pas savoir ce que je veux. « Téléphoner une fois, s'il vous plaît, finis-je par dire. – Allemagne ou étranger ? » demande l'homme. Je réponds hâtivement : « Étranger. » Puis j'ajoute, tant mon excitation est

9

grande : « Arabie saoudite. » Cela ne l'intéresse pas. Il hausse les épaules, désigne une rangée d'ordinateurs. Derrière l'un d'eux, un homme mène une conversation bruyante, le casque sur la tête. « Ou alors dans la cabine ? demande le gérant. – La cabine, s'il vous plaît », dis-je avec soulagement : je tiens absolument à ce que personne ne puisse m'entendre. J'ai attendu cette discussion pendant des mois, je ne veux surtout pas être dérangée, cet appel est trop important. L'homme hoche la tête et ajoute : « C'est libre. »

J'entre dans la cabine dont l'étroitesse a quelque chose d'absurde. Le téléphone démodé est usé par des années d'utilisation. À l'ère du portable, on dirait un objet venu d'un autre temps. Son cadran est équipé de touches en métal argenté à la surface desquelles sont gravés des chiffres noirs. Les touches du deux et du cinq sont déjà passablement effacées. L'écouteur noir est relié par un cordon inoxydable qui ressemble à un tuyau de douche miniature. Les parois de la cabine sont sombres, c'est peut-être du contreplaqué peint, je n'en suis pas certaine. Les gens y ont laissé des graffitis au feutre blanc, les cochonneries et stupidités habituelles. Je sors mon portable de ma poche et tourne le dos à l'homme installé devant l'ordinateur. Il regarde fixement l'écran et paraît totalement absorbé par sa conversation. Je me réjouis qu'il porte un casque. La cinquième cabine n'est pas bien insonorisée. Il y a un petit espace sous la porte vitrée, et aucun plafond ne clôt l'espace à son sommet. Mes mains tremblent quand je commence à taper sur le vieux clavier le numéro qui figure sur l'écran de mon portable. Si je suis ici dans cette cabine c'est pour que l'on ignore d'où vient mon appel, ce serait trop dangereux. Je n'appelle pas le fixe de la maison. J'ai peur que ma mère ne décroche. Qu'est-ce que je dirais dans ce cas-là ? Le risque est trop important. Je tente d'inspirer et d'expirer profondément et régulièrement. Je suis tellement énervée que je dois m'y reprendre à deux fois pour composer le bon numéro. Mes mains tremblent toujours. Ça n'est qu'une conversation téléphonique, Rana, me dis-je, pour me rassurer. Je respire une fois encore à pleins poumons avant de taper le dernier chiffre. Je porte l'écouteur à mon oreille. Une vague nausée s'empare de moi. Il fait beaucoup trop chaud dans ce petit espace. À l'odeur, on jurerait que quelqu'un a fumé une cigarette après l'autre pendant des heures. Je tente de continuer à respirer calmement, en contrôlant mon souffle, pour dissiper mon haut-le-cœur. Pendant un instant la ligne donne l'impression d'être morte, alors que je suis certaine d'avoir composé le bon numéro. Une éternité s'écoule avant que le signal retentisse. Cette conversation, que je voulais encore ajourner quelques secondes plus tôt, ne commence pas assez vite pour moi à présent. Enfin, j'entends la sonnerie. Un long bip, deux, trois, quatre, cinq… La tonalité retentit et retentit encore ; personne ne décroche. À la sixième ou septième, j'ai perdu tout espoir, mais je continue à presser l'écouteur contre mon oreille et à regarder fixement cet antique téléphone à pièces. J'ai beau savoir à présent que personne ne répondra, je suis incapable de raccrocher. Ces dernières semaines, j'ai passé en revue d'innombrables scénarios. Mais aucun ne prévoyait que mon père ne serait pas à l'autre bout du fil. Je raccroche le combiné, déçue. Je suis au bord des larmes. Que dois-je faire à présent ? Mais, avant que j'aie vraiment le temps d'y réfléchir, le téléphone sonne. Quelques secondes passent, quelques secondes pendant lesquelles je regarde fixement l'appareil avant de comprendre. Puis je décroche de nouveau le combiné, je le tiens contre mon oreille, et tout d'un coup tout se passe au ralenti. Je demande : « Papa ? » Qu'il est étrange de prononcer ce mot. C'est au moment où il sort de ma bouche que je me rends compte du temps qui a passé depuis la dernière fois que je l'ai dit. « Rana ? » fait la voix à l'autre bout du fil. Une voix dont j'avais presque oublié la sonorité et – j'en suis certaine à présent – que je reconnaîtrai entre mille dans dix ans, dans vingt ans. Parce qu'elle éveille en moi des sentiments tellement profonds, tellement ancrés dans mon subconscient que je suis sans défense au moment où ils s'abattent sur moi. Ça, là, dans le combiné, résonnant dans la cabine d'un cybercafé allemand, c'est mon père. C'est lui, pour de vrai. J'ai le vertige. Je suis incapable de formuler la moindre pensée. À l'autre bout du fil aussi, le silence est complet, comme si nous étions trop effrayés, l'un et l'autre, ces deux premiers mots péniblement exhalés, pour pouvoir en prononcer d'autres. « Loulou, mon cœur ! » La voix de mon père dissipe le silence. Il parle tranquillement, avec componction, comme toujours, peut-être un peu plus doucement que d'habitude. Je la ressens à nouveau, la chaleur de cette basse dont la sonorité m'accompagne depuis que je suis en vie. Mais cette voix-là exprime encore autre chose : un profond soulagement, de ceux qui ne peuvent atteindre qu'une personne en proie à un épuisement infini. « Loulou. » Cela fait tellement longtemps que plus personne ne m'a appelée ainsi. Loulou, c'est mon surnom. Il arrivait à ma mère d'y avoir recours. Mais c'est surtout pour mon père que j'étais Loulou, sa petite fille, même des années après que j'eus franchi le seuil de la majorité.

Ses quelques mots m'atteignent sans que je m'y sois préparée. Mes genoux flageolent. J'ai l'impression que je vais m'effondrer. Ma poitrine semble être traversée par un cordon si fin que je le devine près de rompre à tout instant. La voix de mon père et le sentiment de familiarité qui s'abat brusquement sur moi me bouleversent. Une seule phrase de mon père a suffi à pulvériser la maîtrise de moi-même que j'ai si chèrement acquise, cette capacité assidûment entretenue à repousser très loin de moi ma nostalgie et les souvenirs de ma vie antérieure.

Cela fait deux ans que je n'ai pas vu mon père. Je sais que, entre-temps, il m'a envoyé deux cents mails, mais j'ai évité d'en lire ne fût-ce qu'un seul. Peut-être ai-je pressenti que cela m'aurait exposée à une douleur si insupportable et que mes plaies se seraient rouvertes. Je ne lui ai plus parlé depuis que j'ai disparu, du jour au lendemain et sans un mot d'adieu. « Papa », répété-je encore une fois dans l'appareil. Et puis nous discutons. Il me pose tellement de questions. Me demande si je vais bien. Comment je passe mon temps. Ce que je fais de mes journées. Il paraît infiniment soulagé de m'entendre. Je le rassure : « Papa, ne te fais pas de soucis. » Et je m'arrête net. Où je suis, ce que je fais, il ne doit pas l'apprendre. Ce serait trop dangereux. Mon père n'attend pas de réponses, on dirait qu'il sait ce que je suis en train de me dire. Il se contente de poser des questions. Me demande si j'ai besoin d'aide. Je tente de le rassurer : « Non, papa, s'il te plaît, ne t'inquiète pas, c'est tout. Je vais bien, j'ai tout ce dont j'ai besoin. » Pour la première fois depuis deux ans, me voici de nouveau proche de mon père, la seule chose que je puisse faire est de l'écouter. Il me dit qu'il pense souvent à moi, me raconte sa journée, des choses tout à fait banales et pourtant tellement lointaines. Puis il parle du passé : « Tu te rappelles, Loulou, quand tu étais petite fille, tu me demandais toujours si tu pouvais m'accompagner au supermarché ? » C'est le moment où les larmes me montent vraiment aux yeux. « Tu voulais venir chaque fois pour que je t'achète des confiseries. Tu te rappelles ces petits canards en plastique transparent, et puis les bonbons au chocolat bourrés de sucre et fourrés de crème blanche au lait ? Tu mangeais toujours tous les bonbons d'un seul coup, les personnages en plastique, tu les alignais dans ta chambre, sur l'étagère, tu t'en souviens ? » Comment pourrais-je un jour oublier cela ? Je me revois le supplier, je le revois céder avec un sourire entendu. Je l'entends encore prophétiser : « Un jour tu auras un choc diabétique ! » et secouer la tête en riant. Je me rappelle les négociations que j'engageais avec lui chaque fois que nous achetions des bonbons au chocolat et des glaces. Je me revois courir tout excitée dans le séjour, où j'attendais avec impatience qu'il descende enfin l'escalier, que nous montions dans la voiture et que nous partions. Mon père n'a jamais rien pu me refuser. Parfois il m'offrait un jouet, une Barbie ou un ours en peluche brun auquel je disais bonne nuit tous les soirs.

Il m'emmenait avec lui quand il se rendait au grand centre commercial. J'entrais dans une boutique où l'on vendait des livres et des papiers aux couleurs vives et devant laquelle il attendait toujours, patiemment, que j'aie tout regardé. Et, chaque fois, il m'offrait le livre qui m'avait plu, des crayons, du papier, une nouvelle trousse. Quand j'étais assise sur le siège du passager, à côté de mon père, j'étais heureuse.

À Riyad, nous passons le plus clair de notre temps dans des logements ou des bureaux climatisés et, bien entendu, en voiture. Nous ne sommes jamais dans la rue. On ne se rend nulle part à pied. L'été, notamment, il fait une chaleur incroyable. Toutes les salles sont climatisées, les espaces clos sont nettement dissociés du monde extérieur ; la vie, à Riyad, se déroule dans les murs. En réalité, on ne franchit la porte de sortie de sa maison que pour se précipiter dans son véhicule. Riyad est une ville encerclée de sable, il semble toujours y avoir quelque chose en suspension dans l'air. C'est une mégalopole plantée au cœur du désert, où trente degrés l'été produisent l'effet d'une authentique fraîcheur et où la température atteint parfois les cinquante au mois d'août. On y construit partout. La ville grandit un peu chaque jour. Elle sent le goudron parce qu'il faut constamment refaire les chaussées. On perçoit le bruit de la circulation et le vacarme des chantiers, pas grand-chose de plus. On n'entend pas de musique par les fenêtres des logements et des magasins, comme dans d'autres villes. La musique est interdite en public. Les bruits de mon enfance, c'étaient celui des voitures, celui des nombreux poids lourds qui croisaient notre voiture climatisée. À Riyad, certaines familles ont trois voitures, parfois plus. Nous, nous en avions deux. Une auto pour faire des promenades ou aller au restaurant – celle-là était toujours propre. Et un pick-up que mon père prenait pour se rendre au travail et faire les courses. L'intérieur de celui-ci était plutôt crasseux. La ville de mon enfance était un chaos, un fouillis de gratte-ciel, de façades en miroir, de voitures coincées dans des embouteillages. À Riyad, on ne trouve pratiquement pas d'animaux, le climat est trop chaud et trop sec, y compris pour la plupart des insectes. Il y a des moustiques, mais ni abeilles ni bourdons. S'il m'arrive de voir un oiseau ici ou là, on ne trouve de papillons que dans les rares parcs ou en dehors de la ville. Les chiens, je ne les connais que par les dessins animés. En Islam on les juge impurs, cela, je le sais. Dans les rues de la ville vivent des chats maigres dont la faim dévorante se lit dans les yeux et que l'on évite parce qu'on n'a pas envie de les caresser. Pour mes six ans, nous étions allés au zoo en famille. Ç'a été la première fois que j'ai vu des girafes, des éléphants et des lions. Je les imaginais beaucoup plus petits et j'ai eu peur de ces animaux gigantesques qui me regardaient fixement dans leurs enclos. Mon père me tenait fermement par la main. Cela me rassurait un peu, mais j'étais tout de même contente de remonter dans la voiture et de rentrer à la maison.

Le quartier dans lequel j'habitais avec mes parents, mes frères et ma sœur, s'appelle Hittin. C'est un secteur de bâtiments neufs, situé au nord-ouest de la ville. Ici la vie est un peu plus tranquille, la circulation est moins dense et les immeubles ne montent pas jusqu'au ciel, ils ont un étage, deux au maximum.

Le matin, ma mère criait pour nous faire quitter nos lits. Puis elle nous préparait des œufs au fromage et aux olives pour notre petit-déjeuner. Parfois elle nous servait des cornflakes – mais c'était rare, elle estimait que ce n'était pas une nourriture très saine. J'emportais toujours une bouteille d'eau quand je sortais de la maison : il fait tellement chaud qu'on a soif en permanence dans mon pays. Il y a bien des fontaines dans les rues, mais seuls les hommes sont autorisés à y boire. Les enfants, eux, sont trop petits pour atteindre le robinet : les femmes devraient ôter leur voile pour s'y abreuver. Un jour, encore petite fille, j'ai demandé à ma mère pourquoi les femmes se voilaient. Elle m'a répondu : « Dieu nous aime, voilà pourquoi nous devons nous couvrir. Les hommes ne doivent pas nous voir. » Je n'ai pas réellement compris ce que ça signifiait, mais je ne lui ai pas demandé plus d'explications. C'est de tout cela que je me souviens au moment où je parle à mon père, alors que je me trouve au centre de Cologne, dans le pays qui est devenu le mien, parce que, dans mon ancien chez-moi, je n'avais pas le droit d'être celle que je suis.

1

LE JOUR OÙ MON GRAND-PÈRE
A DONNÉ MON VÉLO

Je ne sais pas précisément à partir de quand la religion a commencé à jouer un rôle dans ma vie. Elle a toujours été là. Le premier ramadan dont j'aie gardé le souvenir commence par un éloge de mon père à l'intention de mon frère : « Tu es un bon musulman parce que tu jeûnes. » Je suis jalouse de mon frère car on le félicite, et pas moi. Je décide de l'imiter, je jeûne, exactement comme lui, et j'en informe immédiatement mon père. Il sourit, il est tout aussi fier de moi que de mon frère. Le monde est de nouveau en ordre.

Pendant la période du jeûne, beaucoup de personnes sont à bout de forces quand elles rentrent chez elles pour préparer leur dîner. C'est que les trajets sont longs, à Riyad. L'*adhan* du soir, l'appel à la prière, indique le moment où le jeûne peut être rompu. Pour qu'ils puissent commencer à manger quelque chose sur la longue route du retour à la maison, des volontaires distribuent gratuitement, après le coucher du soleil, de l'eau et du pain aux Saoudiens pris dans les bouchons. Ils peuvent ainsi récupérer un peu d'énergie avant de se retrouver en famille autour de l'*iftar*, ce copieux dîner que l'on prend traditionnellement pendant le ramadan. On se sent reliés les uns aux autres par un rituel solennel. Mais quiconque mange quoi que ce soit avant la rupture du jeûne et se fait prendre par la police religieuse est assuré de recevoir des coups de fouet ou de se retrouver en prison.

Il n'empêche, j'aime bien le ramadan : pendant cette période, de nouvelles séries pour enfants ainsi que d'autres émissions spéciales sont diffusées à la télévision.

Au cours du ramadan, la vie se décale vers la nuit. Le matin on commence plus tard que d'habitude et il faut attendre le soir pour que les gens soient vraiment réveillés. En réalité, c'est à cette époque que l'on mange le mieux. Comme on a eu faim toute la journée, on se retrouve le soir pour faire bonne chère, les femmes préparent des plats compliqués qu'elles n'ont pas le loisir de mijoter en temps normal. Je regarde ma grand-mère avec de grands yeux lorsqu'elle fait cuire de l'*al kabsa*, mon plat préféré : des cuisses de poulet croustillantes servies avec du pain, des raisins de Corinthe et des amandes. Toute la maison sent la cannelle, la cardamome, le safran et les clous de girofle, la viande rôtie à point et le riz tout juste sorti du cuiseur à vapeur. C'est une odeur dans laquelle j'aimerais me dissoudre, et les portions que ma mère dépose sur les tables ne sont jamais assez grandes. Après le coucher du soleil, nous prions. Ensuite on sert des montagnes de nourriture dans lesquelles je puise jusqu'au moment où il me semble que mon ventre va éclater. Alors, peu avant minuit, vient l'heure de la prière nocturne, *salat al 'isha*. Ensuite, nous disons la prière du *Tarawih*. Elle est composée de vingt *rakats*, vingt unités, et dure longtemps. Petite, je me demandais souvent pourquoi nous devions prier autant et aussi souvent. La plupart du temps, j'étais déjà fatiguée à l'heure de la prière nocturne ; alors, d'une certaine manière, j'étais toujours heureuse que le ramadan s'achève.

Mes parents sont tous deux des croyants rigoureux, exactement comme mes grands-parents. Ma mère et mon père sont originaires de Syrie, plus précisément de Jobar, un faubourg de Damas. Tout le monde se connaît là-bas, on salue tous les gens qu'on croise. Mon père, Hamd, est issu d'une famille riche où il a grandi avec vingt frères et sœurs à deux pas de l'appartement où vivait ma mère. Sa famille a été l'une des premières

18

à posséder un poste de télévision, dans les années 1960, à une époque où c'était encore quelque chose d'exceptionnel en Syrie. À vingt-cinq ans, lui, le seul de sa nombreuse fratrie à être allé au bout de ses études et même à avoir obtenu un diplôme en comptage du trafic routier, est parti pour l'Arabie saoudite. Il était en quête de richesse et d'une vie meilleure pour lui-même et pour la femme dont il ne savait encore rien à l'époque. C'était un travailleur acharné qui ne comptait pas ses heures – ça, je le tiens de ma grand-mère. Un immigré que les autres immigrés vénéraient.

Ma mère s'appelle Frah. Quand elle était jeune, elle était si jolie que tout le monde savait qu'elle trouverait un très bon parti. Elle était la cadette de onze enfants. Elle venait d'une famille très pieuse qui cultivait des légumes et des fruits. Jadis, il lui arrivait d'accompagner sa mère lorsqu'elle allait vendre à Damas et dans sa banlieue des concombres, des tomates, des aubergines, des raisins et des abricots. À présent que nous vivons à Riyad, nous allons chaque été rendre visite à ses parents et à ceux de mon père. Les vacances en Syrie sont des moments tout à fait à part. Mes frères et ma sœur s'en réjouissent autant que moi-même : le climat y est plus doux, moins écrasant qu'à Riyad ; nous avons le droit de jouer dans la rue et nous pouvons passer beaucoup de temps avec nos grands-parents. Le voyage de Riyad en Syrie est un moment que j'attends toujours avec impatience.

L'été de mes dix ans – je suis alors en deuxième année de cours moyen –, tout se passe comme d'habitude le jour du départ : il fait encore sombre dehors, et notre mère nous réveille bien trop tôt. Couchée dans mon lit, je sens sa main sur mon épaule. Elle dit, beaucoup trop fort : « Rana, on se lève ! » Je serre les paupières et je me tourne sur l'autre flanc. À côté de moi, mon frère chouine. Lui non plus ne veut pas se lever. Quelle heure est-il ? Cinq heures ? Six heures ?

Ensuite, ivre de sommeil, une première pensée : aujourd'hui, c'est jeudi. Aujourd'hui, c'est le départ ! Nous allons faire le long trajet de Riyad à Damas et retrouver notre grand-père, notre grand-mère, nos oncles, nos tantes, nos cousins et cousines. Me voilà tout d'un coup parfaitement éveillée, je saute du lit et je dévale l'escalier pour rejoindre papa. Il voit mes yeux écarquillés, mon sourire joyeux. Il sourit. Il se penche vers moi, me caresse la joue et dit doucement : « Loulou, mon trésor, c'est bien que tu sois déjà réveillée. »

Lorsque nous sommes tous levés, c'est l'heure de la prière matinale. Laver à l'eau trois fois ses mains, trois fois son visage. Remplir trois fois sa bouche, recracher l'eau trois fois. Laver trois fois ses pieds. *Wudhû*, les ablutions rituelles, sont en Islam un devoir avant chaque prière. Il faut être propre pour Dieu. Ma première prière est restée dans mon souvenir. Je ne vais pas encore à l'école et, un matin, j'observe mon père qui fait sa prière. Comme je veux toujours faire comme lui, je le rejoins et imite ses mouvements. Quand il a terminé, il me caresse fièrement la joue. « Très bien, Rana, Allah est fier de toi », dit-il, et il me lance un regard rayonnant. Pour un musulman pratiquant, il n'y a rien de plus beau que le moment où son propre enfant s'intéresse à l'islam avant même de fréquenter les cours de religion. On sait alors que l'on a tout fait comme il faut. Depuis cette date, je prie cinq fois chaque jour. À dix ans, j'y suis tellement habituée que j'exécute tout le rituel sans même y penser.

Dans le séjour, ma mère a étalé pour chacun de nous un tapis de prière. Il est cinq heures et demie, le soleil ne s'est pas encore levé. Nous prions ensemble, et pourtant chacun pour soi. Je pourrais prendre en dormant les sept positions de la prière. Je suis fière de pouvoir réciter par cœur et sans aucune aide l'*Al-Fatiha*, la première sourate du Coran.

Je ne comprends pas vraiment pourquoi nous prions. J'accomplis le rituel comme je me brosse les dents le matin et le soir, mais je ne me sens pas aussi méditative et saisie par Dieu que je devrais l'être. J'attends que survienne le moment où j'éprouverai quelque chose de grand et où la prière aura un vrai sens pour moi. Or la seule chose que je ressens en priant est une sorte de respect envers la gravité et le poids des mots dont sont composées les sourates. Quand nous roulons les tapis, il m'arrive de me jurer que jamais, quoi qu'il arrive, je ne deviendrai l'une de ces créatures errantes qui s'éloignent de la religion ou agissent contre elle. Je veux marcher sur le droit chemin jusqu'à la fin de mes jours.

Si les vacances d'été en Syrie étaient la plus belle partie de l'année, cela n'était pas dû au fait que je n'aimais pas l'école. Je crois qu'on ne trouverait pas une seule petite fille à Riyad qui l'ait fréquentée avec autant de plaisir que moi. Je me rappelle encore fort bien le jour où mon père m'a dit que je n'aurais plus à attendre longtemps mon premier jour de classe. C'était un mercredi après-midi, au mois de septembre. J'avais six ans et j'étais tout étourdie par la joie. Je n'ai pas attendu cette date pour devenir une enfant curieuse et avide de connaissances : je bouillais d'impatience à l'idée de savoir écrire. Un jour, toute petite, j'avais demandé à mon père comment on écrivait correctement mon prénom. Après qu'il me l'avait montré, je m'étais exercée jusqu'à pouvoir le faire seule. Puis je lui avais demandé de me montrer comment on rédigeait ceux de mon frère et de ma petite sœur. Ainsi, à mon arrivée au cours préparatoire, je savais déjà écrire les prénoms de toute ma famille.

Ma première rentrée est l'une des plus heureuses journées de ma vie. Je suis déjà parfaitement réveillée avant même la sonnerie du réveil, et je me faufile en pyjama dans la cuisine. Quand ma mère me voit, elle éclate de rire et annonce : « Tu peux aller toute seule à l'école en compagnie de Nusaiwa, ou bien je t'accompagne, c'est comme tu veux. » Nusaiwa, c'est la fille de notre voisine. Elle habite juste à côté et fréquente déjà le cours élémentaire. Bien entendu, je demande à y aller seule avec Nusaiwa. Quand je pars avec mon petit cartable rouge de Cendrillon, je me sens comme une adulte. Mon père m'a offert une nouvelle trousse, un stylo, des crayons noirs et d'autres de toutes les couleurs de l'arc-en-ciel. Nusaiwa et moi-même traversons la rue en nous tenant par la main, nous tournons deux fois au coin de la rue et nous nous retrouvons devant ce bâtiment que je n'ai vu, jusqu'ici, que de l'extérieur – un lieu magique. En Arabie saoudite, les écoles n'ont pas de nom, mais un numéro. La mienne porte le numéro 64. J'ai un uniforme d'écolière, une robe austère à longues manches. Elle est en coton gris avec un col Claudine garni de dentelle blanche, une double boutonnière et une ceinture assortie. C'est ainsi que s'habillent à l'époque les écolières débutantes dans le royaume. Après l'avoir suppliée pendant des jours et des jours, ma mère a fini par me faire, ce matin-là, la même coiffure que Lady, mon héroïne de manga préférée ! Lorsque j'arrive à l'école avec Nusaiwa, je commence par refuser de lui lâcher la main. J'ai peur, tout à coup, et je me sens submergée par toutes ces petites filles installées dans cette salle de classe aux murs nus. À la maison, j'avais imaginé l'école comme un lieu où tout était rose, une gigantesque salle de jeux peuplée d'ours en peluche, de poupées et de Barbie. Dans la réalité, tout est différent. Nusaiwa me désigne l'entrée d'une classe avant de disparaître dans une autre. Me voici soudain toute seule avec mes nombreuses nouvelles camarades. Autour de moi, trente petites filles que je n'ai jamais vues. Beaucoup d'entre elles connaissent déjà quelqu'un dans la classe et sont plongées dans des discussions très animées. Mais pas moi : je ne connais personne. Tout est nouveau, bruyant, inhabituel. Je me sens subitement complètement perdue. Je ne peux retenir mes larmes, j'espère seulement que personne ne les voit. Quand l'enseignante distribue chocolats et petits gâteaux aux nouvelles venues, elle remarque aussitôt mon désarroi et me donne une friandise supplémentaire.

Il ne faut pas longtemps pour que je cesse de pleurer à l'école : bien vite, je me réjouis de la journée de classe qui s'annonce pour le lendemain. J'aime toutes les disciplines, mais ce sont les mathématiques et la biologie qui me procurent le plus de plaisir.

Pendant la grande récréation, mes amies et moi-même allons nous acheter quelque chose à la guérite de la cantinière, des chips ou un sandwich et une bouteille de Miranda. Les premiers temps, ma mère essaie encore de me préparer des casse-croûte, mais je les rapporte toujours à la maison sans y avoir touché. C'est tellement bien, tellement excitant de choisir, chaque matin, ce que je peux acheter au guichet de la guérite.

Dans les écoles saoudiennes, l'enseignement du Coran est la discipline principale. Notre enseignante nous parle du prophète Mohammed en termes tellement ardents que nous sommes toutes soulevées d'enthousiasme, comme on l'est face à une idole hors d'atteinte que l'on adore à bonne distance. Chaque jour, après l'école, je rentre chez moi en courant avec Nusaiwa. Je vais aussitôt voir ma mère à la cuisine et je soulève les couvercles des casseroles pour voir ce qu'elle y fait cuire. « Laisse ça, Rana », dit-elle. Ensuite, le plus souvent, je fais mes devoirs dans ma chambre. J'attends que mon père revienne du travail et que nous étalions sur le sol la nappe sur laquelle nous disposons les plats. Ensuite, nous mangeons tous ensemble, et papa nous décrit sa journée. Ces moments où il est à la maison et raconte des histoires sont pour moi les plus beaux de tous.

Au cours des semaines qui ont précédé notre voyage à Damas, notre petite maison s'est remplie de toutes sortes de cadeaux destinés à notre famille : trois voitures miniatures rouges télécommandées, une pour chacun de mes cousins. Différentes Barbie en petite robe rose, quatre poupées presque aussi grandes que moi. De magnifiques tenues en organza brodé pour les femmes, couleur orange, lilas ou turquoise. Des sucreries emballées dans du papier d'aluminium, des tablettes de nougat blanc, du chocolat. De petits cartons aux couleurs vives et chatoyantes, contenant des flacons de parfum et d'after-shave. Presque chaque soir, mon père revient du travail avec un sac dont il range le contenu dans l'armoire à vêtements de la chambre de mes parents.

J'observe, suspicieuse, cette montagne de cadeaux qui s'accumulent petit à petit, et je suis triste de savoir qu'ils ne me sont pas destinés. Quelques jours avant notre départ, on sonne à la porte. Je m'attends à ce que ma mère aille ouvrir, mais c'est moi qu'elle envoie. Je m'étonne, j'ai même un peu peur. Qui cela peut-il être, et pourquoi est-ce à moi d'aller ouvrir la porte ? Mais devant la maison, c'est mon père que je vois, un léger sourire aux lèvres. Je suis tellement confuse que je ne remarque pas tout de suite l'objet. Il est juste derrière lui – c'est une bicyclette ! Un vélo pour fille, blanc et argenté. « Pour toi, Rana ! » dit mon père, qui éclate même de rire à présent. Je pousse un petit couinement aigu et je tiens mes deux mains devant mon visage. Je fais des bonds, mais je n'ose pas m'approcher de l'engin. C'est vraiment pour moi ? La joie me prive de tous mes moyens. Je trouve enfin la force de courir vers le vélo, je l'examine sous toutes les coutures, incapable de croire que l'on m'offre un aussi grand, un aussi beau cadeau sans raison particulière. Puis je me tourne vers papa, je le serre dans mes bras, j'enfonce mon visage aussi profondément que possible dans son épaule, je sens son odeur et je me fonds en remerciements. Puis je pousse mon vélo dans la cour. Le soleil le fait briller. Le guidon a des poignées blanches assorties à la selle, le cadre est argenté, il est neuf et magnifique, sans la moindre éraflure. Une bicyclette, juste pour moi. C'est le plus bel objet que j'aie jamais possédé. Je m'assois sur la selle, je suis à deux doigts de m'élancer lorsque ma mère, qui a surgi au seuil de la porte, dit : « Pas ici, Rana. À Riyad, les filles ne font pas de vélo, tu le sais bien. Tu pourras en faire pendant les vacances, quand nous serons chez grand-mère, à Damas. » Bien sûr, si cela ne tenait qu'à moi j'appuierais aussitôt sur les pédales, mais contredire sa mère est toujours une mauvaise idée, surtout quand il est question de piété et de comportement conforme à ce que Dieu exige. Je me console en me disant que dans tout juste quatre jours je pourrai rouler dans les rues de Damas sur ma bicyclette. Mais ce sont quatre longues journées. Chaque matin au réveil, je me précipite dans la cour pour vérifier que le vélo est toujours là où je l'ai laissé la veille après lui avoir souhaité une bonne nuit.

L'heure est enfin venue. Notre vieille Ford ploie sous le poids des bagages et de tous ces colis. Mon vélo est dans le coffre – je m'en assure encore une fois avant de partir. Nous sommes trois à l'arrière, mon frère aîné d'un côté, moi de l'autre, ma petite sœur au milieu. Mon petit frère est encore un bébé, ma mère le garde à l'avant, sur ses genoux. La fillette que je suis trouve que sa mère est la plus belle femme qu'elle ait jamais vue. Même quand elle porte le niqab, comme pour ce voyage, et que la fente étroite ne laisse voir que ses yeux sombres aux longs cils, elle rayonne d'une élégance qui semble manquer à toutes les autres.

Il est six heures et demie lorsque nous sommes enfin tous installés dans la voiture et qu'elle démarre. Le trajet entre Riyad et Damas dure quatorze heures quand on le fait d'une traite. Avec les pauses et l'interminable attente aux frontières, il nous faut le plus souvent toute une journée et toute une nuit pour en venir à bout. Sur la banquette arrière, les enfants mangent des tranches de pain garnies de houmous et de poulet. Quand nous faisons trop de bruit, ma mère nous rabroue d'une phrase lancée entre ses dents et d'un regard sévère. Nous le savons : lorsqu'elle nous regarde comme cela, mieux vaut nous tenir tranquilles et être gentils. Nous quittons le béton des rues de Riyad. Les maisons se font de plus en plus rares. Bientôt on ne voit plus le moindre bâtiment, il ne reste que des roches couleur sable et le désert.

Je me suis endormie. Quand je sors du sommeil, la portière de la voiture est ouverte, ma mère se tient devant moi et me dit : « Réveille-toi, Rana, il est temps de prier. » Nous sommes à Hafar Al-Batin, une ville située au nord-est de l'Arabie saoudite, à quatre heures de Riyad, devant un restaurant auquel on a accolé une salle de prière. C'est notre première pause sur la route de Damas. Dans cette mosquée toute simple, nous déroulons nos tapis et nous prions. Lorsque nous avons terminé, papa fait le plein. Il n'est pas encore midi, mais le soleil brûlant est déjà insupportable.

Arrivés à Arar, peu avant la frontière avec l'Irak, nous nous arrêtons dans une station-service pourvue d'un restaurant qui sert de l'*al kabsa*. Je brûle d'impatience à l'idée de manger, mais nous ne sommes même pas passés à table qu'arrive déjà l'heure de la troisième prière de la journée. Mon estomac gargouille et j'ai du mal à me concentrer. Quand nous sommes enfin prêts, mon père et mon frère aîné vont au guichet commander le repas. Mon petit frère et moi-même les attendons avec ma mère dans un cabinet privé. En Arabie saoudite, chaque restaurant dispose de plusieurs espaces séparés de ce type, dans lesquels les femmes peuvent ôter leur voile pendant les repas. Tout dans ce pays est aménagé pour que les femmes ne montrent jamais leur visage en public. Chaque restaurant a deux entrées, deux guichets où l'on peut commander les repas. Les femmes ne sont autorisées à manger que dans ce que l'on appelle les *family areas*, des espaces où les familles prennent leurs repas en commun, ou bien dans lesquels des femmes, que leurs chauffeurs ont conduites au restaurant, peuvent manger et discuter entre elles dans des salons privés, même sans leur mari, leur père ou leur frère. L'autre partie du restaurant est réservée au repas des hommes, qui, quant à eux, n'ont pas le droit d'entrer sans leur famille dans la *family area*. En Arabie saoudite, hommes et femmes sont pratiquement toujours séparés lorsqu'ils sont en dehors de chez eux. Enfant, je ne m'en suis jamais étonnée : je suis absolument incapable d'imaginer que les choses se passent différemment ailleurs que chez moi. Dans les *family areas*, c'est toujours le père qui passe la commande pour son épouse et ses enfants. Il est tellement naturel, pour moi, d'attendre en compagnie de ma mère que mon père soit allé commander le repas et nous l'apporte à notre table, que je ne me demande jamais ni pourquoi cela se passe comme cela ni si cela pourrait être différent.

Mon frère avale la viande comme à la pelleteuse ; ce n'est pourtant pas à lui mais à moi que ma mère demande de ne pas manger si vite. Je veux protester, cependant, sans son voile maman paraît très fatiguée. Je sais qu'il vaut mieux ne rien dire.

« Encore trois fois la même distance et nous y sommes », annonce papa, espérant nous motiver ainsi pour le reste du voyage, au moment où nous retournons à la voiture. J'aimerais que ce soit déjà terminé. Je m'endors sur la banquette et je rêve que je roule sur ma bicyclette dans les rues de Damas.

À mon réveil suivant, la voiture avance tout doucement. Nous sommes dans un bouchon. Il fait sombre, je ne vois devant moi qu'un alignement de feux de stop et de réverbères. Beaucoup de familles quittent l'Arabie saoudite l'été pour se rendre en Syrie. On peut y passer des vacances bon marché. On y trouve des plages de sable blanc, de l'eau turquoise et des montagnes impressionnantes. L'hospitalité des Syriens est réputée au Proche-Orient. Presque toutes les voitures sont aussi chargées que la nôtre. Ça se passe comme ça, chez nous : on n'arrive pas les mains vides quand on rend visite à des parents.

Après quatre heures d'une interminable attente à la frontière, notre tour arrive enfin. Mon père et mes frères descendent de la voiture et suivent un douanier. Ma mère et moi allons dans une cabine séparée pour les contrôles d'identité. Ici, ma mère va devoir ôter son niqab, sous lequel toutes les femmes ont à peu près la même allure, si bien qu'on peut difficilement les distinguer les unes des autres. Après le contrôle des passeports, nous remontons dans la voiture sans dire un mot et nous franchissons la frontière de la Jordanie. La nuit est tombée. Nous n'allons pas tarder à arriver. Dans la voiture, à présent, c'est le grand silence. À l'aube, quand je tente de sortir du sommeil en clignant des yeux, nous sommes tout juste en train de nous arrêter devant la maison de mes grands-parents.

Quand il était encore jeune, mon grand-père maternel travaillait dans une fabrique où l'on teignait les tissus. Il était en outre muezzin de la mosquée : c'est lui qui appelait aux prières. Le muezzin lance ses appels cinq fois par jour, à des heures très précises, sauf le matin, car, dans ce cas-là, son appel, l'*adhan*, dépend du moment où le soleil se lève. C'est un grand honneur d'être muezzin – c'est l'une des raisons pour lesquelles beaucoup d'habitants de la petite ville considéraient ma mère comme un bon parti.

Quand elle eut seize ans, sa mère lui annonça : « Frah, ma chère fille, tu es belle, tu es pieuse, tu fais bien la cuisine et tu sais tenir un ménage. Nous n'aurons aucun problème à te trouver un très bon époux. » C'est sans doute exactement la phrase que toute musulmane rigoureusement croyante et issue d'une famille conservatrice aimerait entendre de sa mère. Aujourd'hui encore, la mienne est pieuse et d'une stricte observance. Le très bon époux, c'est mon père. Pour lui aussi, la foi est capitale, mais il la vit d'une autre manière que ma mère. D'après mon père, être miséricordieux et agir pour son prochain sont les règles islamiques les plus importantes. Lui non plus ne négligerait jamais aucun des cinq piliers et ne mangerait jamais de viande de porc. Et je suis pourtant persuadée que, en son for intérieur, aider quelqu'un qui n'a personne pour intercéder en sa faveur, est plus valorisant que faire sa prière du matin.

Les parents de ma mère logent à quelques maisons seulement des parents de mon père. Maman veut voir ses parents avant d'aller saluer la famille de mon père. Papa les dépose à la porte, elle et mon petit frère. Il salue rapidement ses beaux-parents, puis il remonte dans la voiture et nous nous rendons quelques centaines de mètres plus loin. Devant la maison de son père, le voyage s'arrête pour nous tous. Dans le séjour, mon grand-père et ma grand-mère se pressent autour de nous, sept frères et sœurs de mon père sont eux aussi arrivés, mes dix cousins et cousines tourbillonnent entre tout ce monde, portés par la joie que leur inspirent déjà les cadeaux à venir. Ils se sont tous levés pour accueillir papa, tout le monde le serre dans ses bras, puis des hommes ôtent les colis et les valises du toit de notre Ford pour les porter dans la pièce principale. Mon oncle Bark pousse mon vélo dans la cour, je cours à côté de lui sur tout le chemin et il prend le temps d'admirer longuement la bicyclette. Je monterais volontiers dessus tout de suite pour décamper avec, mais ma grand-mère m'appelle à la cuisine. Comme je suis une fille, je dois aider à servir le petit-déjeuner. Je porte dans le séjour une assiette avec du houmous et du fromage ; ils sont tous assis autour de mon père et l'écoutent. Il parle et il rit. Ses yeux sont minuscules, il est tellement fatigué. Il va se coucher immédiatement après avoir mangé.

Moi, au même moment, je suis en pleine forme et surexcitée. Mes cousines jouent avec leurs nouvelles Barbie. Mes cousins font faire un tour à leurs petites voitures toutes neuves. Grand-mère lave la vaisselle, j'entends les assiettes tinter dans la cuisine. Je me faufile auprès d'elle, je m'assois sur une chaise à côté de l'évier et je la regarde. Je me ressaisis, je me force à laisser s'écouler quelques minutes qui ressemblent à une éternité, puis je n'y tiens plus et je demande, l'air le plus détaché possible : « Tu as peut-être besoin de quelque chose au supermarché, grand-mère ? » Elle me regarde, d'abord étonnée, puis elle éclate de rire et répond : « Allons, Rana, ne me raconte pas d'histoires, c'est juste que tu as envie de faire du vélo ! » Avant que son refus ait eu le temps de m'attrister, elle me donne quelques pièces de monnaie et ajoute : « Eh bien, d'accord, rapporte-moi deux kilos de tomates, mais roule prudemment ! Tu te rappelles encore où se trouve la boutique d'Abou Amin ? » Je hoche joyeusement la tête et l'instant d'après j'ai déjà franchi en courant le seuil de la porte. Je ne me tiens plus de joie, je saute sur ma bicyclette et je file. Elle roule si bien que je remarque alors seulement qu'elle est flambant neuve. Elle glisse presque sans bruit sur l'asphalte. Je n'ai pratiquement aucun effort à faire pour rouler vite. C'est le matin, il ne fait pas encore si chaud que cela et le ciel est bleu. Je sens le vent me souffler au visage et, à travers les cheveux, l'odeur de l'été qui flotte dans l'air, le parfum du jasmin. Je pressens la chaleur écrasante qui se lève – je suis heureuse, tout simplement. J'aimerais descendre la rue éternellement, tant est agréable la sensation du vent dans mes cheveux. Mon esprit n'a jamais été aussi léger. Ce moment est l'un des plus importants de ma vie : cet été-là, à Damas, j'ai senti la liberté. Aujourd'hui encore, je me sens plus maîtresse de moi-même quand je suis à bicyclette qu'en bien des occasions : lorsque je suis sur un vélo, je n'ai besoin de personne pour pouvoir me déplacer. Je peux rouler à la vitesse que je veux, m'arrêter où et quand je le souhaite. Je décide moi-même dans quelle direction je veux aller et quelle distance je veux parcourir. Quand j'en ai assez, je fais demi-tour, tout simplement. Je me rappelle encore aujourd'hui que, à l'époque, j'aurais continué à rouler pendant des heures, et que je souhaitais que ce sentiment dure toujours. Mais pour l'heure je pense à grand-mère et aux tomates.

Arrivée devant le kiosque, je pose mon vélo contre un pilier, devant le bâtiment bleu clair avec son appentis en tôle ondulée et son enseigne « Fruits et légumes frais » ornée du logo Pepsi-Cola. À l'entrée, des sacs de chips sont accrochés à un petit présentoir métallique. Derrière, deux réfrigérateurs pleins de canettes de limonade glacée. Abou Amin, le propriétaire de la boutique, m'accueille aimablement. Il connaît mes oncles et mes tantes, mon père, ma mère, et, de manière générale, tous les habitants de Jobar, ce petit faubourg de Damas. Il me sourit tout en pesant deux kilos de tomates. Je lui donne toutes mes pièces, cinq au total. Cette fois c'est un large sourire qui illumine son visage ; il me caresse la tête. « C'est beaucoup trop », dit-il en m'en rendant trois. Je le remercie, je sors et j'accroche fièrement mon sac au guidon. Je reviens la tête haute auprès de ma grand-mère. Cela devient un rituel quotidien : après le petit-déjeuner, je me faufile auprès d'elle dans la cuisine et je lui demande si je peux aller lui chercher quelque chose. Elle rit, passe sa commande et me glisse quelques pièces dans la main. Les jours où elle n'a pas de courses à me faire faire, je roule sans but dans les rues. Je me sens tellement heureuse, tellement libre que je ne peux m'empêcher de sourire béatement à longueur de journée. Les visages des gens qui me croisent reflètent ma joie, ils me sourient en retour. On dirait que l'amabilité des gens me porte, qu'elle se diffuse en moi comme le soleil grimpe chaque matin avant d'atteindre son zénith. Pendant mes sorties, je ne réfléchis à rien qui pourrait assombrir mon humeur, je ne me fais aucun souci, je suis simplement satisfaite et je jouis de ma solitude. À Riyad je ne peux être seule que dans ma chambre – dans la rue, je suis presque toujours accompagnée : quand je vais à l'école, par ma voisine, quand je fais des courses, par mon père, quand je sors déjeuner, par mes parents…

Pendant les vacances d'été à Damas, tout se fait avec un peu plus de liberté. Les jours se suivent et se ressemblent moins qu'à Riyad. Grand-père bricole à la maison. Parfois mon frère, ma sœur et moi, nous avons le droit de l'aider. Il nous demande d'aller chercher trois clous dans sa boîte à outils ou de lui tendre la pince. Il lui arrive de jurer quand il rate une réparation. Dans ces cas-là, mieux vaut filer en vitesse. Grand-père me fait peur quand il est en colère. Ses yeux brillent, il parle fort. Je n'ai jamais vu personne se comporter comme cela. À la maison, on ne crie pas. Mon père ne hausse jamais le ton. Lorsqu'il me gronde, il parle d'une voix calme et déterminée. Mais, la plupart du temps, il est doux et aimable avec nous. Je ne connais personne d'aussi bon que mon père. Petite fille, déjà, j'étais totalement entichée de lui.

Je sais par les récits de ma mère qu'il a toujours été un homme sérieux et travailleur, et qu'il n'avait pas besoin de parler fort pour qu'on l'écoute. Un homme sans histoires, qui se consacrait à son travail avec un zèle discret qui n'appelait pas de félicitations. Ses supérieurs avaient rapidement compris que les autres le respectaient et l'avaient nommé chef d'équipe. Mon père était encore incapable à l'époque de refuser son aide quand on la lui demandait ; c'est ainsi que, à Riyad, il est devenu le principal interlocuteur d'un grand nombre de Syriens tout juste arrivés dans la ville. Lorsque quelqu'un n'avait pas de logement, mon père l'emmenait dormir chez lui. Quand un autre n'avait pas d'argent, mon père lui en prêtait de bon cœur. Quand le téléphone sonnait, il faisait de son mieux pour prodiguer de bons conseils à la personne qui l'avait appelé.

Cela changea lorsque ma mère le rejoignit à Riyad. Au début, elle tolérait que des ouvriers logent chez elle et son mari, ce qui arrivait assez fréquemment, mais elle finit par mettre un terme même à cela : « Nous ne sommes ni un hôtel ni une pension, dit-elle à mon père. Je n'ai pas envie de partager sans arrêt ma maison avec des inconnus. » Désormais, il n'y eut plus d'invités pour la nuit, mais mon père ne renonça pas pour autant à aider ses compatriotes quand ils le lui demandaient. Lorsqu'il eut perdu la possibilité de les amener chez lui, il leur réserva des chambres d'hôtel, leur paya des logements saisonniers. Quand j'étais petite, je ne remarquais rien de tout cela. Ma mère me l'a raconté peu à peu, alors que j'étais déjà plus âgée et que j'étais moi-même à deux doigts de me marier.

Quand mon grand-père ne pique pas une colère, il ressemble beaucoup à mon père. Il est chaleureux et nous offre des friandises. Nous allons aussi souvent que possible rendre visite à notre tante, qui vit trois maisons plus loin ; nous nageons dans la piscine de son jardin, puis nous mangeons de la pastèque glacée et nous jouons à l'élastique ou au yo-yo en plein soleil. Chaque soir, je m'endors écrasée de fatigue et de bonheur. Les jours s'écoulent et se mélangent, j'ai sur les joues une mer où se mêlent les rayons de soleil et le vent produit par la vitesse de mon vélo, le ventre plein de sucreries, de rires qui me donnent des points de côté, des heures sans fin passées avec papa qui, exceptionnellement, n'est pas accaparé par son travail et a tout le temps de jouer avec nous, ses enfants, et de nous raconter des histoires.

Constatant la fréquence avec laquelle je vais faire les courses pour grand-mère, papa me monte une corbeille sur mon vélo.

Cela me permet de transporter aussi des objets lourds. Un vendredi du mois d'août, alors que nous sommes à Jobar depuis deux semaines, ma grand-mère me confie ma plus grande mission à ce jour : je dois acheter un sac de cinq kilos de riz. « Dépêche-toi, après il fera trop chaud. Aujourd'hui, ce sera le jour le plus chaud de l'année », dit-elle en me poussant hors de la cuisine. Il est dix heures au moment où je pars, mais un soleil impitoyable brille déjà et m'aveugle. Sur le chemin du supermarché, je connais désormais à peu près l'emplacement de la moindre pierre. À droite, la maison au grand figuier. Deux bâtisses plus loin, il arrive qu'un matou roux et tigré s'étire au soleil sur le mur et accepte que je le caresse brièvement. À l'autre bout de la rue, je tourne à droite et je passe devant la maison de ma tante. Parfois, je sonne à sa porte. Aujourd'hui je passe mon chemin, je franchis deux carrefours, la boutique est au coin à droite. Abou Amin m'attend déjà et me salue chaleureusement. « Rana, de nouveau au travail ? Qu'est-ce que tu m'achètes, aujourd'hui ? Dix pastèques ? Une vache entière ? » demande-t-il en riant. Voir le volume de mes courses enfler de jour en jour l'amuse. Et moi aussi, je ne peux m'empêcher de glousser en lui répondant : « Non, juste un grand sac de riz. »

Abou Amin a un visage aimable, avec plein de petites rides et une moustache. On voit déjà beaucoup de cheveux gris dans sa chevelure noire. Il doit avoir l'âge de mon grand-père. Chaque fois que je fais mes courses chez lui, j'ai le droit de plonger la main dans un grand verre qu'il cache derrière la caisse et d'en sortir autant d'amandes sucrées qu'elle peut en contenir. Chaque fois, j'en mange quelques-unes tout de suite, je fourre les autres dans les poches de mon jean d'enfant et je les grignote en chemin. Et, chaque fois, je me promets d'en garder quelques-uns pour les donner à mes frères et ma sœur, mais je n'y arrive jamais. Ce jour-là je mange deux amandes tout de suite, puis M. Amin porte le sac de riz à mon vélo. Il est tellement lourd que je suis incapable de le soulever toute seule. Je tiens fermement le guidon et M. Amin pose le sac dans la corbeille. « Roule prudemment, Rana ! » dit-il en me suivant des yeux quand je repars cahin-caha, le regard rivé au gros paquet que contient ma corbeille.

Je suis en nage lorsque je sonne à la porte de ma grand-mère, mais très fière d'avoir réussi à rapporter intact à la maison un chargement aussi lourd. Avec mon vélo, personne ne peut me retenir ! Mais lorsque grand-père ouvre la porte, quelque chose n'est pas comme d'habitude. Il a les yeux sombres et brillants comme les jours où il s'est trompé de diamètre en perçant un trou, ou quand il n'a pas réussi à trouver l'origine d'une fuite d'eau sur un robinet. « Rana, tu cours sans arrêt les rues avec ta bicyclette. Tu es beaucoup trop âgée pour ça. Les grandes filles n'ont pas le droit de faire du vélo ! Donne-moi ça ! » dit-il d'une voix forte en franchissant le seuil et en se dirigeant vers moi. Il tire déjà sur le guidon. Je ne comprends rien à ce qui se passe, je ne peux rien dire, je le regarde simplement avec de grands yeux. Puis les larmes me coulent tout d'un coup sur les joues ; je tiens fermement le vélo et je crie à mon tour : « C'est ma bicyclette ! » Mais mon grand-père me l'arrache des mains. Il a la bouche toute tordue. Il est furieux. Mon père se tient derrière lui, au seuil de la porte. « Papa, pourquoi ? » lui demandé-je une fois que j'ai capté son regard. Je sanglote. Entre-temps, grand-père s'est emparé du vélo et veut l'emporter.

Mon père ne hausse jamais le ton avec moi. Il fait toujours preuve de douceur, même quand je me conduis mal. Combien de fois m'a-t-il défendue face à ma mère ? Combien de punitions m'a-t-il évitées ? Tout le monde sait que je suis la préférée de papa. Mais, cette fois, il n'est pas de mon côté. « Ça vaut mieux comme ça, Rana, dit-il. Maintenant, arrête de pleurer. » Il a pris le sac de riz dans la corbeille et le porte dans la cuisine. Le sac est déchiré par le bas. Je suis papa à l'intérieur. Il laisse derrière lui une petite piste en grains de riz. J'aimerais lui dire que le sac est percé. Mais je sais que, si je parle tout de suite, je vais recommencer à pleurer. Mon vélo chéri ! Je ne comprends plus le monde. Pourquoi grand-père a-t-il dit que je n'avais pas le droit de rouler avec ? Et puis, qu'est-ce que cela veut dire, une grande fille ? Il n'a pas vu toute l'aide que j'ai apportée à grand-mère avec ma bicyclette ? Je n'ai rien fait de mal !

L'après-midi je joue avec les Barbie de mes cousines et j'essaie de ne pas pleurer. Mais, chaque fois que je pense à cette matinée, une sorte de lourdeur se dépose tout autour de moi et je dois retenir mes larmes. J'aimerais demander à papa ce que j'ai fait de mal, mais je n'ose pas. Il n'a encore jamais été aussi ferme avec moi. Et j'ai peur de mon grand-père. Il se fâchera certainement s'il m'entend de nouveau parler du vélo.

Au dîner, je ne dis rien. Je suis assise à côté de papa. Grand-père et lui parlent de moi. Grand-père dit encore une fois qu'il est *haram*, pour moi, de rouler à bicyclette. Je suis encore trop jeune pour comprendre ce que signifie précisément *haram*, mais j'ai déjà souvent entendu ce mot, et je sais qu'un bon musulman ou une bonne musulmane ne doit rien faire de *haram*. Voler est *haram*, tout comme manger de la viande de porc, danser en public, mentir… Mais faire du vélo quand on est une petite fille ? Je n'ose pas demander pourquoi nous devenons trop âgées à un moment donné, pourquoi quelque chose devient tout d'un coup *haram* pour nous et pas pour les garçons.

« Et puis il est temps qu'elle porte un voile », ajoute soudain grand-père. Papa acquiesce d'un hochement de tête. Il ne dit rien, il a juste l'air triste. C'est du moins mon interprétation : je ne l'ai jamais vu aussi silencieux. On sert du houmous, de petites aubergines confites, des olives, du fromage, des tomates, du riz. Mais je n'ai pas faim. Je suis simplement très fatiguée par cette longue journée et par toutes ces larmes versées.

Le lendemain matin est un jour lumineux et plus doux que la veille, et je me réjouis déjà de faire mon tour chez Abou Amin : j'ai oublié, l'espace d'un instant, ce qui s'était passé la veille. Mais cela me revient au moment où je descends de mon lit superposé et je sens de nouveau dans mon ventre cette sensation lourde et triste. Qu'est-ce que je vais faire, à présent, de toute ma journée ?

Grand-mère n'est pas la seule à m'attendre ce matin-là dans la cuisine. Ma mère est venue elle aussi prendre son petit-déjeuner chez grand-père, elle qui, d'ordinaire, séjourne le plus souvent chez ses parents ou chez sa sœur. Un morceau de tissu noir est posé sur la table. Pendant que je déjeune, elle m'explique en termes doux et feutrés que je ne suis plus une petite fille désormais, et que je suis en passe de devenir une femme. Qu'à partir de maintenant je dois porter un hijab, un foulard sur la tête, et qu'à Riyad je ne pourrai plus franchir le seuil de la porte sans mon père. Avant que je puisse lui demander pourquoi, elle ajoute : « C'est la volonté d'Allah, et tu sais bien qu'Il ne veut que le meilleur pour toi, Loulou. » Ma mère ne m'appelle ainsi que lorsque je dois faire quelque chose qui ne me plaît pas. Elle me montre comment on place le morceau de tissu sur la tête. Je l'imite et deux tentatives me suffisent pour me débrouiller déjà fort bien. Je me regarde dans une glace et je sursaute : je ressemble à présent beaucoup aux femmes tellement plus vieilles que moi que je croise chaque jour dans la rue. Je suis donc désormais contrainte de me couvrir les cheveux, les oreilles, le cou et les épaules, comme ma mère. Moi qui ai toujours rêvé de courir sans foulard, de me promener dans les rues sans voile sur le visage, les cheveux au vent, sans cette abaya noire qui vous couvre tout le corps. Maquillée, portant une belle robe aux couleurs joyeuses, comme ces femmes que l'on voit dans les films étrangers, celles que je trouve si glamour et si intéressantes.

Je passe dans le séjour, je me poste à la fenêtre, j'ai la nostalgie du vent sur mes joues quand je roule et des amandes que m'offrait Abou Amin. Que va-t-il bien pouvoir penser si je ne viens pas aujourd'hui ? Si je ne viens plus jamais ? Par la fenêtre, tout à coup, je vois l'oncle Bark, qui a sept ans de plus que moi et qui est bien trop grand pour un vélo d'enfant, monter sur ma bicyclette et partir avec. Tout en moi veut crier, mais lorsque je me tourne vers ma mère, qui a forcément vu elle aussi ce qui s'est passé dehors, son regard tranchant me laisse coite. Les larmes aux yeux, je demande qu'on m'explique ce qui se passe. « Le vélo appartient à Bark, maintenant, Rana. Grand-père le lui a offert », dit tranquillement ma mère. Je tente de saisir l'enchaînement des faits. Un instant plus tôt, j'avais encore une bicyclette à moi et je pouvais sentir le vent dans mes cheveux. À présent je dois les couvrir et je n'aurai plus le droit de sortir seule quand nous serons revenus à Riyad. « Tu es un petit bout d'adulte, maintenant, dit ma mère. C'est bien ce que tu veux être, non ? » Je suis incapable de répondre à pareille question, je ne vois pas ce que je peux en tirer de bien. Abandonner un vélo pour un voile, voilà qui me fait l'effet d'un bien mauvais troc.

Quatre ans plus tard – j'en ai quatorze à cette date –, au collège, notre enseignante distribue des feuilles sur lesquelles figure la manière dont nous devons nous habiller, puisque nous constituons à présent, du point de vue des religieux islamistes, une tentation potentielle pour tous les hommes. Quand je rentre à la maison et tends le mémento à ma mère, elle répond : « Lorsque ton père reviendra du travail, nous irons au centre commercial et nous achèterons tout ce dont tu as besoin. »

En début de soirée, papa nous conduit donc, ma mère et moi, dans une galerie située à l'est de Riyad et où l'on ne vend que des abayas, ces tenues que les femmes portent au-dessus de leurs vêtements normaux quand elles sortent de leur maison, des niqabs, ces voiles qui masquent le visage, et des tarhas, ces foulards qui recouvrent les cheveux, les oreilles, le cou et les épaules. Une vingtaine de boutiques y proposent toutes sortes de tenues religieuses pour femmes, dans toutes les tailles et dans toutes les catégories de prix. Je suis écrasée par cette masse d'abayas qui, pour moi, ont toutes la même apparence. J'ai la même impression pour ce qui concerne les voiles destinés aux cheveux et au visage. « Tu peux choisir quelque chose pour moi, ça ira bien », dis-je à voix basse à ma mère. Elle s'en étonne : « D'habitude tu aimes toujours tout décider toi-même », dit-elle en secouant la tête. Mais acheter un voile et une tenue noirs qui me feront ressembler à un sac n'a vraiment rien d'amusant.

Quand nous sommes à la maison, ma mère me montre devant le miroir comment on se voile correctement. On commence par passer la tarha. Au-dessus, on pose le niqab. Il faut être très soigneux, afin de bien placer à la hauteur des yeux la fente destinée à la vision. Je constate tout de suite qu'on peut faire beaucoup de choses de travers au cours de cette opération. Tantôt mon niqab est complètement de guingois, tantôt il est beaucoup trop haut et laisse voir mes sourcils. Je me sens maladroite et balourde, telle que je suis devant le miroir, incapable de mettre ce voile aussi vite et aussi bien que ma mère. Elle doit me montrer l'opération trois, quatre, cinq fois de plus, avant que je puisse enfin passer à mon tour la nouvelle abaya au-dessus de ma tête. Elle pend dans mon dos et dissimule les moindres contours de mon corps, même mes fesses ne se devinent pas en dessous. On ne me voit plus. Je me sens comme un sac sur deux jambes. C'est une bonne chose que je sois entièrement voilée à présent, dit ma mère. « Maintenant tu peux aller parmi les gens sans que ce soit dangereux, ajoute-elle, et Dieu t'aimera encore plus. » Je me réjouis d'entendre ça. Il n'empêche : mon reflet dans le miroir et la sensation que j'éprouve sous le voile me sont étrangers. Je me regarde : les yeux sombres, dévoilés par une fente au milieu de tout ce tissu noir qui recouvre tout, même le nez et la bouche. On étouffe sous le niqab. Je dois faire des efforts pour respirer, même dans l'appartement où l'air n'est pas aussi brûlant et confiné qu'à l'extérieur, mais refroidi par la climatisation. Alors qu'est-ce que ce sera dans la rue ? Je ne comprends pas au nom de quoi je dois tout à coup avoir le même aspect que toutes les femmes qui m'entourent. Je ne comprends pas pourquoi je dois ressembler à une adulte. Je ne suis pas encore une femme. Je n'ai pas d'enfants, pas de mari, je ne fais pas la cuisine tous les jours et je ne veille pas non plus à ce que la maison soit bien rangée. Comment pourrais-je devenir comme elles du jour au lendemain ? J'ai peur de devoir faire dès maintenant tout ce que ma mère et ma tante savent faire. Préparer de l'*al kabsa* ou du *baklava*, plier le linge avec une telle perfection qu'il ne se froisse pas dans le placard. Cela signifie-t-il aussi que je dois arrêter de faire ce que font les petites filles ? Arrêter de jouer, de faire l'idiote ? Suis-je condamnée désormais à ne plus rien faire sinon la cuisine, le ménage et ma prière ? Que deviennent mes poupées et les nombreux livres qui m'attendent dans ma chambre ? Dois-je aussi abandonner tout cela, comme ma bicyclette quelques années plus tôt ? Je comprends que, chaque fois que je quitterai la maison, il me faudra non seulement mettre mes chaussures, mais aussi passer ces trois vêtements. Je ne pourrai plus simplement courir après papa en agitant le bras pour lui dire au revoir quand il quitte la maison et se dirige vers la voiture. Tout sera différent, je le sens. Ma vie me donnera la même impression que celle que j'éprouve en respirant à travers la couche de tissu noir devant mon nez. Quelque chose d'aussi naturel que de remplir d'air mes poumons est brusquement devenu un véritable défi. Je sais qu'à partir de maintenant je devrai porter un voile en permanence, que je ne pourrai l'enlever qu'au restaurant et le remettre avant de sortir. Désormais tout va devenir plus difficile. Je devrai, comme ma mère, après chaque repas dans un restaurant, chercher un miroir pour vérifier que le voile me masque bien le visage et que celui qui me cache les cheveux ne fait pas de plis bizarres. Ma mère, qui se tient toujours à côté de moi devant le miroir, me regarde avec une joyeuse impatience, comme s'il y avait une raison de se réjouir de cette situation. Mais je suis indécise. Devenir adulte, ne serait-ce pas une source de sensations agréables ? Cela ne devrait-il pas m'ouvrir de nouveaux horizons, de nouveaux possibles ? Au lieu de cela, j'ai la sensation que mes gestes sont bien plus limités qu'auparavant.

Le lendemain, sur le chemin du collège, mon abaya n'arrête pas de glisser. Il est impossible de passer mon cartable sans que ce vêtement n'y fasse obstacle. Je finis par renoncer et je porte mon sac à dos à la main droite, par la poignée, comme une sacoche. Mais il est trop lourd pour cela. Je suis en nage. Nous sommes en septembre. La chaleur a beau être moins implacable qu'en août, il fait tout de même déjà près de trente degrés ce matin-là. Et puis ma voix sonne bizarrement avec ce tissu sur la bouche. J'ai l'impression de devoir parler plus fort pour qu'on m'entende. Et que, sous ce drap noir, je vais vite manquer d'air.

2

LE REGARD DANS LE MIROIR

Sept ans après le jour où j'ai dû donner mon vélo, et trois après
avoir commencé à me voiler sous prétexte de me protéger contre
les regards des hommes étrangers, Bark, un homme dont je croyais
ne rien avoir à craindre, me force à regarder un porno soft et,
ce faisant, m'attrape par les seins. Il a vingt-quatre ans, et cela
fait longtemps qu'il ne monte plus sur mon vélo. J'ai dix-sept
ans à cette époque, et quelque chose va se briser définitivement
en moi au cours de cet été.

Comme tous les ans, je passe mes vacances à Damas et j'habite
chez mes grands-parents. Désormais adulte, je ne peux bien sûr plus
avoir en Syrie la même légèreté d'esprit qu'autrefois, mais je jouis
tout de même ici de plus grandes libertés qu'en Arabie saoudite,
où je n'ai même pas le droit de quitter mon domicile sans escorte
masculine. Les étés, en Syrie sont donc pour moi un autre monde,
mon évasion annuelle de la vie quotidienne à Riyad. À Damas,
j'aide aussi au ménage et à la cuisine, mais on ne m'impose pas
d'autres travaux ménagers et je n'ai pas d'autres obligations. Je peux,
par exemple, me détendre un peu, rester à la cuisine avec ma mère
et mes tantes et discuter avec elles de tout et de n'importe quoi.
Je peux aller toute seule au marché sans avoir à attendre que mon
père ou mon frère ait le temps de m'y accompagner.

Dans la journée, je rends visite aux membres de ma famille, la
plupart d'entre eux n'habitent pas loin de chez mes grands-parents.

Entre femmes, nous débattons des meilleurs mascaras, nous évoquons ensemble nos looks de rêve pour la prochaine noce, nous nous demandons comment trouver le bon mari et ce que signifie être une bonne épouse. Nous rions beaucoup et nous nous interrompons sans arrêt. Chacune de nous donne l'impression d'être aussi experte qu'ingénue.

Cet été-là je parle souvent avec ma mère. Sans doute parce qu'elle pense que j'arrive peu à peu à l'âge où je vais devoir me marier, elle me raconte souvent ses propres noces et comment elle imaginait son rôle de future épouse. À l'époque, mon père travaillait dur à Riyad afin de pouvoir fonder une famille. Pendant ce temps, à Jobar, ma grand-mère cherchait l'époux idéal pour ma mère. Il n'y avait pas de temps à perdre : elle avait dix-neuf ans. À l'époque, c'était déjà considéré comme relativement âgé pour une jeune mariée. En Syrie, il est courant que ce soit la mère qui cherche l'époux de sa fille. Ma grand-mère chercha donc fébrilement le mari qui conviendrait le mieux à ma mère, elle consulta des amis, des relations, Abou Amin, qui connaissait tout le quartier et savait précisément qui laissait combien d'argent chez lui et qui devait faire des économies de bouts de chandelle. Ma grand-mère entreprit cette quête comme s'il s'agissait de la mission de sa vie. Dans mon cercle culturel, il n'existe pratiquement rien qui compte plus pour une mère que de trouver un parti pour ses filles. Car une femme célibataire est un poids pour une famille. C'est un souci de plus dont il faut s'occuper.

Ma grand-mère finit par rendre visite aux parents de mon père. Son enthousiasme fut immédiat et les deux femmes eurent un entretien long et chaleureux. Elles se parlèrent de leurs enfants. Plus elles buvaient de thé, plus elles mangeaient de gâteaux et plus ma grand-mère maternelle acquérait la certitude que mon père était un bon candidat pour la plus belle de ses filles. Lorsque mon père eut reçu la bénédiction de ma grand-mère paternelle, il vint à Jobar rendre visite à ma mère. Elle l'éblouit aussitôt. Quel homme n'aurait pas éprouvé le même sentiment, belle et pieuse comme elle l'était ? Le jour même, le mariage fut conclu et mon père repartit pour Riyad afin de préparer l'arrivée de son épouse. Il loua une maison dans cette ville du désert que ma mère ne connaissait pas ; le logis serait suffisamment grand pour sa future femme et pour lui-même. Quand il vivait encore seul, un petit appartement de célibataire lui suffisait. À Riyad, il travaillait dans le bâtiment, une activité fatigante que la plupart des ressortissants de l'Arabie saoudite jugeaient indigne d'eux. Dans les années 1980, beaucoup d'hommes, à l'instar de mon père, allaient tenter leur chance dans ce pays, des hommes qui, chaque soir, après dix, voire douze heures d'un travail éreintant, s'effondraient dans leur lit en rêvant d'une villa, de belles femmes, d'enfants, et du sentiment d'avoir réussi à fonder leur famille. La tâche ne manquait pas et les entreprises saoudiennes faisaient beaucoup, à l'époque, pour leurs travailleurs immigrés. Elles payaient leurs loyers, leurs congés et même les billets d'avion lorsqu'ils retournaient chez eux. Le travail était dur, mais ça en valait la peine, comme l'affirme encore mon père aujourd'hui.

Quelques semaines après les fiançailles, mon père revint de Riyad pour épouser ma mère. C'était en 1983. Au Proche-Orient, la guerre faisait rage entre l'Irak et l'Iran. La Syrie fut l'un des rares pays à prendre le parti de l'Iran. Les forces armées israéliennes avaient, l'année précédente, lancé leur première campagne au Liban – une opération qu'elles avaient baptisée « Paix en Galilée ». Elles avaient détruit plusieurs pas de tir de missiles syriens, de nombreux avions et blindés. Une guerre civile faisait déjà rage dans plusieurs parties de la Syrie. Une série d'attaques armées menées par les Frères musulmans ébranlait le pays. L'économie syrienne ployait sous le poids des dépenses militaires, et pourtant on ne voyait poindre ni la paix ni la fin de la participation syrienne aux combats. C'était le moment idéal pour refaire sa vie en dehors de la patrie syrienne. Ma mère n'hésita donc pas une seule seconde à quitter le pays. Elle m'a

43

raconté qu'elle était tout heureuse à cette époque et attendait fébrilement le jour où elle pourrait quitter son pays natal et épouser mon père.

L'été de mes dix-sept ans, c'est ma tante Anisa qui se marie, l'une des sœurs de mon père. Elle a déjà vingt-six ans le jour de ses noces, une journée très chaude du mois d'août. Cela fait des mois que sa mère lui achète de nouvelles tenues – en Syrie tout comme dans mon pays, une jeune mariée n'apporte pas de vêtements déjà portés dans son couple. On rachète tout. La famille de la future épouse pénètre dans la maison du futur époux avec ce nouveau trousseau, elle prépare le vestiaire tout en célébrant le mariage imminent. Le futur époux paie tout. Je tente de convaincre ma mère de me laisser aller moi aussi à cette fête, mais elle juge que je suis trop jeune. Je prends la mouche. Cela ne dure pas longtemps.

J'aime bien Anisa, son naturel tranquille et timide. Elle est toujours très chaleureuse. Il nous arrive de faire de la pâtisserie ensemble. Elle me demande comment cela se passe à l'école, quelle vie je mène à Riyad. Elle m'écoute et semble réellement s'intéresser à ce que je raconte. Anisa place de grands espoirs dans son futur mari et la nouvelle vie qui l'attend. Son père, Mahmoud, mon grand-père, n'est pas bon avec elle, tout le monde le sait. Il la maltraite, la tire par les cheveux, la bouscule quand il est en colère, souvent sans la moindre raison. On dirait qu'il prend juste plaisir à passer sa mauvaise humeur sur elle. Ses frères, eux aussi, la battent fréquemment et sous le moindre prétexte, par exemple quand elle ne veut pas aider à la cuisine ou quand elle a quitté la maison sans permission. À dix-huit ans, bien avant son mariage, les yeux d'Anisa étaient déjà aussi tristes que ceux d'une vieille femme qui a traversé trop de lourdes épreuves. Elle souffrait épouvantablement sous le joug de ses frères et de son père – au point de demander conseil à ma mère, dans l'espoir de provoquer l'intervention de mon père, le plus bienveillant de tous ses frères. Et, effectivement, il a fait tout son possible pour convaincre son propre père, avec la douceur insistante qu'il a toujours, qu'il devait se montrer plus indulgent avec Anisa et interdire à ses fils de la frapper. Au cours des semaines qui ont précédé le mariage, Anisa a savouré sa joie à l'avance, certaine que sa vie allait enfin prendre une tournure plus favorable.

En prévision de la fête, je vais acheter une robe avec mes parents et ma sœur. Le genre de robe qu'on porte pour ce genre d'occasion, je n'en ai jamais vu que dans les publicités et à la télévision, et je suis tout excitée lorsque nous nous garons devant la galerie commerciale de Damas. Ma première robe de soirée ! Il faut qu'elle soit parfaite. J'ai beaucoup trop longtemps rêvé d'avoir enfin la même allure que les actrices d'Hollywood. J'en essaie un grand nombre. Une verte sans bretelles que ma mère trouve trop décolletée. Une violette beaucoup trop vieux jeu à mon goût. Après quantité d'essayages, et au moment où tout le monde commence à perdre patience, je finis par en dénicher une bleu clair que j'emporte dans la cabine d'essayage. Elle a un long et large jupon de tulle, un bustier ajusté et couvert d'une dentelle qui court sur de longues manches. C'est elle ! Je suis à deux doigts de tomber amoureuse de la jeune femme qui resplendit devant moi dans le miroir. Ce sera cette robe-là et aucune autre. Fort heureusement, mes parents sont d'accord – ils sont sans doute surtout soulagés que j'aie enfin trouvé mon bonheur. C'est la robe la plus chère que j'aie jamais possédée. Et la plus belle.

Le jour des noces, ma mère, ma sœur, mes tantes et moi-même nous rendons dans un salon de beauté où l'on nous coiffe et nous maquille toutes. Il y flotte une odeur de laque à cheveux et de parfum. On me dessine des contours noirs sur les paupières, on me couvre les sourcils d'une épaisse couche de mascara. Je vois mes tantes se transformer l'une après l'autre : les coiffures fatiguées, les visages usés par la vie quotidienne laissent place à des

45

yeux maquillés comme au théâtre, à des lèvres rendues brillantes par le gloss, les cheveux aplatis montent en hauts assemblages de boucles laborieusement passées au fer à friser. Nous admirons les tenues des autres, nous parlons de leur prix et des coupes les plus avantageuses, chacune décrit le magasin où elle a acheté sa robe. Quand le travail de mise en beauté est fini et que je me regarde dans le miroir, je suis séduite. J'aime bien mes yeux maquillés et ma coiffure compliquée, je prends d'infinies précautions quand je la recouvre d'un voile. J'ai peur que le tissu n'aplatisse toute cette splendeur. Pourquoi devons-nous constamment cacher là-dessous notre beauté et notre personnalité ? C'est la première fois que j'éprouve cette sensation aussi clairement : cette obligation de vivre dissimulée en permanence m'est en réalité extraordinairement pénible.

En Islam, traditionnellement, une noce se déroule en deux parties, chacune réservée respectivement aux hommes ou aux femmes. Il est fréquent que les couples se marient avant la fête proprement dite, en présence d'un notaire et du cercle familial le plus intime. Pendant la cérémonie, on se contente d'échanger les alliances. Ce moment, à la fin de la soirée, est aussi le seul où le jeune époux et la jeune épouse se rencontrent. Parfois se joignent à eux le père de la mariée et ses frères. Pour les noces d'Anisa, la fête destinée aux femmes se déroule chez mon grand-père. Les hommes, eux, se réunissent dans la maison de mon grand-oncle, qui se trouve juste à côté.

Les noces de mes parents s'étaient elles aussi déroulées ainsi : ma mère avait partagé le repas avec les femmes de sa famille et celles de la famille de son père dans la maison de ses parents, tandis que mon père et tous les invités masculins s'étaient retrouvés dans la maison d'à côté. On avait servi du riz *bil bazalia*, des haricots verts sucrés au riz, du poulet, de l'agneau, des feuilles de vigne, du houmous, du taboulé – de la nourriture en si grande quantité que les tables en ployaient. Plus tard, les deux assemblées s'étaient rendues chacune de son côté dans la grande salle où devait se dérouler la cérémonie de mariage. Là aussi, il y avait deux secteurs, séparés selon les sexes : plus de cent invités au total, des parents, des amis et leurs enfants. Vers dix-neuf heures, les festivités avaient commencé : les femmes avaient dansé sans voile, entre elles. La musique était joyeuse, l'ambiance détendue. Toutes s'étaient faites belles pour cette occasion, elles avaient acheté des robes plusieurs semaines à l'avance, pris rendez-vous chez le coiffeur, soigné leur maquillage, tout comme nous venions de le faire nous-mêmes en vue du mariage d'Anisa. Ma mère avait une broche fleurie dans ses cheveux noirs montés en toupet d'où pendaient des mèches soigneusement bouclées – des anglaises qui avaient encore une aussi belle tenue à la fin de la soirée qu'au début de la fête, c'est du moins ce que m'a certifié ma mère.

Vers vingt-deux heures, l'un de mes oncles avait frappé à la porte de la salle où dansaient les femmes et crié : « Le marié va entrer d'un moment à l'autre. » L'avertissement était de taille, car, dans les familles très religieuses, comme la mienne, les hommes ne doivent jamais voir des inconnues sans leur voile. Les femmes s'étaient voilées, puis mon père était entré. Tous les regards étaient dirigés vers lui et vers ma mère. Elle avait marché à sa rencontre et l'on avait entendu dans les haut-parleurs la musique qu'on joue traditionnellement à ce moment des noces. Le couple de jeunes mariés s'était assis sur un canapé qu'on avait installé sur une estrade pour que les invités de la noce puissent les voir. C'est là que mon père et ma mère avaient échangé leurs alliances : il lui avait passé la sienne au doigt et lui avait tendu la seconde, qu'elle lui avait glissée à son tour à l'annulaire. Ils avaient échangé un profond regard, les femmes avaient jubilé et lancé en criant des vœux de bonheur. Ce soir-là, pour la première fois, ils étaient entrés ensemble à la maison.

Un jour, quand j'étais petite fille, ma mère m'avait montré l'une de ses photos de noces. Elle y avait l'allure d'une princesse.

Et elle était assurément la plus belle de toutes ces femmes. Sur ces photos, dans sa robe blanche elle brille comme un astre.

Ma mère et moi-même rejoignons la noce d'Anisa aux alentours de dix-neuf heures. La fête vient tout juste de commencer. Devant la maison de mon grand-père, les sœurs de la mariée nous saluent et nous indiquent le chemin du grand salon qu'on a aménagé en salle de mariage. Des ballons à l'hélium sont coincés au plafond, il y a des fleurs partout dans des vases ornés de rubans. Je suis heureuse pour Anisa. C'est sans aucun doute exactement comme cela qu'elle s'était imaginé le plus beau jour de sa vie. Ma mère et moi enlevons notre voile. Les autres femmes ont déjà ôté le leur et les invitées sont de plus en plus nombreuses à affluer dans le salon, qui se métamorphose en une mer de couleur : bleu pétrole, rouge, turquoise, rose, toutes les nuances de bleu. D'un seul coup, nous avons cessé de porter la même tenue noire presque identique, nous sommes un groupe de femmes, des individus, toutes différentes, vêtues de couleurs vives et chatoyantes, qui jouissent de pouvoir danser, parler et rire sans voile. Anisa est encore au salon de coiffure, on la prépare pour la fête. Quand elle arrive dans la maison de mon grand-père, elle commence par passer avec sa mère et ses sœurs dans l'une des chambres où elles admirent toutes les trois la robe, la coiffure et le maquillage de la future mariée et améliorent ce qui peut encore l'être. Dans le salon, les invitées célèbrent cette journée particulière en dansant et attendent la fiancée.

Une musique de noces spéciale annonce son arrivée. Toutes les têtes se tournent alors vers la porte. Anisa entre dans la pièce. Elle a l'air heureuse. Elle avance, elle sent nos regards sur elle, elle rayonne. Je la contemple et je me dis que j'aimerais bien, moi aussi, porter un jour une aussi belle robe. La sienne est blanche, composée d'une jupe en tulle largement évasée et ornée d'applications florales, et d'un haut qui remonte sur le cou, dans la même dentelle que celle qui orne le bas. J'imagine ce que cela doit représenter, d'être la future mariée, de danser et de rire toute la soirée avant de rentrer chez soi en compagnie d'un homme avec lequel on partagera tout désormais. En compagnie duquel on transformera une maison en un chez-soi, qu'on remplira de l'odeur des repas mijotés, du parfum des gâteaux et, un jour, plus tard, des rires et des cris de jeunes enfants. Je rêve du jour où ce sera moi, l'épouse. Puis quelqu'un monte le volume de la musique et m'arrache à mes réflexions. Anisa danse. C'est l'usage. Ensuite, elle s'assoit sur le canapé installé sur l'estrade que deux de mes oncles ont construite la veille. Elle parle avec les invités, reçoit les vœux de bonheur de ses parentes et de ses amies. Une demi-heure plus tard, elle danse de nouveau. Elle rit. Je vois à quel point elle est surexcitée. Aux alentours de vingt-trois heures, quand les premières invitées sont déjà fatiguées, on frappe à la porte. Nous avons cinq minutes pour nous voiler : le mari d'Anisa va entrer d'un moment à l'autre. Le cœur battant, nous courons rejoindre les chaises sur lesquelles nous avons posé nos abayas et nos hijabs au début de la soirée. Nous entendons la musique spéciale qui accompagne chaque étape importante des noces arabes. Anisa passe le voile blanc de jeune mariée et se dirige vers son époux.

Lorsqu'ils se font face, Anisa relève le voile. Ils échangent un bref baiser. Puis il la prend par la main. Le père d'Anisa est venu lui aussi. Le jeune époux et lui-même sont les seuls hommes à avoir le droit de fréquenter la partie féminine de la noce. Anisa et son mari se rendent alors sur le divan de l'estrade. Nous autres, nous chantons, nous dansons, nous battons des mains au rythme de la musique. Le couple s'assoit et échange les alliances. Les femmes font un bruit que nous appelons *zalghouta*, une sorte de hululement joyeux censé porter chance au nouveau couple. Après cette cérémonie de la joie, tous deux se tiennent l'un à côté de l'autre sur scène en se tenant la main et regardent les femmes danser et rire autour d'eux. Une demi-heure plus tard, Anisa file vers sa nuit de noces avec son mari, à bord d'une voiture aux décorations multicolores, escortée d'un convoi de véhicules remplis d'invités et de parents qui suivent le couple avec force coups de klaxon.

Si heureuse que paraisse Anisa ce soir-là, son mariage, lui, ne le sera pas. Car son mari se montre plus cruel avec elle que l'étaient son père et ses frères. Il la force à s'habiller d'une manière encore plus stricte qu'elle ne le fait déjà et ne l'autorise pratiquement jamais à quitter la maison. Anisa aura un fils et une fille. Quand la petite aura trois ans, elle devra déjà porter des vêtements à manches longues et se voiler. Anisa aura ainsi volé d'une cage à l'autre.

Aux noces, je vois aussi ma cousine Manal, la fille de mon oncle Yacine qui l'éduque elle aussi très rigoureusement dans les règles de la foi islamique. Il a peur qu'elle n'ait des relations sexuelles avant le mariage et la force à porter le voile depuis qu'elle a sept ans. La plupart des filles ne le font qu'à l'âge de la puberté, ou tout au plus quelques années plus tôt, à dix ou onze ans. Manal a treize ans, quatre de moins que moi, le jour du mariage d'Anisa.

L'été suivant, elle épousera un homme qui en a vingt-cinq de plus qu'elle. Elle est encore une enfant ce jour-là, elle est tout heureuse de pouvoir porter une si belle robe et que l'on organise une fête aussi splendide pour elle et pour son mari. Mais, quelques semaines après la cérémonie, je constaterai sa transformation : une démarche plus courbée qu'à l'habitude et une ombre, un mélange d'angoisse et de tristesse, qui s'est déposée sur son visage. Un peu plus tard, elle tombera enceinte. À quinze ans. Je ne doutais pas encore de l'islam à cette époque, mais tout me paraissait déplacé dans ce mariage. J'avais l'impression que l'on avait arraché quelque chose à Manal : la possibilité de devenir une femme adulte prenant ses propres décisions, du moins celles qu'on nous laisse prendre au sein de notre religion. On l'avait forcée à entrer dans une vie que des hommes avaient choisie pour elle. Je n'étais pas capable d'utiliser ces mots-là pour définir cette situation, mais, dès cette époque, je trouvais cela épouvantable.

Cet été-là, je découvrirai aussi dans mon propre corps la douleur que des hommes peuvent causer à une femme ou une jeune fille. Le premier à me donner cette leçon sera mon oncle Bark.

Bark a la peau brune et les cheveux bouclés. Il suffit d'observer sa démarche pour savoir quelle haute opinion il a de lui-même. Il gagne sa vie comme chauffeur, spécialisé dans les déplacements des femmes riches à travers Damas. Cet été-là, depuis notre arrivée, il se comporte bizarrement. Il ne dit pas grand-chose, il semble recroquevillé sur lui-même. Il m'arrive de croire qu'il boit ou qu'il se drogue, tant il me semble étrange et hébété. Il me raconte, sans que je lui aie rien demandé, qu'il a eu des relations sexuelles avant le mariage. Il se vante que certaines des femmes fortunées qu'il transporte lui demandent de les accompagner chez elles le soir venu pour coucher avec elles. Il raconte qu'elles lui caressent le visage, qu'elles l'entraînent au lit en le tirant par la main. Je pense aujourd'hui qu'il y avait une bonne part de fanfaronnade dans tout cela. Mais j'étais tellement jeune et ingénue à cette époque que j'étais incapable de faire la part des choses. D'ailleurs je ne comprenais même pas pourquoi il me racontait tout cela.

Bark loge, comme nous, chez mon grand-père. La plupart du temps, je ne le vois que lorsque nous mangeons tous ensemble ou quand je le croise dans le couloir. Nous continuons à nous entendre très bien, et pourtant les années ont creusé un fossé entre nous. Car, dans les familles profondément religieuses comme la mienne, femmes et hommes ne sont pas des amis : les premières dépendent de l'arbitraire des seconds. Or seules des personnes égales en droits peuvent être des amis. Et en Arabie saoudite il n'existe pas d'égalité entre les sexes.

Je me trouve déjà depuis plusieurs semaines en Syrie lorsque l'incident se produit. Une nuit, un besoin pressant me réveille à cinq heures du matin. Les toilettes se trouvent derrière la cuisine, qu'il me faut donc traverser. Bark boit un café, assis à la table. Il est toujours debout à des horaires parfaitement inhabituels, et il est difficile de dire s'il vient de sortir du sommeil ou s'il s'apprête à y plonger. Je lui dis bonjour, perdue dans mes pensées, et je passe aux toilettes, ivre de sommeil.

Au moment où je m'apprête à rentrer dans ma chambre, il me demande de m'asseoir auprès de lui. Cela me met mal à l'aise : je ne porte que mon pyjama, sans soutien-gorge dessous. Cette situation m'est désagréable, je ne sais pas vraiment comment réagir, mais il insiste pour que je reste. Il m'entraîne dans une discussion. « Que ressens-tu quand tu vois des hommes, Rana ? Il y a des hommes qui te plaisent ? » me demande-t-il. Dehors il fait encore sombre, grand-mère et grand-père dorment. Tout donne l'impression que nous nous trouvons dans une bulle de savon à l'extérieur de laquelle nul ne peut nous entendre. La cuisine paraît coupée du reste du monde ; l'atmosphère d'intimité qui y règne me met mal à l'aise. Tout en moi se hérisse contre les questions de Bark. Car ce qu'il me demande, en réalité, c'est : es-tu une bonne musulmane ? As-tu des pensées impures ? Une question à laquelle, dans mon univers, il n'y a et ne peut y avoir qu'une seule réponse.

Et c'est celle que je lui donne : « Non, bien sûr que non, c'est *haram*. » C'est exact, d'ailleurs, je n'ai encore jamais parlé à un homme dont je ne sois pas la parente. Comme n'importe quelle jeune fille, j'adule les pop stars et je rêve de trouver le grand amour. Mais désirer un homme réel, voilà une idée qui ne me viendrait même pas à l'esprit. Je sais que ce serait un péché, que je jetterais l'opprobre sur ma famille.

L'instant d'après, pourtant, me voilà prise de panique : que se passera-t-il si Bark pense que je me suis déjà physiquement trouvée proche d'un homme qui ne soit pas un parent ? Comme les autres filles de mon lycée, j'ai déjà parcouru en secret les sites Internet sur lesquels on explique ce qu'est le sexe, comment naissent les enfants, ce qu'est la contraception. Mais tout cela reste très théorique. Nous avons compris que, pendant la relation sexuelle, l'homme introduit son pénis dans le vagin de la femme, que cela provoque un saignement si l'on est encore vierge et que cela fait mal. Mais l'idée d'utiliser ces connaissances en dehors du mariage ne viendrait jamais à l'esprit d'aucune d'entre nous. Si Bark m'interroge ainsi, c'est peut-être parce qu'il me soupçonne de ne pas respecter les règles du Coran ? C'est la première fois que je parle avec un homme d'un sujet ayant un rapport, même très éloigné, avec le sexe. Ce soir-là, dans la cuisine de mes grands-parents, je ne sais pas comment réagir. Je suis beaucoup trop jeune pour comprendre vraiment ce qui se passe. C'est quelque chose d'inouï et d'interdit, je le sais pertinemment, il n'empêche que je ne peux pas me contenter de me lever et retourner me coucher. Dans ma culture, les lois de la famille interdisent à une femme de s'opposer à un homme. Je dois donc rester assise et espérer que la discussion va basculer vers un sujet plus banal ou, mieux encore, s'achever rapidement. Et de fait, cette nuit-là, Bark me laisse filer après quelques questions anodines.

Une fois revenue dans mon lit, dans la chambre d'amis, je suis incapable de me rendormir. Je me roule toute la nuit d'un côté et de l'autre en tentant de comprendre pourquoi je me sens si mal, si petite et si vulnérable. Je le sais aujourd'hui : c'est la réaction naturelle à ce type de rencontre, celle sur laquelle comptent des hommes comme Bark pour obtenir ce qu'ils veulent sans risquer de sanction. Quelque chose s'est brisé en moi cette nuit-là, de la même manière que le jour où mon grand-père avait offert mon vélo à Bark. Ce que l'on m'avait arraché à l'époque, c'était la croyance que j'avais, moi, petite fille, la même valeur qu'un garçon. Cette nuit-là, je commence à pressentir non seulement que je ne vaux rien, mais que cette absence de valeur est doublée d'une absence de protection.

Notre rencontre nocturne suivante a lieu quelques jours plus tard. Je me réveille vers une heure du matin. Une fois de plus, je suis incapable de me rendormir. Je dois avoir faim. Je passe à la cuisine, je me prépare du thé et je mange quelques-uns des cakes aux noix que mamie range toujours, depuis mon enfance, dans le placard de la cuisine. Pour moi, ils ont le goût des vacances d'été. Alors que je viens de m'asseoir et que je bois mon thé, perdue dans mes pensées, Bark entre dans la cuisine.

Avant même qu'il ait prononcé le moindre mot, je sens que cette rencontre va être suffocante. Cette fois, il ne s'assoit pas de l'autre côté de ma table, mais juste à côté de moi. Tout à coup, il me tire contre lui, son bras m'effleure la poitrine. Il se serre contre moi par-derrière, sans dire un mot, tout va très vite, voilà mes seins fermement comprimés sous ses avant-bras.

Son contact déclenche en moi beaucoup de sentiments divers. J'ai peur d'être prise de nausée, mais mon corps réagit à ce contact inhabituel d'une tout autre manière que ma tête. Tout cela ne va pas non plus sans une sorte d'excitation. Personne ne m'a encore jamais touchée comme ça. Et, dans le même temps, j'ai honte, parce que ce contact physique tellement chargé de péché ne me fait pas mal, il me choque et me trouble, mais déclenche aussi autre chose en moi.

Je dis à Bark que j'ai peur de ne pas apprécier qu'il se comporte ainsi. « Mais je veux seulement que tu saches que tu peux toujours te sentir en sécurité auprès de moi, dit-il, que je suis là pour toi et que je te protège. » Je l'implore : « Je t'en prie, lâche-moi, laisse-moi retourner dans ma chambre. – Tu peux y aller quand tu veux », dit Bark avant de desserrer son étreinte en souriant, narquois. Je prends la tasse et je sors de la cuisine en donnant autant que possible l'impression de garder contenance. Suit une nouvelle nuit agitée au cours de laquelle mes pensées me traversent la tête et où je me sens perdue dans une solitude absolue. Je fais des rêves confus et inquiets. Je me réveille le lendemain matin avec l'impression d'avoir été rouée de coups.

Lorsque je me lève et veux passer à la cuisine, Bark m'appelle dans sa chambre. « Rana, viens, j'ai quelque chose pour toi », dit-il. Je reste sur place, comme enracinée. Que dois-je faire ? Je suis forcée de lui obéir, mais je ne le veux pas. Après quelques secondes d'hésitation qui me paraissent très longues, et après qu'il m'a appelée une deuxième fois, je n'ai plus d'autre solution que de me rendre dans sa chambre. Je me déplace lentement, je reste sur le seuil de la porte. Il m'a acheté du chocolat et des tartelettes. Il a l'air radieux au moment où il me montre sa surprise. Je tente d'éloigner le souvenir de la nuit précédente. Bark est mon oncle. Je le connais depuis que je suis toute petite. Il a toujours été gentil avec moi – après tout, il n'y pouvait rien, lui, si mon grand-père lui avait offert mon vélo. À cet instant, je n'ai qu'un seul souhait, tout simple : retrouver toutes mes sensations normales. Que nous puissions nous regarder dans les yeux sans éprouver ce sentiment de bizarrerie. Je le remercie de ce gentil geste. Il me dit d'entrer. Il est assis sur un divan et me désigne la place à côté de lui. J'ai refoulé le souvenir de la nuit précédente. Je veux que tout recommence à aller bien. Dehors, il fait jour. Tout le monde est réveillé. Je m'assois à côté de lui.

Tout à coup il se lève et ferme la porte. Un film passe sur son ordinateur portable. Un homme est allongé sur une femme et je comprends aussitôt qu'ils font quelque chose d'interdit. Leurs corps sont en partie recouverts par un drap. Voilà que j'éprouve de nouveau cette mauvaise sensation dans le ventre, et elle est bien plus forte à présent qu'au cours des nuits précédentes. Je n'ai encore jamais vu un film de ce genre, ni vécu ce type de scène avec un homme, mais je sais que l'un comme l'autre sont *haram*. Bark s'est de nouveau assis près de moi, tout près. Il commence par regarder l'écran, puis se tourne vers moi. Il dit : « Regarde, Rana, ça te plaît ? Tu trouves que la femme est belle ? »

Question absurde. Dans le pays où j'ai grandi, son corps est quelque chose dont chaque femme a honte. Quelque chose que l'on n'a pas le droit de montrer en public, qui excite les hommes et ne cause que des ennuis. Depuis que j'ai franchi le cap de

55

la puberté et que ma silhouette a perdu son aspect enfantin, je passe de nombreuses heures devant le miroir. J'inspecte mon corps avec un mélange de curiosité et de dégoût. Je me sens sale. À dix-sept ans, j'ai déjà des seins assez volumineux et des courbes très féminines, alors que je suis très mince et fluette. Un corps comme beaucoup de femmes souhaiteraient sans doute en avoir un. Mais un corps dont je ne sais pas quoi faire et que je ne suis pas loin d'exécrer. Je sais aujourd'hui que, avec le physique qui était le mien, je devais paraître très désirable aux hommes. Mais, à l'époque, je ne savais pas quels fantasmes cette vision déclenchait dans l'esprit de certains hommes : toute espèce de désir constitue un tabou absolu dans notre société, personne n'en parle, pas même les femmes quand elles se retrouvent entre elles. Jusqu'à mes vingt-cinq ans, je ne saurai rien de l'amour physique ou de la sexualité. Mon nouveau corps de femme me fait surtout l'effet d'un fardeau, de quelque chose dont je dois avoir honte.

À l'époque, je porte des soutiens-gorges taillés dans un tissu mou et beaucoup trop petits, qui ne soutiennent rien du tout, mais cisaillent les épaules. Avec le recul, j'y vois une autre preuve du fait que je connaissais bien mal mon corps à l'époque et que je ne l'habitais pas vraiment. C'était comme si je portais cette féminité à bout de bras, sans savoir précisément ce que je devais en faire. Et, bien pire encore, sans savoir comment je pouvais la protéger.

Le film défile depuis deux minutes à peine lorsque Bark plonge la main dans l'échancrure de mon tee-shirt. « Ces deux-là font l'amour, dit-il. Ça te dirait d'essayer ? – Non, je n'ai pas envie, laisse-moi partir, mon oncle. » Après cette imploration, je tombe dans une sorte de catalepsie. Quelques minutes s'écoulent avant qu'il ne me laisse tranquille, mais le soulagement me paraît aussi grand que s'il m'avait retenue des heures durant dans sa chambre. Quand je parviens à m'arracher à lui et à me précipiter hors de la pièce, je me mets à pleurer.

Ce que Bark m'a fait m'atteint durement et à deux titres : d'une part, parce qu'il a passé une frontière qu'il n'avait pas le droit de franchir. D'autre part, parce que, à cette époque, je ne dispose d'aucun contexte me permettant de situer ce qui s'est passé. Je ne sais pas ce qu'est un abus sexuel. Parce que je ne sais pas ce qu'est la sexualité tout court. On ne nous apprend rien là-dessus, ni à la maison ni au lycée, où nous n'avons pas de cours de biologie. En revanche, nous avons chaque jour deux heures d'enseignement sur le Coran, au cours desquelles l'une de nos professeures nous explique que, si une femme et un homme non mariés ont des contacts immoraux, ils sont punis après leur mort : ils fusionnent l'un avec l'autre et rôtissent en enfer, embrochés sur un pieu comme des poulets. Aujourd'hui je ne peux m'empêcher de rire quand je me rappelle cette histoire, mais, quand j'étais petite, elle me terrifiait. C'est une image cauchemardesque qui me venait souvent à l'esprit quand j'étais adolescente.

Je sais aujourd'hui que j'étais condamnée à perdre la partie. En Arabie saoudite, l'abus sexuel commis contre les femmes est largement répandu, y compris dans le cadre familial, et n'est pas réprimé. Comment le serait-il ? Nous, les filles, grandissons dans la certitude que notre corps est une surface de projection pour les péchés, quelque chose dont nous devons avoir honte, que nous devons voiler, cacher et rendre aussi invisible que possible. Si l'on impose à notre corps un contact immoral, nous sommes les seules coupables. Tout ce qu'il y a de beau en nous, les femmes, est renversé en une marque de péché et de laideur. La conséquence de ce type de pensée, c'est que nous nous haïssons nous-mêmes, que nous avons honte de ce que nous sommes et que l'idée ne nous viendrait jamais de prendre les hommes qui abusent de nous pour ce qu'ils sont : des criminels. Quand on grandit dans un contexte de ce genre, quand on vous le présente quotidiennement comme normal, vous n'envisagez jamais de vous adresser à un médecin ou d'aller voir la police après un incident de ce type. C'est tout le contraire : on a honte, on se déteste encore plus d'avoir un corps et l'on se croit sans défense. Dans la société saoudienne, les femmes ne peuvent qu'être perdantes. Et beaucoup d'hommes commettent leurs crimes impunément.

Quand j'y repense, il me revient beaucoup d'histoires dans lesquelles de toutes jeunes filles ont été victimes de ce type d'agression. Mon amie d'école Aayliah, par exemple, n'avait que huit ans lorsqu'elle a été importunée sexuellement par son père pour la première fois. Il se faufilait la nuit dans son lit et lui touchait la poitrine, les cuisses, les parties génitales. Il la forçait à tenir son pénis. Depuis le premier incident, la nuit était devenue une période dangereuse pour Aayliah. Elle ne savait jamais quand il allait revenir et s'endormait toujours en ayant peur de son propre père. Elle s'était confiée à moi pendant une récréation. Mais je ne pouvais rien pour elle. Elle paraissait toujours si triste et recroquevillée sur elle-même. Devenue une jeune femme, une sorte de pulsion la poussait à coucher avec des hommes plus âgés qu'elle – apparemment, plus ils étaient vieux, moins ils étaient séduisants, et mieux c'était. J'avais l'impression qu'elle voulait se punir de ce que son père lui avait fait.

Bark n'est pas le seul de mes oncles à m'avoir importunée. L'été de mes dix-sept ans, alors que je passe mes vacances chez mes grands-parents, deux autres de mes oncles m'agresseront à leur tour. Un mercredi matin, alors que je me trouve dans son jardin, mon oncle Osim sort et s'assoit en me regardant d'une manière autre que d'habitude, avec une sorte d'avidité. Une fois encore, je n'arrive pas à classer ce regard dans une catégorie bien précise, mais j'ai un sentiment identique à celui que j'ai éprouvé quelques jours plus tôt avec Bark. Puis Osim m'attrape les seins : « Tu as été opérée ? » me demande-t-il en ricanant.

Je suis choquée, je me demande ce qui m'arrive pour que les hommes se mettent tout à coup à se comporter ainsi en ma présence. Cela tient-il à moi, ai-je fait quelque chose de travers ? Fatima, l'épouse d'Osim, n'a que deux ans de plus que moi.

Je l'aime bien, elle est tellement chaleureuse et c'est la meilleure pâtissière que je connaisse. Quand je lui rends visite à Damas, nous passons beaucoup de temps ensemble, et nous le faisons de bon cœur. Nous discutons de toutes sortes de choses. Lorsque des parents à nous se marient, nous parlons de la fête au cours des journées qui précèdent la cérémonie, nous nous demandons ce que nous porterons et comment nous nous maquillerons. Elle est aussi gracile et androgyne que je suis féminine. À mes yeux, que ce soit justement son mari qui me fasse une chose pareille donne une singulière gravité à cet incident. Je ne sais ni comment je dois me comporter ni ce que je dois penser des événements de cet été. Je me sens isolée parce que je sais que je ne peux en aucun cas le raconter à qui que ce soit. Ni mes grands-parents, ni ma mère et mon père ne doivent rien en savoir. Pas plus que mes frères, ma sœur, mes oncles et mes tantes. Ils penseraient à coup sûr que tout cela est ma faute. Ils se diraient peut-être que j'ai amené le péché dans la famille, ils me soupçonneraient d'avoir provoqué ces hommes dont je suis la parente. Après l'incident avec Osim, j'évite d'entrer dans sa maison, je ne vois donc plus Fatima que rarement. Elle me demande une fois de plus pourquoi, brusquement, je suis deve-nue aussi distante, pourquoi mes visites se font de plus en plus rares, et je ne peux bien entendu pas lui répondre sincèrement. Je reste vague, je fais comme si c'était seulement le fruit de son imagination. Osim a donc réussi à détruire deux choses d'un seul coup : la confiance que j'avais en lui du seul fait que c'était mon oncle, mais aussi mon amitié avec Fatima.

Mais un autre événement se produira aussi cet été-là, qui me causera encore bien plus de honte. Mon oncle Radhi et sa femme Amina habitent non loin de la maison de mes grands-parents, à environ une heure de marche. Je rends de temps en temps visite à Amina, qui se sent souvent très seule et n'a que peu d'amies. Par une soirée estivale, je reste jusqu'au dîner ; nos conversations n'ont plus de fin et il est bientôt trop tard pour rentrer à pied chez mon grand-père. Je demande à Radhi si je peux dormir sur leur canapé. Il me répond qu'ils m'hébergeront chez eux, mais que je devrai passer la nuit avec Amina et lui, dans leur lit. L'ambiance dégénère aussitôt. Je ne comprends pas ce que cela veut dire, j'aimerais partir immédiatement. Je ne le peux pas, il ne le supporterait pas. Amina, timide et anxieuse dès qu'il est question de son mari, prend tout de même son courage à deux mains et tente de le persuader que je peux dormir sur le canapé. Mais il ne tolère aucune contradiction.

Il insiste pour que je m'allonge entre sa femme et lui. Mon nœud à l'estomac se resserre encore d'un cran. Je me sens vraiment mal. Je me couche en lui tournant le dos et m'éloigne de lui autant que possible. Amina, elle aussi, se fait toute petite. Je ne sais toujours pas aujourd'hui comment j'ai pu réussir à m'endormir dans une situation pareille, mais j'y suis bel et bien parvenue. Quand je me réveille au milieu de la nuit, ses mains sont partout sur moi, elles me palpent, me prennent, me saisissent. Ma réaction à ces contacts, qui me sont insupportables, est physique et immédiate. Je me mets à trembler comme si j'avais des frissons de fièvre. Je finis par parvenir à m'enfuir de ce lit, à m'habiller et à quitter la maison. Il faut normalement une petite demi-heure de marche pour rejoindre le domicile de mes grands-parents. Cette nuit-là, je ne mettrai qu'un quart d'heure. Je cours aussi vite que mes jambes me le permettent et les pensées se bousculent dans ma tête.

Arrivée chez mon grand-père, je commence par me laver le visage, puis le corps tout entier, comme si l'eau pouvait effacer le souvenir de ces attouchements. Je pleure sous la douche, je me sens sale et je décide que jamais, jamais plus je ne reviendrai dans ma famille en Syrie.

Cet été me collera longtemps à la peau. Je me suis fréquemment demandé si Dieu allait me punir pour ces péchés et si j'en étais responsable. Les moments où je me regardais dans un miroir, ce que j'évitais de faire trop souvent auparavant tout en célébrant avec une sorte de masochisme la vision qu'ils me donnaient de moi-même, devenaient de plus en plus douloureux. Je me sentais comme un enfant qui a commis une grosse bêtise et attend qu'un adulte s'en rende enfin compte. Un enfant qui craint une terrible punition et doit vivre avec l'incertitude du moment où il la recevra.

3

PROMESSES DE MARIAGE

On dit qu'une jeune fille devient une femme lorsqu'elle a ses premières règles. Mais comme la plupart de mes semblables je suis encore bien plus une enfant qu'une femme lorsque cela m'arrive. Être adulte, c'est un état qui englobe tellement plus de choses que ce que le corps est tout à coup capable de faire. J'ai treize ans, c'est une journée d'école comme n'importe quelle autre. Je suis en cours d'histoire lorsque je m'en aperçois : j'ai une étrange sensation dans ma culotte. Je lève la main et je demande à notre enseignante, Amal, la permission d'aller aux toilettes.

Je dévale le couloir qui mène aux cabinets situés au coin du bâtiment. En Arabie saoudite, aucune école n'a de jardinet ou de cour de récréation donnant vers l'extérieur, seulement de petites cours intérieures. Ce sont de véritables forteresses dont les portes sont surveillées par des gardiens qui prennent garde à ce que personne n'entre dans l'école. Quand nous ne sommes pas en pause, les couloirs sont vides et silencieux. Ils sont tellement sinistres qu'on ne sait jamais vraiment si l'on est dans une école ou dans une prison.

La vue du sang dans ma culotte me cause un choc ; mon urine, elle aussi, se teint de rouge clair. Je suis sûre d'avoir une maladie grave. Suis-je à deux doigts de mourir ? Prise de panique, je me précipite dans ma salle de classe. Lorsque Amal, qui est aussi notre professeure principale, me voit, elle interrompt son cours et m'accompagne dans le couloir. « Qu'est-ce qui t'arrive, Rana ? » demande-t-elle. Je sanglote et lui parle du sang, de la drôle d'odeur, de l'urine rouge. Je hurle : « Il faut que j'aille à l'hôpital tout de suite ! – Allons, Rana, arrête de pleurer », dit-elle. Elle sourit. « Ce qui t'arrive est tout à fait normal. Je vais appeler ta mère pour qu'elle vienne te chercher, elle t'expliquera tout ça. » Elle prononce ces mots avec tant de sang-froid et de certitude que je finis par me calmer. L'excitation laisse place à l'épuisement.

Une demi-heure plus tard, ma mère passe me chercher. Il est vrai qu'à Riyad les femmes n'ont pas le droit de prendre place dans une voiture ou d'évoluer dans les rues sans avoir un chauffeur ou la compagnie d'un parent. Mais faire un aussi bref trajet à pied pour aller à l'école est autorisé. L'enseignante sait que nous n'habitons pas loin. Dans ce genre de cas, c'est toujours la mère, et non le père, qu'elle tente de faire venir : elle sait bien combien il serait pénible à une élève d'être obligée d'évoquer ses règles en présence d'un parent masculin. Ma mère me prend par la main et me dit de ne pas avoir peur. « Mais ça fait mal », dis-je, et je sens les larmes qui me montent aux yeux. Elle affirme que c'est tout à fait courant. Que cela m'arrivera tous les mois. Qu'au cours de cette période il est important de ne pas prier et de ne pas toucher de livres de prières ! J'en reste ahurie. « Mais, enfin, il faut que je prie, c'est interdit, de ne pas prier ! » Je sens la panique s'emparer à nouveau de moi. « Non, m'explique-t-elle, se présenter impure devant Allah est une violation du Coran. Et les jours où tu saignes, tu es impure. C'est comme ça pour toutes les femmes, Rana, c'est parfaitement normal. » Une fois à la maison, elle m'envoie sous la douche puis me donne une grande serviette en coton, aussi épaisse qu'une couche. Je dois la mettre dans ma culotte, dormir un petit peu et tenter d'oublier la douleur.

Comme personne ne m'explique pourquoi je saigne, je ne me défais pas du soupçon que ma mort est proche ou que, en tout cas, quelque chose en moi ne fonctionne pas comme il faut. Ce qui me rassure un peu, c'est d'apprendre par mes amies qu'il leur arrive la même chose. Un petit groupe de filles se réunit ainsi dans la cour de l'école pour parler à voix basse, se dire qu'elles vont peut-être bientôt mourir parce qu'elles saignent, qu'elles sont impures et n'ont donc pas le droit de prier.

Le port du voile est devenu un élément tout à fait ordinaire de mon existence. Chaque matin je vais chercher mon attirail dans mon armoire. Je commence par passer l'abaya, puis la tarha, et, pour finir, le niqab. Chaque matin, devant mon miroir, je vérifie si j'ai bien tout ajusté. En Arabie saoudite, une femme doit aussi recouvrir ses sourcils, le niqab doit être d'aplomb et ne pas glisser vers le haut. Ne pas se voiler correctement, c'est l'assurance d'avoir des ennuis avec la police religieuse. Puis je me rends au collège, qui n'est qu'à cinq minutes de la maison ; c'est pour cette raison qu'il n'est pas nécessaire que mon père ou mon frère m'accompagne. Au printemps, à l'automne et au cours de l'été, il fait une chaleur pratiquement insupportable sous l'abaya. Je parviens à peine à respirer sous ce tissu noir, je dois constamment veiller à ce que rien ne glisse et je suis soulagée chaque fois que j'arrive à l'école et que je peux de nouveau tout enlever. Dans les établissements privés, les filles ont des vestiaires, mais dans le mien nous posons simplement voiles et abayas sur le dossier de nos chaises pendant les cours.

C'est à cette époque, durant ces mois où je ne suis plus une enfant, mais pas encore une vraie femme, que je fais la connaissance de Nona. Nous avons tous les deux seize ans et nous fréquentons le même établissement. Nona est toujours toute seule. Pendant les pauses, elle mange à part ; elle se tient loin des autres lorsqu'elle quitte la petite cour intérieure pour rejoindre la salle, et c'est l'une des rares à ne pas avoir de voisine de banc dans notre classe. On dirait qu'un nuage plane au-dessus de sa tête, elle paraît triste, presque déprimée. Et puis elle a quelque chose de repoussant, comme si elle était entourée d'un mur protecteur fait de froideur et de défi. Comme si elle voulait à tout prix rester telle qu'elle est : triste et seule. D'une certaine manière, la voir se recroqueviller ainsi sur elle-même me donne envie de me rapprocher d'elle. Je veux devenir son amie. Je l'aborde un jour à la pause, mais elle ne répond que par monosyllabes à mes questions. Je lui demande : « Je peux m'asseoir à ta table ? – Oui », dit-elle avant de baisser à nouveau les yeux vers son repas. C'est un déjeuner étrange. Elle se lève avant que j'aie fini et rentre seule dans la salle de classe.

Mais je n'abandonne pas pour autant. Quelques jours plus tard, je dépose un petit mot dans son cartable. J'y dessine deux jeunes filles qui se tiennent par la main et j'écris en dessous : « Nous pouvons être amies ? » Le lendemain, Nona me sourit pour la première fois et hoche la tête. À partir de ce moment, nous devenons inséparables.

Nous nous ressemblons même un petit peu. Certains jours, nos condisciples nous disent pour nous taquiner que nous sommes comme deux jumelles : même silhouette, mêmes longs cheveux noirs. Le *boys band* Blue et le chanteur Enrique Iglesias nous plongent tous les deux dans l'extase. Il m'arrive de tirer, sur l'imprimante de mon père, des photos de nos idoles ; chaque fois en deux exemplaires : un pour moi, un pour Nona. Il ne faut pas attendre longtemps pour que nous nous asseyions aussi l'une à côté de l'autre en classe. Pendant les pauses, nous sommes de toute façon toujours le plus proches possible. Dans les tiroirs de nos pupitres, nous cachons des barres chocolatées, des KitKat ou des Mars – notre favorite, c'est le Twix, « notre » chocolat. Quand l'enseignante nous tourne le dos, il nous arrive de mordre discrètement dans la barre en nous retenant d'éclater de rire. Nous nous moquons de nos condisciples et de nos enseignantes, nous discutons des exercices à faire à la maison, des dernières musiques entendues, de nos rêves éveillés. Après l'école, nous expédions nos devoirs aussi vite que possible, puis nous discutons au téléphone, souvent quatre heures durant, jusqu'au dîner. Parfois ma mère vient pester dans ma chambre parce que j'occupe la ligne. Dans ces cas-là, je dois raccrocher. Mais la plupart du temps nous pouvons parler sans être dérangées. Nos mères se disent sans doute que, au moins, comme ça, aucune idée idiote ne nous passe par la tête.

C'est comme si j'avais deviné que Nona avait besoin de quelqu'un qui l'aime, avec qui elle puisse rire et faire l'idiote. Quand nous sommes ensemble, il semble que le nuage sombre qui plane au-dessus d'elle disparaît ; elle est joyeuse et détendue.

Un jour, à la fin octobre, alors que nous sommes déjà amies depuis un an, Nona arrive à l'école le visage baigné de larmes. Elle est redevenue la Nona du premier jour, lorsque je me suis assise à côté d'elle et que j'ai eu l'impression que chacune de mes questions lui rebondissait dessus. Pendant la première pause, elle refuse de me parler. Mais je n'abandonne pas, et lorsque nous allons déjeuner toutes les deux je lui repose la question : « Qu'est-ce qui t'est arrivé ? Est-ce que je peux t'aider ? » Elle commence par dire qu'il s'est passé quelque chose de grave dont elle ne peut parler avec personne. « Mais qu'est-ce que je peux faire ? » lui demandé-je. Elle se contente de rire, dédaigneuse, mais semble soudain changer d'avis et se décider à me raconter. « Parfois, dit-elle, mon père vient la nuit dans ma chambre et il me touche. Pas comme un père doit toucher sa fille, tu comprends. Je ne peux rien faire contre. Je ne peux pas me défendre. De toute façon personne ne me croira. » Elle prononce la dernière phrase d'une voix très basse. C'est l'automne qui suit l'effroyable été que j'ai passé en Syrie. Tout me revient aussitôt. Je comprends immédiatement ce qu'elle ressent. J'ai peine à imaginer ce que cela doit être de devoir vivre constamment, chez elle, ce qui m'est arrivé une fois pendant mes vacances. Et que ce soit son propre père qui le lui fasse subir dépasse de beaucoup les limites de ce que je peux concevoir. Je la regarde, je tente de dire quelque chose. « Nona, ce n'est pas ta faute. Ça m'est arrivé à moi aussi… Nous portons notre voile, nous respectons toutes les règles. Nous n'y sommes pour rien. » Je vois bien Nona acquiescer, mais c'est à peine un hochement de tête. Elle pleure. J'en ai le cœur presque brisé, car je sais qu'elle a raison : nul ne peut l'aider, elle ne peut en parler à personne et elle n'a aucune possibilité de se défendre. Elle doit supporter sa situation en espérant que cela ne la brisera pas.

Il y a aussi des journées lumineuses. Des jours où nous sommes presque des adolescentes parfaitement normales, avec les soucis de notre âge et toutes sortes d'absurdités dans la tête. Un jour où nous nous trouvons dans les toilettes, je suis prise d'un coup de folie. Je fais résonner sur mon portable un chant traditionnel égyptien et je danse au-dessus de la cuvette. Nona secoue la tête, elle ne trouve pas ça drôle du tout. Si nous nous faisons prendre, nous aurons de sacrés problèmes, le directeur appellera nos parents. Danser en public est une violation de la *charia*. Mais j'ai de la chance, je ne me fais pas attraper. Une semaine plus tard, Nona ne pourra s'empêcher d'en rire à son tour.

À cette époque, nous écoutons en boucle la chanson « One Love » du groupe britannique Blue – c'est notre préféré et nous vouons une véritable adoration à son chanteur, Duncan James. J'ai accroché dans ma chambre un poster d'Enrique Iglesias. Quand je regarde ses clips, je rêve qu'il tombe amoureux de moi et que nous nous marions. Que nous nous installons dans une belle et grande maison où nous avons des enfants, une fille et un garçon ! Dans des moments un peu plus réalistes, je me demande comment ce sera le jour où j'aurai trouvé le grand amour. Un observateur extérieur peut sans doute s'étonner que des clips aussi délurés ne soient pas interdits dans un pays comme l'Arabie saoudite et qu'une musulmane croyante puisse concilier son respect pour Allah et la présence de danseuses à moitié nues dans ces vidéos. Je crois que, si c'est possible, c'est que beaucoup d'entre elles véhiculent un message qui, si libres que soient les mœurs qu'on y décrit, ne met pas en danger la religion et les valeurs de l'islam. La légende de la femme qui attend son prince, cette passivité féminine que l'on présente sous des traits romantiques dans tant de morceaux de pop music où il est question d'amour, est parfaitement cohérente avec l'image de la femme en vigueur dans la société où j'ai grandi.

En Islam, il existe une formule de remerciement spécifique que l'on adresse aux femmes non mariées. Elle signifie littéralement : « Je te reverrai quand tu seras épouse. » Elle est aussi naturelle que l'expression « Dieu merci » en français et l'on ne réfléchit pas à son contenu littéral quand on l'utilise. Il n'empêche que le fait qu'on la prononce devant une femme qui n'a pas encore de mari pour lui exprimer une profonde reconnaissance en dit long sur la situation de ces pays.

Jeune fille, toute ma vie tournait autour de l'idée de trouver un époux. Je crois fermement que je suis faite pour me marier et j'attends avec fébrilité le jour où je trouverais enfin le mari idéal. À cette époque, je suis encore persuadée que c'est à ce moment-là seulement que ma vraie vie commencera. Il faudra attendre longtemps avant que je remarque que mes parents et amis ne disent jamais rien à propos des réussites des femmes, par exemple qu'elles ont appris un métier magnifique ou ont voyagé dans un pays lointain. Les histoires que l'on raconte avec respect ou admiration tournent toutes autour du fait qu'une femme a trouvé un bon parti. Que le mariage soit heureux ou non est secondaire.

Un exemple parmi d'autres : des amis de mes parents marient leur fille, Amal, à un homme politique saoudien très riche et très influent. Qu'il soit déjà marié et qu'il ait des enfants ne dérange personne, Amal doit, au contraire, s'estimer heureuse d'avoir trouvé un époux aussi prestigieux. Ils concluent tous les deux ce que l'on appelle un mariage bref, un mariage *misyar*. Ce type de mariage, dans lequel les partenaires ne vivent pas nécessairement ensemble, est devenu de plus en plus courant en Arabie saoudite, notamment parce que le prix des futures épouses et les frais liés à de véritables noces sont de plus en plus inaccessibles.

Il permet aussi aux couples non mariés de louer un appartement ou une chambre d'hôtel sans devoir présenter un livret de famille, comme c'est normalement la règle. Beaucoup d'hommes utilisent ce type de mariage pour tromper leur épouse avec des femmes non mariées ; et la prostitution se déroule elle aussi sous couvert de mariage *misyar*. Bien entendu, cette forme de mariage court est un privilège réservé à l'homme, qui peut ainsi avoir une relation avec une autre femme que son épouse permanente sans avoir à craindre ni les problèmes juridiques ni la police religieuse. Elle donne aussi à un homme encore célibataire la possibilité de ne pas vivre durablement en couple avec la femme qu'il rencontre régulièrement pour avoir des relations sexuelles, avec toutes les obligations que cela implique. Quand une femme conclut ce type de mariage court, en revanche, c'est tout sauf un privilège : elle renonce alors en effet au droit d'être soutenue financièrement et de vivre avec son mari.

Amal a dix-neuf ans quand elle fait la connaissance de son futur époux, et trente quand elle s'en sépare. Pendant ces dix années, il se contente de passer la prendre à son domicile pour coucher avec elle, puis de la ramener dans la maison de ses parents. Quand j'ai fait la connaissance d'Amal et de sa famille, ils vivaient dans une petite et modeste demeure. Ensuite, le mariage de leur fille a rapporté une belle villa aux parents. Amal a même le droit de faire des études parce que son époux lui a obtenu une autorisation spéciale – étant syrienne, elle n'aurait normalement jamais le droit de fréquenter une université : financés par le royaume saoudien, les établissements d'enseignement supérieur sont réservés à ses ressortissants. Le pays préfère investir pour ses propres compatriotes que pour des immigrés. En apparence, ce mariage constitue un échange de bons procédés : Amal arrive à terminer ses études avec un titre de docteur. Qu'elle ait un époux aussi influent permet même à ses sœurs de fréquenter elles aussi l'université. Il lui donne beaucoup d'argent. Elle en remet la majeure partie à ses parents. C'est aussi cela, la réalité, en Arabie saoudite : le mariage d'une fille peut transformer le destin de toute une famille. Pour le reste, même ses parents se moquent de savoir ce que cela fait à Amal de devoir partager avec une autre femme un époux qui ne veut pas d'enfants avec elle et ne passe jamais la prendre que lorsque cela lui convient.

Ma mère est très pieuse. C'est elle qui veille à ce que nous fassions la prière du matin. Elle réveille toute la famille avant le lever du soleil, ouvre les rideaux et met la télévision à plein volume pour nous arracher tous au sommeil. Je me lève le plus souvent à contrecœur, avec une grande envie de profiter encore de mon lit. Ma mère juge elle aussi qu'il est très important que je me marie dès que ce sera possible. Elle veille jalousement à ce que je reste une fille pieuse et un bon parti. Parfois même, elle inspecte ma chambre. Elle désapprouve le fait que je regarde des clips de Rihanna et il lui arrive d'entrer sans frapper dans ma chambre. Jamais encore notre relation n'a été aussi intime que celle que j'entretiens avec mon père. C'est lui, et pas elle, qui me donne l'impression de vraiment m'aimer. Papa et moi nous comprenons sans dire un mot, et il me fait sentir qu'il pense que je suis une personne hors du commun. Je suis une élève appliquée. Les mathématiques sont ma matière préférée. Mon père aime bien me voir aussi maligne et ambitieuse, alors que l'on n'attend pas cela des jeunes filles dans le royaume. Il exauce le moindre de mes souhaits. Le plus souvent ce sont des envies de livres ou de matériel pour l'école. Nous avons un petit rituel : j'écris mes vœux sur un morceau de papier et je le mets dans la poche de sa veste, sur son bureau ou dans sa serviette ; parfois il me rapporte quelque chose quand il rentre à la maison, le soir, après son travail. Pendant toute mon enfance et toute ma jeunesse, mon père sera le seul homme qui comptera dans ma vie. Auprès de lui, je me sens à l'abri et en sécurité.

Lorsque, mes dix-neuf ans venus, je passe de nouvelles vacances à Damas et que je participe aux noces de l'une de mes tantes,

71

j'attire l'attention de la famille de mon futur époux, Wisam. Nos grands-pères sont frères. Mon père connaît depuis longtemps la famille de Wisam. Ma mère le considère aussitôt comme un bon époux en puissance et se réjouit lorsque la mère de Wisam appelle pour convenir d'un rendez-vous.

Il a lieu dans l'appartement que mes parents ont loué à Damas pour les vacances. Au cours des années précédentes, nous logions souvent chez mes grands-parents, mais deux ans avant cette date ma mère a souhaité disposer d'un lieu à elle : elle était trop âgée pour ce tourbillon permanent, pour tous ces neveux et toutes ces nièces, ces allées et venues incessantes. Et papa a aussitôt exaucé son vœu, comme la plupart des autres d'ailleurs.

Mon père et ma mère commencent par rencontrer Wisam et ses parents. Ensuite, c'est moi qu'on appelle. Wisam est assis sur le canapé à côté de papa et maman. Je n'ose pas le regarder longtemps, je ne fais que lui lancer de brefs regards à la dérobée. Je porte mon abaya et la tarha, mais je suis autorisée à ôter mon niqab. Je sers du thé et des confiseries à sa famille pour montrer que je peux être une bonne femme d'intérieur. Wisam me plaît. Peut-être que ce que j'apprécie en lui est simplement le sentiment de lui plaire, car il est manifeste qu'il me trouve belle. Il ne cesse de me lancer de longs regards. Jamais encore un homme ne m'a si ouvertement accordé son attention. C'est le premier qui s'intéresse à moi, il est même possible qu'il veuille m'épouser. Je sais aujourd'hui à quel point j'étais maladroite et naïve pour tout ce qui concernait les relations avec l'autre sexe. Tout en moi aspirait alors à quitter le statut de jeune fille pour celui de vraie femme.

Wisam est cadre dans un magasin de mode féminine. Il a deux jeunes frère et sœur et n'a encore jamais été marié. Il donne l'impression d'un homme sans problème. Bref, c'est le parfait époux. Quelques jours plus tard, la mère de Wisam appelle et approuve le mariage. Je suis très heureuse : Wisam a belle allure, il ne gagne pas mal sa vie, nos familles sont proches l'une de l'autre. Je suis certaine que nous serons heureux ensemble.

Nos familles règlent les détails. Comme je vais encore au lycée, elles décident que nous nous marierons cet été et que les noces n'auront lieu que l'année suivante, lorsque je pourrai venir m'installer auprès de Wisam à Damas. Nous avons ainsi un an pour faire connaissance.

La première cérémonie a lieu dans la maison de mon grand-père. Pour l'occasion, ma mère m'a acheté une robe de cocktail que je porte sous mon abaya. Elle est en taffetas gris-vert et chatoyant, sans manches ; son décolleté est orné de perles et de paillettes. Lors du mariage d'Anisa, je pensais encore que ma robe bleu clair était la plus belle chose que j'aie jamais vue, mais celle-ci est nettement plus élégante et me donne plus l'air d'une adulte. Un notaire est arrivé, il attend dans la chambre d'amis que la cérémonie commence.

On a installé l'estrade dans le salon. Wisam et moi nous présentons devant le notaire. Je suis heureuse de revoir mon futur époux. Depuis notre entrevue en compagnie de mes parents, nous nous sommes parlé au téléphone, mais nous ne nous sommes plus revus. Je suis follement excitée. J'ai peur de faire quelque chose de travers, de me rendre ridicule devant lui. Wisam, qui parle quotidiennement avec des femmes dans le cadre de son travail, est tellement sûr de lui et souverain dans sa relation avec l'autre sexe. Cela me détend et m'intimide à la fois. Je suis contente de porter encore mon foulard et de ne pas me présenter à lui entièrement dévoilée.

Le notaire nous pose quelques questions concrètes. Un gigantesque exemplaire du Code civil est ouvert devant lui. Il me demande si je suis bien Rana Ahmad, née en 1985, si je désire réellement épouser Wisam ou si j'y suis contrainte. Cette dernière question, il ne la pose pas à Wisam. Après avoir répondu tous les deux, le notaire nous félicite et nous déclare mari et femme. Wisam me passe une alliance au doigt et m'embrasse le visage.

73

Je suis heureuse qu'il soit désormais mon époux et je me sens proche de lui. Wisam me sourit et me promet que nous nous téléphonerons chaque semaine jusqu'au jour où j'habiterai en Syrie. Il dit que nous ne tarderons pas à vivre ensemble.

Cet été-là, quand je quitte Damas, je suis une femme fiancée. Je me sens adulte, mais j'éprouve aussi un souffle de mélancolie : je sais que l'an prochain, à la même époque, je ne monterai plus dans la voiture en compagnie de mes parents pour rentrer chez nous, à Riyad, mais que je les suivrai des yeux en agitant la main pour leur dire au revoir.

À l'automne, je retrouve le lycée, les cours et Nona, comme s'il ne s'était rien passé. Nous faisons les idiotes et nous mangeons des friandises en cachette. Et pourtant tout est différent. Je suis désormais en bonne voie pour devenir une vraie femme. C'est ma dernière année à Riyad, ma dernière année avec Nona, mon père, mes frères et ma sœur. Je me réjouis chaque fois que j'ai des nouvelles de Wisam, et pourtant j'ai le ventre un peu noué. Nous parlons beaucoup au téléphone, il me fait des compliments et me dit qu'il m'aime. Aucun homme ne m'a encore jamais parlé comme ça. Cela me flatte beaucoup. Mais cette nouvelle vie d'épouse me fait peur. J'ai trop souvent vu des femmes souffrir au sein de leur couple.

Je suis pourtant aussi portée par l'espoir. La vie en Syrie est plus libre qu'en Arabie saoudite. À Riyad, je ne vois pas une femme dans la rue. Elles sont cantonnées à l'intérieur des logements ou dans l'habitacle des voitures conduites par des hommes. En Syrie, les femmes vont faire les courses, elles sortent de chez elles sans leur père, leur frère ou leur époux. Jeune femme, il m'arrive de repenser aux sensations que j'éprouvais lorsque je traversais Jobar à vélo. Je retrouverai peut-être un peu de cette liberté quand je serai mariée et que je vivrai avec Wisam à proximité de Damas.

Mon père tient beaucoup à ce que je poursuive mes études. Il souhaite que je les fasse en Syrie et prépare tous les documents dont je pourrais avoir besoin avant mon déménagement. Il parle aussi à Wisam et lui fait promettre qu'il me laissera fréquenter une université après le mariage.

C'est une année d'adieux. Je sais que lorsque l'école sera finie je ne reverrai plus Nona. Même si je restais à Riyad, il nous serait difficile de garder le contact. En Arabie saoudite, les jeunes filles et les femmes ne peuvent pas se donner rendez-vous ni se rencontrer aussi simplement que ça. La vie se déroule dans les familles ; quand on a de la chance, on a une gentille belle-sœur, ou bien une épouse de voisin qui devient une amie. Que Nona puisse venir me rendre visite à Damas est complètement exclu, nous le savons toutes les deux.

La douleur est donc vive à l'approche de la fin de notre scolarité commune. Une semaine déjà avant notre dernière journée au lycée, nous nous serrons sans arrêt dans les bras l'une de l'autre. Nous achetons des quantités monstrueuses de chocolat que nous cachons sous nos pupitres. Nous en mangeons plus en une semaine qu'au cours des trois années précédentes – c'est du moins l'impression que nous avons. « Nona, nous nous reverrons, nous n'écouterons pas nos parents, c'est tout, nous ferons tout différemment », lui dis-je un après-midi, incapable de comprendre que le monde est ce qu'il est. Nona est moins enthousiaste, mais elle sourit ce jour-là pour la première fois depuis longtemps. Et elle acquiesce. Lorsque nous nous disons adieu, en ce dernier jour, nous ne pouvons plus nous arrêter de pleurer.

L'année qui sépare les fiançailles et les noces est vite passée. Je sais que je vais beaucoup regretter ma famille, et plus le jour du déménagement se rapproche, plus je me sens triste. Pendant mes dernières semaines à Riyad, ma mère m'accompagne à la galerie commerciale. Elle est persuadée qu'on a de meilleurs produits ici qu'à Damas. Comme toute jeune mariée, j'entre dans mon nouveau foyer avec un trousseau tout neuf et complet. Je me défais de tout ce que j'ai porté dans mon ancienne vie. Il y a une foule de choses à acheter : produits cosmétiques, shampooing, gel douche, crèmes, casseroles, poêles, vaisselle et couverts, cadeaux pour Wisam.

Je lui choisis un pyjama et une veste coûteuse. Ma mère m'accompagne. Elle est emplie d'une joie profonde. Elle est persuadée que, désormais, tout va bien aller pour moi, et incroyablement soulagée de me voir me marier enfin. Nous n'avons peut-être jamais été aussi proches qu'au cours de ces semaines pendant lesquelles nous avons acheté ensemble tout ce dont j'avais besoin pour ma nouvelle vie. Elle a la sensation qu'elle va pouvoir arrêter de se faire du souci pour moi.

C'est en août, par une journée brûlante, que mes parents, mes frères, ma sœur et moi-même nous entassons pour la dernière fois dans notre voiture pleine à craquer. Je jette un dernier et long coup d'œil sur notre maison, notre rue, les angles des maisons, tout ce que j'ai si souvent vu en voiture avec mon père. Je tente de ne pas me laisser aller à la tristesse, je me change les idées en pensant à mon mariage. En voiture, je somnole et je profite du voyage comme je ne l'ai jamais fait ces dernières années. Cette fois, l'étroitesse du véhicule ne m'agace pas, bien au contraire : je suis heureuse d'être, pour un dernier voyage, si proche de ma famille.

Nous arrivons en Syrie trois semaines avant la date prévue pour les noces. Il y a encore beaucoup à faire. J'habite chez mes parents, mais Wisam me rend fréquemment visite et m'apporte des cadeaux : des pralines, une paire de boucles d'oreilles, une robe d'été... Nous buvons du café, nous parlons de choses banales du quotidien. J'ai du mal à croire que je partagerai bientôt avec lui le lit et la table. Wisam sait parfaitement comment parler aux femmes. Il me pose les bonnes questions et montre de l'intérêt pour ce que je lui dis. Je me sens flattée et me détends un peu plus à chaque visite. Peut-être la crainte que m'inspire le mariage est-elle en vérité une simple peur de l'inconnu. Peut-être tout ira-t-il bien quand ce sera fait.

Deux semaines avant la fête, ma mère et moi achetons ma robe de mariage. J'en essaie quelques-unes avant de trouver celle qui me plaît. Elle est très sobre, sans manches, elle descend jusqu'au sol. Quand je me vois dans le miroir, je me trouve superbe et très féminine. Curieux sentiment : un peu plus tôt j'étais encore une jeune fille qui assistait au mariage de sa tante Anisa.

Voilà que je peux tout à coup me sentir comme une princesse – plus une petite fille : une femme. Ma mère me dit : « Tu es magnifique, on se croirait dans un film. Pour moi, c'est celle-là. La robe parfaite. » Il est tellement plus simple de s'entendre avec elle maintenant qu'elle n'a plus à se soucier de me trouver un mari. Je commence à me réjouir de la période qui va suivre et à me poser moins de questions sur tout ce que cela va changer.

Le jour des noces, ma mère et moi nous faisons coiffer et maquiller dans un salon d'esthétique. Nous y passons six heures, à rire, à plaisanter, à discuter. Qu'il est bon de pouvoir parler à ma mère d'une manière aussi confiante et détendue ! Elle semble à présent voir en moi une alliée, une femme comme elle qui, bientôt, aura elle aussi un mari auquel il lui faudra obéir. Je sens à quel point elle est soulagée que je me marie si jeune. À la sortie, nous passons voir mon grand-père. Il est désormais trop faible pour être de la noce : il aimerait donc que, au moins, ce soit chez lui qu'on passe me chercher au cours de cette cérémonie pompeuse à laquelle participe tout le voisinage. Mon grand-père me souhaite de connaître dans mon couple tout le bonheur possible ; il me regarde avec joie et bienveillance. Il me glisse mille livres syriennes. « Je voulais t'acheter un cadeau moi-même, mais je ne suis plus trop capable de me déplacer », dit-il pour s'excuser. Je prends pour la première fois conscience que mon grand-père est un vieil homme. Il se comporte avec moi d'une manière tellement différente que ce jour où il m'a confisqué mon vélo et m'a fait sentir la force de sa colère. Il est si doux à présent. Et pourtant, je ne peux m'empêcher de me remémorer la tristesse dans les yeux de mon père, ce jour-là, pris entre le désir de me défendre et le respect qu'il devait au chef de sa famille. Aujourd'hui aussi, papa est là, il voit mon grand-père me remettre l'enveloppe. Il a l'air mélancolique. Je me demande s'il a vraiment envie de me laisser partir ou si, cette fois encore, il ne fait que respecter les us et coutumes. Plus tard, alors que nous sommes tous en pleine discussion, il lance brusquement : « Je considère qu'il est très important que Rana fasse des études. » Il prononce ces mots comme cela, hors de tout contexte. Redoute-t-il que je ne le fasse pas sous prétexte que je serai mariée et que je devrai m'occuper de mon époux ? Plus je me rapproche de ma mère, plus il me semble que je m'éloigne de mon père. Elle se fait une tout autre idée de la vie que je dois avoir. Et cette idée-là est beaucoup plus conforme à la société dans laquelle nous vivons.

Je reste deux heures dans la maison de mon grand-père. Anisa vient me rendre visite. C'est le jour de ses noces que j'ai pour la première fois songé à ce que cela signifierait d'être une femme mariée. Mais elle n'a pas le droit de venir à mes noces à moi : son mari craint qu'on ne l'y photographie. Son absence m'attriste. Son époux est tellement sévère et fait preuve d'une piété que je juge exagérée. Toutes mes autres tantes peuvent venir. Anisa me souhaite beaucoup de bonheur, et je suis heureuse de l'avoir vue au moins avant le mariage.

L'heure est venue : mon frère vient me chercher dans la voiture de mon père, ornée de ballons, de rubans et de fleurs. C'est une tradition : la jeune mariée est toujours conduite sur les lieux de la cérémonie dans une auto somptueusement décorée, suivie d'un convoi de véhicules tout aussi enrubannés. Je m'installe avec ma mère. Je porte une abaya blanche sur ma robe noire ; ma tenue est si lourde et si chargée d'ornements que ma mère doit me soutenir en me tenant par le bras jusqu'à ce que nous soyons dans la voiture. J'ai le cœur qui bat. Je suis incapable de me concentrer sur le trajet. Je me demande ce qu'est en train de faire mon père. Sans doute s'apprête-t-il à rejoindre la fête. S'entend-il bien avec les hommes de la famille de Wisam ? Mon père apprécie-t-il mon beau-père, ont-ils des idées proches sur la religion, la politique et la famille ? Au cours des discussions qui ont précédé mon mariage, il m'a semblé qu'ils avaient des sujets de conversation communs et qu'ils voyaient bien des choses de la même manière, mais j'ai tout de même peur que mon père ne découvre au cours des heures précédant le mariage quelque chose qu'il n'aimerait pas dans ma nouvelle famille.

Après un bref trajet nous nous arrêtons devant la salle où vont être célébrées mes noces. Nous sommes en début de soirée, il doit être un peu plus de dix-neuf heures. C'est la famille de Wisam qui a loué cet espace dans la banlieue de Damas. Nous attendons environ cent cinquante invités. C'est une fête plutôt modeste. En Syrie, il y a beaucoup d'endroits de ce type, tous dotés de deux salles où les hommes et les femmes peuvent faire la fête séparément jusqu'au moment où le jeune marié vient rendre visite à son épouse. Certains de ces lieux coûtent l'équivalent de plusieurs dizaines de milliers d'euros et sont bien plus luxueux que celui, modeste, choisi par les parents de Wisam. Deux de mes tantes se tiennent devant l'entrée pour accueillir les invités.

Pourtant ma mère et moi ne nous mêlons pas aux autres : nous passons dans une arrière-salle. Il n'est pas courant que l'épouse se présente tout de suite parmi les invitées. Elle ne les rejoint que plus tard et passe une ou deux heures dans le cercle de ses plus proches parents avant de rejoindre la cérémonie. Ma mère et moi discutons de mon grand-père et de sa faiblesse physique, mais les sujets finissent peu à peu par nous manquer. Je suis excitée, nerveuse, dans un état qui se situe à mi-chemin entre la joie et l'angoisse. Nous buvons du jus de fruits et j'essaie de ne pas réfléchir à ce qui me cause réellement du souci : la nuit de noces en compagnie d'un homme, les adieux imminents à mes parents, la crainte de l'incertain, la vie de femme mariée... Ce qui me fait le plus peur, c'est la perspective d'avoir des relations

79

sexuelles avec Wisam. J'ai lu sur Internet en quoi cela consiste, je suis même allée jeter un rapide coup d'œil sur l'ordinateur de Bark pour voir à quoi l'on ressemble quand on le fait. Il n'empêche que, pour moi, le sexe reste quelque chose dont une jeune femme a peur, un péché que l'on ne veut pas commettre. Et contre lequel on cherche constamment à se défendre.

Au bout d'une heure, je pénètre enfin dans la grande salle où se déroule la noce, au son d'une marche nuptiale interprétée par un orchestre. Tout le monde applaudit. Il y a là environ soixante-dix femmes qui m'acclament au moment où j'entre et me mets à danser. Maintenant que tous les regards sont braqués sur moi et que je peux montrer à quel point je danse bien, je me sens comme l'une des héroïnes de ces films romantiques que j'aime tant regarder. Mes tantes sont venues, mes cousines aussi, et puis des amies de ma mère, des femmes que je connais depuis mon enfance, quand j'allais faire mes courses à bicyclette à la boutique d'Abou Amin. Après la danse, je m'assois sur le canapé qui trône sur l'estrade et je reçois les vœux de mes invitées. Elles sont si nombreuses que j'arrive à peine à manger un peu de la glace que nous avons commandée. Le temps passe à une vitesse incroyable. Autour de moi, les femmes virevoltent dans leurs splendides robes aux couleurs vives, il y en a toujours une qui ne m'a pas encore félicitée, et entre deux passages c'est ma mère qui tire sur ma robe comme si le tissu risquait de glisser et de tomber. Elle n'a pas de manches, le haut étroit descend sur une somptueuse jupe de tulle large ornée d'applications argentées et de ruchés : ma robe de mariée est aussi belle que je l'ai toujours imaginé. Je tente de me rappeler celle d'Anisa – la seule chose qui me revienne avec force lorsque je pense à ses noces, ce sont ses yeux rayonnants et mon désir de devenir un jour une épouse, moi aussi.

On frappe à la porte. Je sursaute. Tout va si vite d'un seul coup. Wisam va-t-il vraiment s'avancer vers moi d'ici cinq minutes, pour devenir mon époux ? Pourtant, quand je remets mon voile de mariée, je commence à douter de tout. Est-ce vraiment l'homme qu'il me faut ? Celui avec lequel je veux avoir des enfants ? Et si tel n'est pas le cas, que se passera-t-il ? Je ne pourrai plus rien faire et je devrai accepter mon destin sans rien dire. J'ai peur également d'être séparée de mon père pour la première fois de ma vie. Je me sens à l'abri auprès de lui, je sais que je suis en sécurité et qu'il ne peut rien m'arriver quand il est à proximité. Autour de moi les femmes se voilent, elles brûlent d'impatience et, dès qu'elles ont fini de passer leurs abayas, elles gardent le regard rivé vers la porte. Je pense aux noces d'Anisa. Je me rappelle ce moment où, moi aussi, comme toutes les autres, j'attendais l'arrivée de l'époux. À cet instant précis, je n'avais pas eu un seul regard pour Anisa. Me rappeler ce détail me soulage. Car, si l'une de ces femmes se tournait vers moi maintenant, elle ne lirait certainement pas seulement la joie sur mon visage, mais aussi le doute, la peur et le déchirement.

Toutes mes craintes sont comme balayées par un coup de vent au moment où Wisam entre dans la salle. Je suis heureuse. Il a vraiment très belle allure, et je peux lire dans ses yeux à quel point je lui plais. Ce qui l'emporte à cette minute-là, c'est le besoin qu'un homme me fasse des compliments, l'envie d'être reconnue, l'exigence de la liberté, le sentiment d'être une adulte. Je suis malgré tout soulagée de voir que mon père et mon frère sont eux aussi entrés dans la pièce, derrière Wisam.

Mon mari avance vers moi, tout le monde autour de nous bat des mains au rythme de la musique. Puis il relève mon voile et me regarde au fond des yeux. Il me plaît, mon époux. Je le suis sur le canapé où nous échangeons nos alliances, observés avec curiosité par tous ceux qui nous entourent. Les alliances sont en platine, la mienne est ornée d'un petit brillant. Je regarde mon annulaire et je me sens submergée par la joie. Nous dansons, Wisam et moi. Puis mon père et mon frère se dirigent vers nous : ils viennent nous remettre notre cadeau de mariage.

Même le jour de mes noces, l'amour que me porte mon père me subjugue : à la fin de la cérémonie, la tradition veut que les hommes de la famille apportent des cadeaux à la mariée. Mon père tient quelque chose de doré dans la main. Je ne peux pas discerner, de loin, de quoi il s'agit. Lorsqu'il arrive devant moi, je constate qu'il m'a acheté un diadème d'or, digne d'une princesse. Jamais encore une femme de ma famille n'a reçu un cadeau aussi somptueux. Je reste bouche bée lorsqu'il dépose cette couronne sur ma tête, et l'émotion m'arrache des larmes. Mon père m'embrasse sur les deux joues. Je lis dans ses yeux une petite fraction de la peur que j'éprouve à l'idée que nous serons bientôt séparés.

Les invités continuent à danser ; nous les regardons depuis le canapé, Wisam et moi. Il me fait des compliments, me demande si j'ai passé une bonne journée. Je lui parle de mon grand-père et lui dis pour la centième fois à quel point le diadème que m'a offert mon père me plaît. Wisam hoche la tête et sourit : « Il te va vraiment bien. » La cérémonie touche lentement à sa fin. Vers vingt-trois heures, je prends congé de mes invitées, de mon frère, de ma mère et de mon père, puis je suis Wisam jusqu'à la voiture. Son frère nous conduit à notre nouveau logement, dans la banlieue où vit aussi mon grand-père.

L'appartement appartient à la famille de Wisam. Quand nous entrons, on nous a déjà dressé un petit buffet, avec des frites, du *chawarma* (une sorte de kebab) et du Pepsi-Cola. Je suis très fatiguée, j'ai tout juste le temps de remarquer, du coin de l'œil, que tout est très bien rangé et très propre. Je me promets de tout regarder de près le lendemain à la lumière du jour. Wisam et moi nous asseyons à table ; c'est la première fois que nous partageons un repas en tant que mari et femme. Je sais ce qui va suivre et bien que je n'aie encore presque rien mangé de la journée, l'étrange sensation que j'ai dans le ventre me coupe toute espèce de faim. Je sais que, lorsque ça se passe, l'homme s'allonge sur la femme et qu'on saigne pendant l'acte sexuel. J'en ai parlé au lycée avec

Nona et les autres filles. Chacune avait attrapé au vol une ou deux informations : sur Internet, auprès d'une sœur aînée, dans les récits d'autres amies. Mais aucune d'entre nous ne savait vraiment ce qu'il en est et quelles sensations cela procure. Je me prépare à la douleur. Nous sommes assis à table, nous ne disons rien. Je me sens épuisée et pourtant trop énervée pour pouvoir réellement ressentir la fatigue.

Après le repas nous passons dans la chambre à coucher. Wisam éteint la lumière pour que je sois plus à mon aise et m'aide à ôter ma robe de mariée. Je tente de cacher que mes genoux tremblent. Je suis dans un état d'excitation épouvantable et j'ai peur de me ridiculiser. Wisam me tend une chemise de nuit. Il ne semble pas du tout remarquer à quel point je suis nerveuse. Avant la nuit de noces, l'islam commande aux mariés de dire une prière spéciale, une *doua*. Elle est plus courte que les autres prières. Si l'on veut qu'Allah bénisse le couple, il faut la réciter ensemble avant de passer la première nuit dans le même lit.

Wisam et moi nous agenouillons, sur les tapis. Puis nous nous couchons dans le lit. Il m'embrasse tendrement. C'est mon premier baiser. Ce n'est pas si désagréable, loin de là. Les lèvres de Wisam sont douces et il prend beaucoup de précautions. Mais il est tout de même déconcertant d'être tout à coup autorisée, mieux, d'être contrainte, de faire ce qui, jusqu'alors, a toujours été *haram*. Je me dis qu'Allah m'aimera si je suis une bonne épouse et si je mets des enfants au monde. Je me répète que je fais tout bien comme il faut, que chacun de mes gestes est dans l'esprit d'Allah. À présent que nous sommes mariés, Wisam et moi, il n'est plus *haram* de l'embrasser. Mon esprit l'a compris depuis très longtemps, bien entendu, mais je ne cesse, malgré tout, de me le répéter pour que l'information arrive aussi jusqu'à mon ventre. Puis les baisers et les caresses de Wisam se font plus pressants, plus exigeants. Il remonte ma chemise de nuit et je me retrouve brusquement presque nue à côté de lui. Son souffle me laisse deviner que je lui plais. J'aurais aimé perdre encore un peu de poids avant le mariage. Je me sens si molle, si informe à côté de son corps musclé. Et puis, il est difficile de ne pas trouver bizarre et déplacé d'être touchée comme ça. Jusqu'ici j'ai toujours dû dissimuler mon corps : il ne devait surtout pas être désirable. C'est la raison pour laquelle je ne peux m'empêcher d'avoir la sensation que le désir de Wisam est lui aussi, même à présent, sale et déplacé. Quand je sens son poids sur moi, je me dis : « Voilà, maintenant je fais ce dont tout le monde parle sans arrêt. » Je n'ai pas mal au moment où Wisam pénètre en moi. Mais pendant tout ce temps je me sens impure. À cet instant, je tente de me concentrer entièrement sur ma respiration et de me persuader que le sexe n'est pas un péché quand on le pratique avec son époux. Je ne parviens pas à me détendre pour autant. Je suis heureuse lorsque c'est fini, mais j'éprouve aussi un peu de fierté. Fière de saigner, d'être une bonne musulmane, non corrompue, mais pure comme le souhaite n'importe quel homme. Wisam contrôle le drap lorsque nous avons fini. Puis il me tire contre lui. Il m'embrasse, sur les joues, sur le front. Il me dit à voix basse, à l'oreille, que je suis belle et que nous allons passer l'un avec l'autre une vie merveilleuse, heureuse, et bien remplie. Que nous ne manquerons de rien ! À cet instant j'aimerais le croire de tout mon cœur. Et j'y arrive. Ou presque.

Le lendemain, sa famille vient contrôler que j'ai vraiment saigné. On accorde une telle importance à ce drap, on dirait que ce tissu taché est ma meilleure contribution aux noces. Et de fait, dans ma culture, entrer vierge dans le mariage est l'essentiel de ce que peut faire une femme pour la réussite de son couple.

Les parents de Wisam nous apportent des *fatayer*, ces chaussons de pâte feuilletée fourrée aux épinards et au fromage dont l'odeur flotte partout le matin à Jobar. Mes parents sont là, eux aussi. Nous mangeons ensemble. Puis les hommes vont se promener et je reste dans l'appartement avec ma sœur, ma mère et ma belle-mère. Nous parlons de sujets anodins, mais pas de ce que j'ai vécu la nuit précédente ni de tout ce qui a changé entre le soir et le matin. Je ne peux dire à personne combien mes idées sont confuses et à quel point je ne me sens pas à la hauteur. Personne ne peut apporter de réponses aux nombreuses questions qui se posent à moi. En Islam, les femmes ne parlent pas de sexe.

J'ai du mal à m'habituer à ce qu'un homme puisse me voir nue et me toucher. Wisam et moi couchons désormais presque toutes les nuits ensemble. Il faut du temps avant que j'y prenne du plaisir. Au début, chaque fois, je me sens sale et mal à l'aise. Nous allons beaucoup nous promener au cours de ces premiers jours de notre mariage. C'est la première fois de ma vie que je passe autant de temps avec un homme qui n'est ni mon père ni mon frère. Nous parlons de notre enfance, de ce que nous avons vécu à l'école, des films et de la musique que nous aimons. À présent que je ne vois plus Nona chaque jour, nos conversations me manquent. Wisam comble cette lacune. Si je me rapproche de lui, c'est déjà parce que je n'ai personne d'autre avec qui passer tout ce temps et à qui je puisse faire confiance. Et puis il éveille en moi des sentiments que je n'avais encore jamais éprouvés. Quand il me dit qu'il me trouve belle, cela me procure une sensation différente que quand Nona prononçait ces mêmes mots. Je commence à moins me sentir jeune fille, je commence enfin à entrer dans la peau d'une femme. Les nuits, elles aussi, se mettent à me plaire. La honte cède le pas à un autre sentiment. Au début, coucher avec mon époux m'a déconcertée. Au fur et à mesure que nous devenons familiers l'un à l'autre, je commence à me détendre et j'y prends même parfois du plaisir, entre autres parce que je sens à quel point Wisam trouve cela bon. Au cours de cette première période de notre mariage, il me fait la cour. Il nous achète à manger. Je ne lui fais encore ni la cuisine ni le ménage.

Deux semaines plus tard, mes parents repartent pour Riyad. De bonne heure, comme d'habitude. Vers dix heures du matin, mon père et ma mère viennent prendre congé de nous. Mon père ne dit pas grand-chose. Il sait combien ils vont me manquer, tous les deux, mais je crois qu'il ne souhaite pas me rendre ces adieux plus difficiles encore : il préfère se taire. Je regarde, par la fenêtre du séjour, notre voiture rapetisser de plus en plus, elle tourne à un coin de rue et disparaît totalement. Wisam passe sa journée à essayer de me remonter le moral. « Je suis ta famille », me dit-il. C'est dit dans une bonne intention. Mais ça n'arrange pas vraiment les choses.

Ensuite, la vie quotidienne s'installe. Chaque matin, nous prions, Wisam et moi. Il part travailler. Je fais le ménage dans l'appartement et je lui prépare son repas.

Au bout de quelques semaines, sa famille − ses parents et son frère − s'installe chez nous. Hoda, la mère de Wisam, a la quarantaine. Elle a quatre autres enfants, toutes des filles, toutes mariées. Wisam est son aîné, son fils unique, la prunelle de ses yeux.

Elle est d'abord très gentille avec moi et je me réjouis de l'avoir comme belle-mère. Mais notre relation ne tarde pas à se dégrader. Je crois qu'elle est jalouse de moi, qui ai épousé son unique fils, et elle me le fait bientôt sentir de toutes les manières possibles et imaginables.

Il lui arrive de faire irruption dans la chambre dès le lever du jour en criant que je dois l'aider à faire le ménage. D'une manière générale, nous nous disputons beaucoup à propos de l'entretien de l'appartement. Elle estime que je ne l'aide pas suffisamment. Il me semble, moi, que je fais de mon mieux. Elle aimerait bien que je passe du temps avec elle et ses amies quand elle leur rend visite, mais je ne sais pas par quel bout les prendre et je préfère rester seule dans l'appartement.

Un après-midi, je prépare pour tous de la *sharia*, une sorte de pot-au-feu sauce yaourt. Je suis totalement plongée dans mes pensées et je ne remarque même pas que Hoda est entrée dans la cuisine. Elle ouvre le réfrigérateur et constate que j'ai utilisé tout le yaourt. Elle se met à hurler : « Si tu as besoin d'ingrédients, je te prie de demander à ton mari de te les acheter. » Au début, je tente encore de discuter avec elle, de me défendre, de lui rappeler que je fais la cuisine pour tout le monde. Mais elle ne veut rien savoir.

Je ne dois jamais manger ou boire toute seule, cela ne se fait pas quand on est une femme. Si je veux boire un thé ou manger une friandise, je dois dresser la table pour toute la famille. Dans ces conditions, impossible de ne pas se trouver dans la même pièce. Si le fossé ne cesse de se creuser entre ma belle-mère et moi, c'est que l'espace qui nous sépare semble devenir de plus en plus étroit.

Ma relation avec Wisam souffre de ces tensions. Les soirs où, revenant à la maison, il apprend que nous nous sommes de nouveau disputées, il ne couche pas avec moi. Comme pour me punir de m'être défendue. Voir mon couple devenir tellement compliqué, et à une telle vitesse, est une terrible désillusion. Il y a quelques semaines encore, j'étais sûre que tout serait beau et facile entre nous deux. Je me suis trompée, et cela me fait mal. Ma famille me manque encore plus que le jour où elle est partie.

J'en suis à me dire que la situation ne peut pas être pire lorsque survient quelque chose d'effroyable. Nous sommes au milieu de la semaine. Wisam est parti travailler, comme d'habitude. Hoda est à l'hôpital, elle est allée rendre visite à sa fille cadette qui vient d'accoucher. Je me retrouve seule à la maison avec Salim, le père de Wisam. Je tente d'éviter de le croiser et je me mets à nettoyer la cuisine pour que Hoda soit d'humeur clémente à son retour. Je suis debout devant l'évier, je fais la vaisselle en espérant que, cette fois, elle ne trouvera aucune raison de se précipiter dans ma chambre après avoir découvert une tache minuscule sur l'une des assiettes. La porte s'ouvre d'un seul coup, Salim entre dans la cuisine et m'arrache à mes pensées. Il a peut-être envie de boire quelque chose. « Tu veux que je te fasse du thé ? » lui demandé-je. Mais il ne répond pas. En revanche il s'approche de moi jusqu'à se coller à mon dos. Son souffle m'atteint la nuque, il me touche les fesses. Tout se passe comme autrefois, quand mon oncle avait posé ses mains sur moi, et tout est pourtant différent. Cette fois, je peux immédiatement classer cette agression pour ce qu'elle est, et je la trouve encore plus épouvantable, encore plus écœurante que celles qui l'ont précédée. Salim est mon beau-père. Je vis sous le même toit que son épouse, que son fils, et que lui-même. J'en ai la gorge nouée. Je ne peux rien dire, mais je me dégage et me rue hors de la cuisine, aussi rapidement que possible. Je cours dans ma chambre et ferme la porte à clé. Pendant trois heures, je reste allongée sur mon lit, tremblante. Mes pensées se bousculent. J'ai peur de la réaction de Wisam. J'espère tout de même qu'il sera de mon côté et ne prendra pas la défense de son père.

Quand Wisam revient, je lui confie ce qui s'est passé. Il me regarde, incrédule, et cherche aussitôt à établir quelle faute j'ai pu commettre. Je n'arrive pas à croire que mon propre mari puisse penser que j'aie pu chercher à provoquer le désir de son père. Wisam me crie dessus. Je ne supporte pas ses accusations et je crie à mon tour. « Tu as mal interprété, finit-il par dire, hors de lui. – Qu'est-ce qu'il y a à interpréter là-dedans ? » lui lancé-je. Nous passons la soirée à nous disputer. Quand nous allons nous coucher, il me tourne le dos et s'installe aussi loin que possible, à l'autre extrémité du lit. Mes larmes me portent jusqu'au sommeil.

Je suis désormais *persona non grata* dans sa famille. Lorsque la sœur cadette de Wisam a vent de notre dispute, elle se met à me hurler dessus devant toute la famille et me traite d'allumeuse. Hoda me bat encore plus froid qu'auparavant. Il m'est devenu littéralement insupportable de se réveiller dans cet appartement. Chaque matin, en ouvrant l'œil, la certitude que je ne sors pas d'un mauvais rêve, mais que je reviens bel et bien dans ma vraie vie m'atteint comme un coup de poing. Je me sens comme une intruse dans mon propre logement, une invitée indésirable pour laquelle on n'a que mépris.

Au bout d'une semaine, je n'y tiens plus. Désespérée, j'appelle mon père et lui demande si je peux venir passer un moment à Riyad. Je ne lui explique pas pourquoi, lui dis simplement qu'ils me manquent, lui et ma famille, et que je passerais volontiers un peu de temps avec eux. Mon père parle à Wisam, qui, manifestement, se laisse vite convaincre. Quelques jours plus tard, le ticket de bus Damas-Riyad est dans notre boîte aux lettres. Accompagné d'un petit mot manuscrit de mon père. L'émotion m'arrache des larmes lorsque j'ouvre l'enveloppe et vois son écriture familière.

Les quatre semaines qui me séparent de mon départ s'étirent à l'infini, mais elles finissent tout de même par s'écouler. Je ne mange pratiquement rien pendant cette période, je maigris beaucoup. Je me sens faible. Wisam et moi ne nous adressons pratiquement pas la parole. Un soir, il tente de coucher avec moi, mais je le repousse. Ses attouchements, mieux, sa simple vue me donnent des haut-le-cœur. Je suis heureuse qu'il n'invoque pas le devoir conjugal et me laisse tranquille. Beaucoup d'hommes se comporteraient d'une autre manière.

Je suis aussi heureuse et reconnaissante qu'il me laisse partir pour Riyad. Sans doute espère-t-il que j'oublierai ce qui s'est passé si je m'absente un certain temps. Le matin de mon départ, il me conduit en voiture à la gare routière. Nous nous taisons. Je regarde par la vitre, lui a les yeux rivés à la route. Il m'aide à sortir mes bagages, les charge dans le bus et a un sourire confus quand nous nous disons au revoir. À cet instant-là, il me fait presque de la peine.

Le bus est petit. Moi mise à part, seuls montent trois familles et un monsieur d'un certain âge. En comptant les pauses pour la prière, le trajet de Damas à Riyad dure vingt-quatre heures. En Syrie, c'est encore l'hiver, il fait froid quand nous descendons du bus. Plus nous nous rapprochons de l'Arabie saoudite, plus le temps se réchauffe. Nous nous arrêtons pour chacune des prières. Pendant une halte, je m'achète un sandwich au poulet dans lequel je mords sans conviction. Mais j'ai l'impression que la tristesse a rempli tout mon corps : il n'y a plus de place pour la moindre nourriture.

Ma mère et mon père m'attendent à l'arrêt du bus à Riyad. Je les vois de loin, comme deux piquets jalonnant un lieu qui remonte à l'époque où ma vie était en ordre. Deux visages que j'ai regardés pour la dernière fois alors que j'avais encore confiance en ma nouvelle vie et en mon mariage. À la seconde même où nous nous serrons dans les bras, je fonds en larmes et rien ne peut plus m'empêcher de pleurer. Je dis aussitôt à mon père que je ne peux pas rester en Syrie. Je lui raconte les disputes avec ma belle-mère, mes journées passées à faire le ménage, le regard froid dont me gratifie Wisam quand il rentre à la maison et apprend que je me suis une fois de plus disputée avec sa mère. La seule chose que je ne lui dis pas, c'est ce qui s'est passé avec le père de Wisam. C'est trop monstrueux. En revanche, je n'arrête pas de répéter à mon père à quel point il me manque et que je ne veux plus vivre sans lui et sans ma mère.

Wisam et moi nous parlons au téléphone tous les deux ou trois jours pendant la période où nous ne nous voyons pas. Il fait des efforts, dit que je lui manque, me fait des compliments. À un moment, le souvenir de l'épouvante que m'a causée sa famille pâlit un peu. Je n'oublie pas, mais cela passe suffisamment au second plan pour que je n'y pense plus aussi souvent et que je puisse recommencer à croire que nous pouvons encore sauver notre couple.

Je vis une période tranquille à Riyad. Je cuisine avec ma mère et je l'aide à tenir le foyer. Je peins des tableaux avec mes nièces et mes neveux, je joue avec eux. Cela fait du bien d'être de nouveau une fille et de se sentir un peu adolescente.

Je retrouve peu à peu la confiance en mes parents. Je leur raconte la brutalité dont fait preuve la mère de Wisam à mon égard, je leur dis qu'elle vient me tirer du lit le matin pour que je l'aide à faire le ménage et la cuisine. Qu'elle m'agresse lorsque j'utilise des produits qui se trouvent dans le réfrigérateur pour préparer le repas que nous tous partagerons. Que je ne peux discerner aucune logique dans son comportement : quoi que je fasse pour elle, cela ne convient jamais et chacun de mes gestes semble n'avoir d'autre effet que de la mettre encore plus en rage. Au bout de quelques semaines, j'aimerais oser faire allusion à ce qui s'est passé entre le père de Wisam et moi. Je tente d'évaluer l'effet qu'aurait ce récit sur mes parents, mais je n'y parviens pas. J'ai trop honte de ce qui s'est produit et je finis par décider de ne pas le leur raconter, par crainte qu'ils ne me croient pas.

Je reste six mois à Riyad. Mon père tente fébrilement de trouver une solution pour me sortir de cette ornière. Il me dit que je pourrais vivre avec Wisam dans leur appartement de vacances, si cela me permettait de recoller les morceaux de notre couple. Il pense que cela vaut la peine d'essayer. Il discute avec Wisam pour le convaincre que c'est une bonne idée. Je ne sais pas comment il s'y prend, mais cela fonctionne. L'été venu, je rentre à Damas avec mes parents. Comme chaque année, nous passons l'été en Syrie, dans cet appartement de vacances qui nous appartiendra, à Wisam et moi, à l'approche de l'automne. Il nous attend lorsque nous arrivons. Il me serre dans ses bras et m'embrasse quand je descends de la voiture. Il me dit : « Tu m'as tellement manqué. » Et je constate que c'est réciproque. Il nous aide à monter les bagages, demande à mon père comment s'est passé le voyage et dit à ma mère qu'il est heureux de la revoir. Cet été est si beau, il est porté par une telle insouciance, que je reprends un peu confiance. Et lorsque mes parents repartent, au bout de quelques semaines, je suis profondément soulagée de ne pas devoir retourner chez la mère de Wisam. C'est le début d'une belle période, faite de tranquillité. Je me sens enfin en sûreté, à l'abri, cela m'amuse de faire la cuisine pour mon mari et d'entretenir notre logis. J'apprécie que personne ne me critique en permanence. Wisam m'apporte des fleurs, il loue mes talents de cuisinière et se montre très attentionné. Comparé à notre ancienne vie, c'est le jour et la nuit. Comme si nous formions un tout autre couple que celui que nous étions six mois plus tôt.

Mais ces temps paisibles ne durent pas. Un mois ne s'est pas écoulé depuis le départ de mes parents que les problèmes recommencent déjà. Hoda ne peut pas supporter que son fils aîné passe autant de temps avec moi. Elle lui reproche de délaisser ses parents et exige qu'il revienne s'installer chez eux. Wisam n'ose pas s'opposer à sa mère. Je refuse quant à moi de retourner vivre dans leur appartement. Il me propose alors un compromis : je devrai aller chez Hoda chaque jour jusqu'à dix-sept heures et l'aider à tenir son foyer. Le soir, je pourrai revenir dans notre appartement. Il dit que nous – sa mère et moi – pourrions peut-être ainsi nous rapprocher un peu l'une de l'autre.

J'accepte à contrecœur. Quand je me retrouve pour la première fois devant la porte de notre ancien logement, mon cœur bat à se rompre, et tout en moi se hérisse à l'idée de ce qui m'attend derrière. Mais Hoda me traite effectivement avec plus de gentillesse. Les bons jours, elle me remercie même pour mon aide. J'évite autant que possible le père de Wisam. Dès que nous nous retrouvons tous les deux dans une pièce, je passe dans une autre partie de l'appartement. Je tente de rester aussi près que possible de Hoda et de ne jamais me retrouver seule avec lui. Quand il nous arrive d'échanger quelques mots, je me montre aussi aimable que possible. Mais cela me coûte beaucoup.

Au mois d'octobre, je tombe enceinte. Bien que je ne me sois pas du tout attendue à ce que ce soit si rapide, je m'habitue peu à peu à cette idée et je parviens même à m'en réjouir. Peut-être la naissance d'un petit-enfant incitera-t-elle Hoda à se montrer plus conciliante et à accepter enfin que Wisam et moi formions à présent notre propre famille.

Mais, au cours de la onzième semaine, un après-midi de décembre, je ressens brusquement des douleurs au bas-ventre. Je saigne. Je téléphone aussitôt à Wisam, je pleure, la panique s'empare de moi. Il vient me chercher à la maison et nous partons pour l'hôpital en roulant aussi vite que possible. Mais les médecins ne peuvent rien faire. Je perds mon enfant.

Quand je reviens à moi en salle de réveil, je ne suis plus une future mère. La douleur est plus profonde et plus violente que je n'aurais jamais pu l'imaginer, elle m'accapare entièrement. Je suis en proie à une profonde tristesse, je n'ai plus aucune énergie et rien de ce qui a un quelconque rapport avec la vie ne m'inspire le moindre désir : je ne veux pas manger, je ne veux pas quitter la maison, je ne veux pas bouger, lire ou parler à qui que ce soit. Je passe toutes mes journées au lit à regarder le plafond, la douleur est à peine supportable. Wisam entre parfois dans notre chambre et me force à avaler quelques bouchées. Puis il franchit une étape supplémentaire et me propose d'aller avec lui dans mon restaurant préféré. Il fait de son mieux pour me distraire, pour me pousser à prendre soin de moi. Il est capable de comprendre ma douleur. La manière dont il s'efforce de me consoler est une aide. Au bout d'un mois, je parviens à m'extraire lentement de mon trou et à retrouver de temps en temps un peu d'espoir. Mais la tristesse continue à m'escorter.

Je tente de réfléchir à ce que je pourrais faire de ma vie en Syrie. Le lycée me manque, et avec lui ce sentiment d'apprendre quelque chose chaque jour, de faire chaque jour de nouvelles expériences – tout cela est à cent lieues de ma vie quotidienne dans l'appartement. Je n'ai jamais cessé de rêver qu'un jour je ferais des études. Au cours des semaines qui ont suivi notre mariage, Wisam me garantissait encore qu'il n'y verrait pas d'inconvénient. Il dit à présent que je dois me laisser un peu de temps, me faire à cette vie, et que nous en parlerons ensuite ; après tout, il l'a promis à mon père avant notre mariage. Mais, chaque fois que j'aborde le sujet, il réagit avec agacement et cela finit par une dispute. Même après que j'ai perdu mon enfant, alors que j'ai l'impérieux besoin de faire quelque chose pour me remettre un peu d'aplomb, il n'en démord pas. « Tant que tu seras ma femme, finit-il par dire, tu n'iras jamais à l'université. La seule chose que tu y gagnerais, ce serait de faire la connaissance d'autres hommes et ça te donnerait des idées idiotes. » Je tente de lui faire comprendre que ce ne sont pas les autres hommes qui m'intéressent, que je n'ai d'yeux que pour lui, mais toutes mes tentatives sont des échecs. Après chacune de ces confrontations, il ne m'adresse plus la parole pendant des jours. Et je finis par comprendre que ces discussions sont sans issue. Je n'ai plus l'énergie nécessaire pour me disputer avec lui, je cesse de le harceler pour qu'il cède.

Je me sens toujours étrangère en Syrie, rien ne s'est amélioré de ce point de vue. Mes tantes et mes cousines, mes grands-parents et mes oncles habitent certes à proximité de Damas, mais je dois demander l'autorisation à Wisam chaque fois que j'ai envie de leur rendre visite. S'il accepte la plupart du temps, j'ai le plus souvent tellement de travail ménager à abattre que je n'arrive même pas à sortir de chez moi. Quand je le fais tout de même, ma joie de revoir mes proches est assombrie par la mauvaise conscience que me donne la certitude de ne pas être une femme d'intérieur digne de ce nom. Je me rends donc rarement dans la maison de mon grand-père, où nous nous retrouvons tous pour manger ensemble. Je passe le plus clair de mon temps à me demander ce que je fais dans ce pays et si je vais devoir supporter ça jusqu'à la fin de mes jours, à imaginer fébrilement comment je peux sortir de cette situation absurde, de ce mariage, de cette vie. Pourtant, certains jours, je tente de tirer le meilleur parti des cartes que j'ai en mains. Je savoure le parfum des buissons de jasmin dans les rues de Damas, une odeur si puissante qu'elle recouvre tout le reste quand le vent est fort et qu'on marche le soir ou aux premières heures du matin. Il m'arrive de me lever tôt pour aller acheter des *fatayer*, pour Wisam et pour moi. Je demande de l'argent à mon père quand Wisam ne m'en donne pas parce que nous devons faire des économies. Parfois, je téléphone à Nona et me confie à elle. Nous parlons beaucoup au cours de ces journées qui suivent la perte de mon enfant. Je lui suis tellement reconnaissante de ces discussions que je lui offre une chaîne en or, un cadeau de mon père quand j'étais encore lycéenne, et que je dépense l'argent des courses pour lui acheter une grande boîte de pralines. Nona dit que, si Wisam et la Syrie me sont à ce point insupportables, je peux tout de même me débrouiller pour obtenir le divorce et revenir à Riyad. Mais nous savons, bien entendu, que dans la société où nous vivons ce genre de décision laisse de profonds stigmates. Un divorce serait vraiment la dernière issue. Wisam ne le tolérerait jamais. Il ne me laisserait pas partir, il ne s'exposerait jamais à la honte qu'une telle situation fait rejaillir sur un homme. Même si la faute est le plus souvent attribuée à la femme – à moi, en l'occurrence –, il aurait tout de même, je crois, le sentiment de perdre la face.

Cet été-là, Omen, mon frère, se marie à Damas. Je décide de me teindre les cheveux en blond pour l'occasion, comme dans les magazines de mode. Mes parents sont en visite, je vais faire des courses avec ma mère et j'achète, entre autres, des leggings courts que je porte sous mon abaya à l'extérieur, et telle quelle à la maison, dans la fournaise de l'été. Ma nouvelle allure plaît à Wisam. Un peu comme au début de notre mariage, il me dit qu'il me trouve belle, ce qui m'emplit de bonheur.

Wisam travaille beaucoup à cette époque. Il quitte la maison tôt le matin et revient souvent aux alentours de vingt-deux heures. Un après-midi, mon oncle Bark vient me rendre visite : il aimerait récupérer un cadeau que mon père a laissé chez nous à son intention. Quand je lui ouvre, je porte mes nouveaux leggings et je n'ai pas de voile. Je vois à son regard qu'il désapprouve ma tenue, mais je ne me mets pas martel en tête : après tout, Bark n'est pas mon mari et l'essentiel est que Wisam aime la manière dont je m'habille.

Quelques jours plus tard, c'est au tour du fils aîné d'Omen, Adbullah, de me rendre visite en l'absence de Wisam sous prétexte de m'aider à mettre à jour les programmes de mon ordinateur.

95

Cette serviabilité soudaine m'étonne un peu, mais, après tout, l'informatique l'intéresse et il s'y connaît bien. Je ne vois rien de mal non plus à ce qu'il revienne régulièrement, au cours des semaines suivantes, et boive un thé avec moi à chaque visite. Nous parlons de ses projets – il compte suivre des cours de technologies de l'information – et de mon père, que tous les membres de la famille admirent.

Il m'arrive aussi de rendre visite à ma sœur, qui vit non loin de chez nous avec son mari et leurs deux enfants. Je tente de combler tant bien que mal le vide de mes journées. Depuis ma fausse couche, Hoda n'exige plus que je vienne chez elle quotidiennement pour l'aider à faire le ménage et la cuisine. Voilà au moins un grand soulagement.

Un après-midi, Abdullah sonne à ma porte, surexcité. Il m'explique que la sœur de son ami Youssouf est dans un grand embarras : un homme, un certain Hassan, veut l'épouser. Il lui plaît certes beaucoup, mais elle n'est pas sûre qu'il lui sera fidèle. Il me demande si je serais prête à jouer l'appât et à prendre rendez-vous avec lui. Je me demande bien ce qu'Abdullah a derrière la tête ; passablement ahurie, je finis par lui répondre : « Mais je ne le connais pas du tout ! – C'est bien pour cela que tu serais parfaite pour le rôle. Si tu l'appelles en lui disant que tu as eu son numéro par l'une de ses connaissances, et qu'il accepte de te rencontrer tout de suite, ce sera déjà suspect », dit-il. Je lui demande un temps de réflexion : l'idée de prendre rendez-vous avec un inconnu, même si c'est seulement pour servir d'appât, ne m'enchante guère. Mais je finis par me dire que ce n'est pas bien grave et j'oublie même d'en parler à Wisam à son retour.

Abdullah a de la suite dans les idées. Il revient dès le lendemain me demander si j'ai pris une décision. La sœur de son ami me fait de la peine, et je me laisse convaincre de passer un bref coup de téléphone au futur époux. Je compose le numéro que me dicte Abdullah. Trois sonneries retentissent avant que quelqu'un décroche. **L'entretien est bref.** Nous convenons d'un rendez-vous pour le lendemain. Il a mordu à l'hameçon. Abdullah a enregistré la conversation et dit qu'il va la faire écouter à la sœur de Youssouf. Il s'en va. Tout semble aller pour le mieux.

Mais ce n'est pas le cas. C'est à moi qu'Abdullah a tendu un piège. Il remet l'enregistrement à Omen, qui le fait écouter à Bark et à deux autres de mes oncles. Ils appellent mon frère et Wisam, et me font passer pour une femme adultère. Pourquoi ? Je l'ignore, mais quand mon frère m'appelle le lendemain pour m'injurier, je comprends que c'est Bark qui m'a mis cette sale affaire sur le dos. Mes oncles me considèrent de toute façon déjà comme une rebelle ; qui sait ce qui a pu inciter Bark à jouer ce petit jeu avec moi cette fois-ci ? Depuis que je me suis teint les cheveux en blond pour le mariage de mon frère, il pense apparemment que je suis une allumeuse qui cherche à attirer l'attention des hommes. Pour eux tous, le simple fait que j'ose porter des leggings et des tenues modernes est manifestement un prétexte suffisant pour m'agresser et me punir. À l'instant où je comprends tout cela, je commence à paniquer. Je suis seule à la maison. Qui sait de quoi Bark est encore capable ? Il lui est déjà arrivé une fois de dépasser les bornes.

Au désespoir, je cours chez ma sœur. Je tremble au moment où j'appuie sur le bouton de la sonnette. « Rana, qu'est-ce qui se passe ? » demande-t-elle. Je lui raconte, en larmes, ce qui est arrivé. Elle me dévisage, et l'inquiétude se lit dans ses yeux. Deux heures plus tard, on frappe brutalement à la porte. Ce sont mes oncles Omen, Bark, Osim et Raif. Ils hurlent, ils m'injurient, ils crient que je dois payer pour ce que j'ai fait à Wisam. Ils disent qu'ils sont venus me chercher. Ma sœur leur barre le passage, mais cela ne suffit pas à empêcher mes oncles d'entrer dans l'appartement. Bark et Omen se précipitent sur moi, me tirent les cheveux et me jettent par terre avant de me donner des coups de pied. Je vois que Bark porte un pistolet à la ceinture.

« On va te tuer ! » se met-il à crier. Je finis par céder sous leurs coups. Je les laisse faire.

J'ignore comment elle s'y est prise, mais ma sœur parvient à appeler Wisam. « Tu es le seul à pouvoir aider Rana, maintenant. » Je ne sais pas exactement combien de temps il met pour arriver, mais quand il est enfin là mes oncles cessent de me frapper. Je rampe vers Wisam et je lui embrasse la main. « Dis-leur que je n'ai rien fait de mal, tu sais bien que tu peux me faire confiance, mon cher mari, aide-moi », le supplié-je en sanglotant. Il ne dit pas un mot, m'aide à me relever et me conduit en voiture dans sa famille. Mes oncles nous suivent et, une fois arrivés, recommencent à m'insulter. Ils disent que ça n'est pas fini, loin de là, que je ne dois surtout pas m'imaginer qu'ils vont me laisser tranquille. J'ai le visage tuméfié, un goût de sang dans la bouche, je suis à peine capable de marcher. Mais mon mari ne m'exprime pas la moindre compassion.

Une fois arrivés dans l'appartement de ses parents, Wisam me fait entrer dans la petite chambre d'amis. Mes oncles nous y suivent, menacent Wisam : « Dès que Rana quittera la maison, nous l'abattrons. » Pendant trois jours, je reste allongée seule dans cette pièce comme une bête en cage. Personne ne vient me voir, personne ne m'apporte à manger. J'ai l'impression de ne plus être qu'un déchet. Pourquoi Wisam croit-il plus mes oncles que moi-même ? Je désespère, je tombe dans une sorte de coma. Je dors beaucoup, je n'ai presque plus conscience de l'espace qui m'entoure. Comme si mon corps s'était mis dans une sorte d'état second pour me rendre la situation supportable.

Le troisième jour, c'est mon père qui se présente à la porte. Avant même de l'avoir franchie, il demande où je me trouve et c'est sa voix, dans le vestibule, qui m'arrache à ma léthargie. Je me lève et je l'appelle. Mes cordes vocales refusent de fonctionner – il y a si longtemps que je n'ai parlé à personne. Quand je le vois devant moi, je perds connaissance – un effet du soulagement, et sans doute aussi de la vitesse à laquelle je me suis levée.

Mon père se penche au-dessus de moi et me caresse la joue jusqu'à ce que je me réveille. Je lis une telle colère dans son regard quand il annonce à Wisam : « Tant que je serai de ce monde, personne ne touchera à ma fille. »

Il me fait sortir de l'appartement, je m'appuie sur lui, je pleure, nous n'avançons que très lentement. Je suis tellement heureuse qu'il soit venu. Nous nous rendons dans l'appartement de ma sœur. Il va acheter du *chawarma* pour tout le monde et me conseille de m'allonger. « Il faut que tu te reposes. Nous verrons la suite demain. »

Me voir revenir chez elle ne met visiblement pas ma sœur à l'aise. De nous deux, c'est elle qui a toujours été la brave fille : elle respecte toujours toutes les règles, elle ne se maquille pas, elle s'occupe de tout et se soucie de chacun. Elle craint que mes oncles ou Wisam ne reviennent me chercher. « La prochaine fois, ils tueront Rana », dit-elle au petit-déjeuner. Je regarde le sol. Je ne fais plus que cela.

Nous restons une semaine. Après que je lui ai raconté toute l'histoire, mon père va voir Bark et Omen et écoute l'enregistrement censé m'incriminer. Il ne les croit pas. Ils se mettent en fureur, mais il n'en démord pas : « Ma fille ne ferait jamais une chose pareille. » Puis mon père règle l'affaire avec Wisam. Nous divorçons. Je ne sais pas précisément ce que mon père a dû lui promettre ni quelle somme il lui a versée pour me racheter. Mais cela a fonctionné.

Dans la voiture qui me conduit à Riyad, je pleure de Damas à la frontière syrienne. Ma foi en l'amour et en la fable de l'époux qui porte sa femme à bout de bras a été pulvérisée. Je me sens trahie, humiliée et profondément blessée.

4

ICI, LES FEMMES NE RÊVENT PAS

Me voici revenue à Riyad. L'échec de mon mariage est scellé. C'est le début de la période la plus sombre de ma vie. Heureusement, Nona est toujours là. Mon père a beau ne pas trouver ça bien, il lui arrive de me conduire chez elle en secret. Il voit bien combien cette consolation est importante pour moi. Chez Nona, je peux discuter avec elle pendant au moins une demi-heure. Quand ça n'est pas possible, nous nous téléphonons.

C'est ainsi que je me réhabitue peu à peu à Riyad. Je décide de m'inscrire à un cours d'anglais. Je corresponds aussi souvent que possible par SMS avec Nona. Un après-midi, elle me suggère de déposer ma candidature à l'hôpital dans lequel elle travaille. Je demande l'autorisation à mon père, qui me l'accorde. En Arabie saoudite, les femmes ne peuvent travailler qu'avec l'accord de leur tuteur, c'est-à-dire de leur père, de leur frère ou de leur époux. Ma grande chance, c'est que mon père, qui n'a que bienveillance à mon égard, est redevenu mon tuteur à la place de bon mari. « Te changer un peu les idées ne peut certainement pas te faire de mal », dit-il, et ma mère n'ose pas le contredire, bien que je sache tout le mal qu'elle pense de cette idée.

Je dépose donc ma candidature, et j'ai l'immense surprise que quelques jours plus tard un employé du service du personnel de l'hôpital m'appelle au téléphone pour m'inviter à participer à un stage de formation de dix jours. J'accepte aussitôt et j'envoie un message à Nona : « Merci, chère amie. Je commence ma formation demain, grâce à toi et à toi seule ! » Elle me répond moins d'une minute plus tard. Nous sommes toutes les deux surexcitées. J'aimerais tellement pouvoir revoir Nona tous les jours, comme autrefois, au lycée. C'est une raison suffisante pour que je veuille à tout prix être embauchée à l'issue de ce stage.

L'hôpital est un gigantesque bâtiment de verre situé au cœur de Riyad. Lorsque mon père m'y dépose, le premier jour, je contemple, impressionnée, cette façade dans laquelle se reflète la ville. L'hôpital fait partie d'un réseau d'établissements médicaux créé par Suleiman Al-Habib, un médecin qui a réussi et a construit en Arabie, mais aussi au Bahreïn et dans les Émirats arabes unis, des hôpitaux où l'on ne soigne que les plus riches des riches. Celui-ci a une très bonne réputation, et l'on s'y montre en conséquence très exigeant envers le personnel, ce qui me fait un peu peur. Le directeur de la formation nous informe que seules les cinq meilleures stagiaires obtiendront un contrat de travail. Cela me plonge dans une nervosité insupportable : je veux absolument tout faire comme il faut. Nous apprenons à nous servir du logiciel utilisé par l'hôpital pour gérer les dossiers des malades. Nous nous exerçons à répondre au téléphone et à accueillir les patients. Contrairement aux infirmières, nous n'avons pas vocation à dispenser des soins : nous sommes le maillon entre les patients et le personnel médical. Au bout de dix journées au cours desquelles je m'implique dans mon travail comme je l'ai rarement fait dans ma vie arrive l'instant où l'on nous communique les résultats de l'examen final. J'ai du mal à y croire, mais c'est vrai, j'ai réussi ! Quand le directeur de la formation me dit : « Rana, tu m'as vraiment impressionné ! », mes joues me brûlent de fierté. Je cours aussitôt dans le service de Nona et je lui saute au cou. « À partir de demain nous sommes collègues ! » lui dis-je, et nous nous mettons à rire comme deux petites folles.

Les premiers jours, je suis effroyablement nerveuse et je ne suis pas certaine d'être capable de résister à la pression. Mais je m'y fais vite. On me donne d'abord un poste à la réception de la clinique dentaire – ma mission est d'entrer dans le système informatique les données concernant les assurances santé. Je suis par ailleurs chargée de coordonner les opérations, d'aller demander aux patients comment ils vont et de chercher une infirmière lorsqu'ils le demandent.

Qu'il est bon de travailler de nouveau avec Nona, quel bonheur cela me procure ! Au début, nous sommes comme un jeune couple. Au matin de ma première vraie journée de travail, nous nous serrons dans les bras avec ferveur. Puis nous retrouvons peu à peu nos anciens rituels, nous cachons des friandises dans nos armoires, au vestiaire, et nous les dévorons avec une joie scélérate les jours de stress ; nous nous moquons des collègues bizarres et des patients nerveux ; quand nous discutons des pop stars et des acteurs américains, c'est à celle qui sera le plus exaltée. Nos collègues disent que nous donnons l'impression d'être mariées depuis des lustres. Entre deux services, nous allons manger des steaks aux champignons à la cafétéria. Nous passons notre temps à nous raconter tout ce dont je n'ai pas pu parler au téléphone pendant toutes ces années où j'étais en Syrie. Au bout de quelques semaines, mon travail me cause un tel plaisir que j'en oublie parfois les heures sombres que j'ai vécues à Damas. Bientôt mon mariage n'est plus pour moi qu'un mauvais rêve, je pense de plus en plus rarement à ce qui m'est arrivé en Syrie et j'apprécie cet espace de liberté, cette sorte d'indépendance que m'octroie mon emploi à l'hôpital.

J'y travaille à présent tous les après-midi et tous les soirs. Comme on parle beaucoup anglais dans notre hôpital – de nombreuses infirmières viennent des Philippines ou d'autres pays où l'on ne parle pas l'arabe –, le matin, je suis des cours dans une école de langue qui passe pour la meilleure de la ville.

M'y rendre me procure chaque fois des sensations qui doivent être analogues à celles qu'éprouverait une jeune femme d'un autre pays lors de sa première soirée dans une boîte de nuit. Pendant ces cours, nous sommes entre femmes et nous avons donc le droit d'ôter nos abayas. Nous nous faisons belles avant d'y aller ; sur place nous échangeons les potins du jour, nous parlons des stars et de leurs derniers clips. Sal, notre enseignante, est née en Arabie saoudite. Mais elle s'habille avec un sens de la mode que je ne vois jamais chez les femmes que je peux observer dans la vie réelle. Cela tient aussi au fait qu'elle a vécu en Amérique. Son père y a travaillé pour l'ambassade du royaume. Elle parle un anglais parfait et a une allure très cosmopolite, comme si elle en avait déjà beaucoup vu, vécu et entendu. Elle a les cheveux courts, dont elle a fait teindre les pointes en blond, elle a presque un petit côté punk. Il est très inhabituel qu'une femme, ici, ose porter une coiffure pareille ; on n'en rencontre que dans des familles comme celle de Sal, dans les milieux haut placés, chez des gens qui ont vécu à l'étranger et travaillent pour le gouvernement. Si elles sortent un peu du rang, les femmes de ces familles-là n'ont pas à craindre les mêmes représailles que celles des cercles moins influents.

Très peu de temps s'écoule avant que Sal ne devienne une personne importante dans ma vie. Elle me fascine, je pense souvent à elle et je n'arrête pas de me demander pourquoi une femme comme elle, qui parle si bien l'anglais et a vécu à l'étranger, est revenue en Arabie saoudite donner des cours dans une école de langue au lieu de travailler pour les médias ou de faire autre chose de plus palpitant et de plus exigeant. Quelque chose qui la rende plus libre. Elle ne paraît pas vraiment heureuse. Un matin, pendant une petite pause, je prends mon courage à deux mains et je lui demande pourquoi elle est revenue à Riyad, comment elle supporte de vivre ici et si elle n'a pas envie de faire tout autre chose de sa vie. Elle se contente de rire et d'évacuer la question d'un geste de la main. À la fin de la pause, elle n'a pas prononcé le moindre mot sur la question.

Nous suivons quatre heures de cours chaque jour, entre neuf et treize heures. La plupart du temps, c'est mon père qui me conduit à l'école. Le trajet dure vingt minutes les bons jours, une heure les mauvais. Nous empruntons la Khurais Road, une avenue centrale à quatre voies qui traverse Riyad et où la circulation est tellement encombrée aux heures de sortie de bureau qu'on perd vite tout espoir de jamais arriver où que ce soit. Dans la voiture, nous parlons de tout et de rien, il nous arrive aussi d'écouter la radio sans prononcer le moindre mot, mais cela ne me dérange pas : je suis si proche de mon père que je peux aussi savourer le silence en sa compagnie. Ensuite, le cours passe sans même qu'on s'en rende compte. Sal est une bonne enseignante, qui sait capter l'attention quand elle nous fait faire des exercices de grammaire et apprendre de nouveaux mots de vocabulaire. Nous avons aussi une nouvelle professeure de conversation, une femme énergique d'environ trente-cinq ans. Elle s'appelle Rhonda et vient de Tanzanie. Elle est amusante et ne cesse de nous lancer des défis. Quand elle entre dans la salle de classe et que nous ne la saluons pas d'un vigoureux « *Good morning, Miss Rhonda !* », elle dit d'une voix forte : « *I can't hear my students ! What kind of greeting is this ?* » et le cours ne commence qu'après que nous l'avons saluée à un volume sonore satisfaisant. Elle aimerait nous aider à être moins timides et à parler fort, ce qui nous est bien difficile, toutes autant que nous sommes. Le plus souvent, elle donne un thème au début de l'heure puis désigne l'une d'entre nous et lui demande de raconter une histoire de cinq minutes sur le sujet proposé.

Quand vient mon tour – le thème est : « Faire des courses » –, je commence par me demander à quand remonte la dernière sortie shopping que j'ai faite. « Il te reste quatre minutes, Rana, j'attends », dit Rhonda en plaisantant tandis que j'essaie de réfléchir et qu'elle me regarde hésiter. Je finis par me rappeler l'endroit où j'ai fait des achats pour la dernière fois : c'était dans l'une des boutiques d'Aani & Dani, un chocolatier de luxe qui a plusieurs filiales à Riyad – un paradis ! On y trouve des truffes en chocolat portant des noms comme Red Velvet ou Oreo, de la crème au chocolat servie en verre, des pralines qui ressemblent à de petites œuvres d'art, des macarons aux couleurs pastel et d'admirables gâteaux dont les côtés sont amoureusement décorés de morceaux de cake, ainsi que des rubans de chocolat qui coûtent cent quatre-vingts rials, une fortune. Pour cette somme-là, on peut avoir un aspirateur, un grille-pain ou une bouilloire chez Eddy, un magasin d'appareils ménagers et électroniques.

Je raconte que, le vendredi précédent, après l'école, j'y suis allée avec mon père et que j'ai pu m'y composer un ballotin de chocolats pralinés. Je décris le parfum qui flottait dans la boutique. J'explique que j'ai choisi une bonne quantité de brownies au chocolat et que j'ai essayé tout ce qui donnait l'impression d'avoir un goût chocolaté particulièrement intense. J'ajoute que mon père était heureux de me voir heureuse, de voir mes yeux qui, sans aucun doute, brillaient très fort. « Le chocolat me rend heureuse ! » conclus-je. Mon récit est un peu boiteux, mais je parviens tout de même à parler quatre minutes. Quand j'ai terminé, Rhonda commente : « Tu t'en es bien sortie, Rana. Mais pourquoi ne vas-tu pas plutôt dans ce magasin avant le cours, pour partager les chocolats avec nous ? » Nous éclatons de rire ; Rhonda se tient debout devant nous, les mains jointes sur son ventre, et sur son visage se lit une expression de triomphe soulignée par un petit hochement de tête qui semble vouloir dire : « Voilà comment on fait les choses. » Nous l'aimons toutes, non seulement parce qu'elle est drôle et chaleureuse, mais aussi parce qu'elle nous apporte des chocolats, qu'elle connaît bien chacune d'entre nous, avec ses qualités, et qu'elle s'en sert pour nous faire progresser. Elle est enseignante dans la moindre de ses fibres.

J'aime tellement aller à ce cours ! Le temps y passe en un clin d'œil. Aujourd'hui encore, je me rappelle l'odeur de la salle de classe, ce parfum de détergent et de stylo-feutre. Quand j'arrive assez tôt, j'ai le temps de bavarder avec les autres femmes avant le cours. Cet espace est l'un des rares lieux dans lesquels nous pouvons nous voir et discuter sans avoir sur le dos nos pères, frères, oncles, époux ou supérieurs hiérarchiques.

Un jour, je me retrouve assise à côté de Rachida, une jeune femme calme et timide aux beaux yeux bruns, bruns comme les boucles de ses cheveux. Elle me raconte que son rêve est de devenir médecin légiste et d'aller faire ses études à l'étranger. Ses yeux s'illuminent. Lorsque je lui demande si c'est pour cette raison qu'elle apprend l'anglais, son regard s'assombrit d'un seul coup. « Non, je me raconte des histoires, rien de plus. Ma famille ne m'autoriserait jamais à aller faire mes études à l'étranger. » Et elle ne pourrait pas non plus travailler comme médecin légiste en Arabie saoudite. Qu'il est triste de l'entendre dire ça ! Mais elle a raison. Les rêves de Rachida, comme ceux de la plupart d'entre nous, ne seront jamais plus que des histoires qu'on se raconte pour se changer les idées dans les moments de tristesse. Il nous faudra inéluctablement y renoncer un jour ou l'autre. Pour une Saoudienne, il n'existe aucun moyen de les concrétiser.

Une autre de mes condisciples, Safa, attire mon attention : elle est tellement sûre d'elle-même, elle parle si vite qu'elle donne l'impression que cela ne lui pose aucun problème de parler anglais. Elle raconte qu'elle vient d'Égypte où elle a obtenu un diplôme de *bachelor*. Je lui demande, impressionnée, dans quelle discipline elle l'a eu. Lorsqu'elle me répond qu'elle a étudié l'ourdou, je n'en reviens pas et je ne peux m'empêcher de rire. « L'ourdou ? Mais pourquoi donc, l'ourdou ? Pour quoi faire ? » Elle ne me répond pas, se contente de hausser les épaules et finit par dire que ça l'intéressait, tout simplement. Me voilà d'un seul coup navrée d'avoir éclaté de rire – en réalité, je l'admire d'avoir pu faire des études, dans quelque discipline que ce soit, au seul motif qu'elle voulait en savoir plus, et non parce que cela présentait pour elle une quelconque utilité. Même si l'ourdou, pour moi, est un autre monde.

Et puis il y a Daliah. À l'entendre parler, on pourrait croire qu'elle a vécu toute sa vie aux États-Unis. En réalité, elle vient d'une famille de pratiquants rigoristes, elle ne peut quitter son domicile que pour assister à ce cours. Encore a-t-elle dû, pour y être autorisée, passer beaucoup de temps à convaincre ses parents. Elle est passionnée par l'Amérique et consacre tous ses instants de liberté à regarder des films en anglais. Cela explique son accent impeccable, mais elle n'a encore jamais franchi les frontières du royaume et ne pourra jamais parler l'anglais dans le pays où se déroulent ses films préférés. Ce sera probablement aussi le cas de la plupart d'entre nous.

Je fréquenterai pendant un an et demi ce cours de langue qui deviendra une partie importante de ma vie. Mais toute la joie qu'il me procure n'efface pas la frustration de ne pas pouvoir m'y rendre sans mon frère ou mon père. Contrairement aux filles des familles plus libérales, je ne suis pas autorisée à prendre un taxi toute seule quand je dois rejoindre une partie de la ville où je ne peux pas aller rapidement à pied. Il arrive que mon père ne puisse pas m'y conduire ou que mon frère aîné n'en ait pas envie. Dans ces moments-là, je me sens de nouveau presque aussi désarmée qu'après les agressions de mon oncle. Dénuée de toute valeur, dépendante de la volonté arbitraire des hommes de ma famille. Mon père m'y emmène chaque fois qu'il le peut et ne se décommande que lorsqu'il a lui-même des rendez-vous importants. Mais mon frère, lui, n'est pas fiable. Tout dépend de son humeur : il peut aussi bien me conduire à l'école de langues que préférer rester dans son lit à regarder des films. Qu'il ait le pouvoir de me barrer ainsi la voie me rend folle de rage.

Sal, notre enseignante, réagit généreusement à nos problèmes. Elle se montre toujours compréhensive quand l'une d'entre nous manque le cours, alors que des personnes auxquelles notre mode de vie n'est pas familier auraient bien du mal à l'admettre.

Sal s'efforce toujours de nous soutenir. Et malgré tout, je suis inconsolable chaque fois que mon frère me laisse en plan. Quand j'ai raté une séance, je demande à mes amies présentes de m'en faire un résumé.

Toute cette période est fatigante. Je me lève chaque matin à sept heures pour arriver à neuf heures pile à l'école, où je reste jusqu'à treize heures. Une heure après la fin du cours je dois déjà être au travail à l'hôpital, et la plupart du temps je ne rentre pas à la maison avant vingt-deux heures. Il m'arrive de me demander pourquoi je m'inflige cela. Tout est si laborieux, si fatigant, parfois tellement absurde aussi. Pourrai-je jamais parler cette langue ? Et avec qui, sinon avec les infirmières de l'hôpital ? Le jeu en vaut-il vraiment la chandelle ?

Quand je repense aujourd'hui à cette époque, je me dis qu'elle a été à bien des égards le commencement de tout. Si je n'avais pas appris cette langue qui n'était pas la mienne, le monde, la liberté qui m'attendait dans d'autres pays me seraient à tout jamais restés étrangers et hors d'atteinte.

Je consacre non seulement beaucoup de temps aux cours, mais une bonne partie de mon salaire passe en frais de scolarité. Je gagne plutôt bien ma vie, mais l'enseignement est onéreux. Lorsque nous devons payer des suppléments, il arrive que mon salaire n'y suffise pas et que je sois forcée de demander l'aide de mon père. Cela me gêne, je ne veux pas qu'il me voie comme une source de dépenses et de problèmes. Je sais que notre situation financière n'est pas si brillante : les études de mon frère coûtent très cher. Lorsque mon père me remet l'argent, c'est à contrecœur, et ce genre d'attitude n'est pas dans ses habitudes. « Il faut que cela reste exceptionnel, Rana », me dit-il. Le soir, dans mon lit, j'ai honte d'avoir de nouveau dû lui soutirer de l'argent. Mais la honte le dispute à la colère : parce que mon frère, lui, reçoit de l'argent pour ses études comme si c'était naturel alors qu'il ne fait pas le moindre effort. Tout le monde sait que, en Syrie, il ne fait que hanter les *partys* et lever des filles.

Et pourtant tout cela vaut la peine. Si ce cours d'anglais prend une telle importance à mes yeux, c'est qu'il est aussi une porte qui me permet d'échapper à la réalité, une manière d'oublier ma situation difficile et le stress de l'hôpital. Certains jours, pendant la pause, j'achète à la cantine un donut et un jus de fraises beaucoup trop cher. Alors je rêve de mener une autre vie, plus libre, en Amérique, par exemple. Ou bien de ce qui se serait passé si j'avais vécu au Liban ou en Égypte.

C'est de ce dernier pays que vient Sarah, une autre étudiante de mon cours. Elle a vingt-trois ans et vit depuis cinq ans à Riyad. Elle a fait la connaissance de son mari au Caire. Elle y travaillait dans une entreprise de location de voitures où il était client. C'est pour lui qu'elle est venue s'installer à Riyad. Au Caire, elle portait nonchalamment un hijab sur les cheveux, son existence était bien plus libre que celle qu'elle menait aujourd'hui pour l'amour de son mari. Le cheminement de Sarah n'était pas plus simple que le mien. Sa famille avait été plongée dans un terrible chagrin en apprenant qu'elle souhaitait épouser un Saoudien. Elle-même avait été suffisamment naïve, à son arrivée à Riyad, pour croire que les choses ne pouvaient pas être aussi graves qu'on le disait, dans ce pays où il semblait n'exister que des riches.

Mais la vie en Arabie saoudite n'était pas du tout conforme à ce qu'elle avait imaginé. La famille de son mari, quant à elle, n'était pas particulièrement réjouie par la décision du jeune homme. Lorsque je fais la connaissance de Sarah, elle est encore engagée dans une lutte permanente pour se faire accepter par eux, et ce combat l'use peu à peu ; à présent, elle ne se donne plus beaucoup de mal pour convaincre ses beaux-parents de ses qualités. Et même si elle vit depuis cinq ans dans cette ville, elle continue à avoir du mal à respecter les règles vestimentaires rigoureuses, qu'elle contourne aussi souvent que possible. Car, même à Riyad, il existe des lieux auxquels la police religieuse n'a pas accès. L'un d'eux est le Kingdom Centre, un célèbre gratte-ciel de plus de trois cents mètres de haut avec une ouverture en arche renversée couronnée par une passerelle d'acier, le plus haut bâtiment de Riyad, le symbole de la ville. La nuit on voit la façade de verre illuminée de nombreuses couleurs différentes depuis presque n'importe quel point de la cité. Une tour de lumière, gigantesque et hypermoderne. Il a fallu dix ans pour construire ce bâtiment. Le Kingdom Centre appartient au prince al-Walid ibn Talal, l'un des hommes les plus riches du monde. Il est aussi le propriétaire de l'hôtel Savoy à Londres. L'immense centre commercial est la quintessence du luxe ; il attire les touristes, les hommes d'affaires, mais aussi de jeunes femmes comme nous. On y trouve des boutiques telles que Dior et Gucci, des joailliers comme Tiffany, mais aussi des enseignes qui nous sont accessibles, comme H&M ou The Body Shop. Ce lieu étant avant tout une attraction destinée aux touristes, personne ne doit y être dérangé par des religieux rigoristes.

C'est la raison pour laquelle Sarah se rend volontiers au Kingdom Centre. Elle ôte son voile de visage dès qu'elle franchit les portes de verre et flâne d'une boutique à l'autre les cheveux couverts de son seul hijab, tout naturellement, comme les nombreuses autres femmes venues de pays plus libéraux.

En dépit de la liberté qui est censée régner à l'intérieur du bâtiment, des hommes de la police religieuse sont postés devant les sorties et veillent à ce qu'aucune femme ne quitte le centre commercial sans porter son voile au grand complet. Pour les jeunes Saoudiennes, en particulier, le danger est réel : tout manquement est immédiatement sanctionné. Sarah veille à respecter la règle chaque fois qu'elle quitte la galerie commerciale, mais on comprend, en l'écoutant parler, à quel point elle trouve cela absurde. Elle m'avoue qu'elle ne comprend pas non plus pourquoi toutes les boutiques de Riyad, sans exception, sont fermées aux horaires de prière. « Qu'est-ce qui se passe en cas d'urgence, si j'ai besoin de prendre un médicament à la pharmacie ? » me demande-t-elle en haussant les sourcils. Je le reconnais, il m'est

111

souvent arrivé à moi aussi de m'énerver, alors que je me rendais dans un centre commercial avec une collègue et son chauffeur pour acheter quelque chose en vitesse, en constatant que toutes les boutiques avaient baissé leurs rideaux. Mais je ne m'étais jamais vraiment posé la question en ces termes jusqu'à ce que j'entende Sarah s'en agacer : je l'acceptais comme une fatalité.

Le dernier jour de cours, Sarah vient avec son fils, Mustafa. C'est un enfant charmant, il a des yeux bruns et farouches, une chevelure noire coupée au bol, des joues qu'on a envie de pincer, geste auquel aucune de nous ne résiste. Assises dans la classe en attendant Sal, nous sommes encore plus surexcitées que d'habitude. C'est sans doute aussi pour cacher notre mélancolie. Sal finit par arriver avec un peu de retard, et un grand carton sous le bras. On entend des gloussements, puis, la curiosité l'emportant, nous nous décidons à lui demander ce qu'il y a dans son paquet. Elle nous regarde en souriant, l'air mystérieux, et nous invite à venir voir nous-mêmes. Le grand carton contient de petites boîtes, une pour chacune d'entre nous, toutes amoureusement emballées dans du papier cadeau, ornées d'un grand ruban, presque trop belles pour qu'on les ouvre. Nous le faisons quand même, précautionneusement : brusquement le plus grand silence règne dans la pièce. Sal a acheté une chaînette pour chacune d'entre nous ; et les petites boîtes contiennent aussi des chocolats et un message rédigé à la main.

Nous la remercions, surprises, émues, incapables de recouvrer notre calme.

Puis nous partageons un repas – nous avons toutes apporté quelque chose à manger. Il y a du taboulé, du *kebbeh*, du houmous, du pain en galette, et les *jalangis* que j'ai préparés moi-même, des feuilles de vigne fourrées à la viande hachée, un plat syrien typique que s'arrachent, en particulier, mes condisciples saoudiennes. En Arabie saoudite, la nourriture syrienne est très appréciée. Peut-être parce qu'elle rappelle aux gens leurs vacances dans ce pays. Nous mangeons et nous discutons de manière décontractée, sans avoir à surveiller notre grammaire ou notre prononciation comme nous le faisons d'habitude lorsque nous parlons anglais. Lorsque la matinée touche à sa fin, nous nous serrons toutes très fort dans les bras, les larmes aux yeux. Car il est clair, pour chacune d'entre nous, que nous ne pourrons pas nous donner rendez-vous aussi simplement que cela, que nous ne reverrons probablement jamais Sal, et que, dans la plupart des cas, cet au revoir sera un adieu définitif. Je trouve ces moments atroces. Ils me rappellent ma dernière journée d'école, et la douleur que j'ai ressentie à l'époque en me séparant de Nona sans savoir si et quand nous nous reverrions. Dans son petit mot, que je relirai souvent ce jour-là, Sal écrit : *Travaille dur, ne sois jamais trop tendre avec toi-même, choisis le chemin le plus difficile, car au bout du compte il te rapportera plus que le plus facile.* À l'époque, je ne sais pas trop comment interpréter ce conseil. Je suis fatiguée, exténuée, et j'essaie de trouver un aspect positif à la fin des cours : je ne me lève plus chaque jour à l'aube et mes journées de travail ne durent plus douze heures. Désormais, je ne me sentirai peut-être plus aussi éreintée. C'est une assez piètre consolation, mais je tente de voir les choses positivement, afin de ne pas céder à la mélancolie.

D'une manière générale, je me concentre sur les bons côtés de ma vie. Cela me semble être le seul moyen de refouler un peu le flux récurrent des mauvaises pensées que m'inspirent encore l'échec de mon mariage et la terrible période que j'ai vécue en Syrie.

Recevoir mon premier salaire de l'hôpital est une grande joie : à présent je me sens vraiment adulte. Quatre mille deux cents rials, soit près d'un millier d'euros, et cela me fait l'effet d'une fortune. Je n'ai jamais été aussi riche, j'aimerais partager mon bonheur avec la terre entière. Quand j'apprends que je vais bientôt être deux fois tante – mon frère et son épouse Emma attendent des jumeaux –, j'achète chez un droguiste une montagne de produits de soins et d'équipements pour bébé :

shampooing, crème hydratante et talc, couches, petits verres à bouillie, minuscules bavettes. Emma rayonne de bonheur quand je lui donne tous ces cadeaux, et je suis folle de joie moi aussi. Le vendredi de la même semaine, alors que mon père, mon frère et moi-même sommes en congé, j'emmène toute ma famille fêter ma nouvelle indépendance dans un restaurant syrien à Olaya, le quartier des finances de Riyad. Nous commandons presque tout ce qui se trouve sur la carte, et l'on finit par ne plus voir la table tant elle déborde de plats et d'assiettes : taboulé, *kebbeh*, agneau, poisson, poulet, c'est un festin et je me laisse griser par le sentiment d'avoir pu inviter toute ma famille à manger avec l'argent que j'ai gagné. Même ma mère semble fière de moi à cet instant, bien qu'elle reste opposée à ce que je travaille.

Chaque matin, en tout cas, je suis assise dans la voiture à côté de mon père en route pour l'hôpital. Plus je vieillis, plus nos relations se transforment. Elles sont devenues plus intimes. Je le considère, désormais, presque comme un ami. Je l'appelle même par son prénom. Parfois, dans la voiture, j'écoute de la musique sur mon lecteur MP3 ; il y a aussi des jours où nous discutons. Nous parlons cependant rarement de stress ou de problèmes de travail : je n'aimerais pas qu'il se fasse du souci. Un matin, trois ans avant ma fuite, mon père prononce une phrase qui, avec le recul, me semble presque relever de la prémonition. « Il faut, me dit-il, que tu fasses quelque chose de toi et de ta vie : tu dois te marier, ou faire des études, ou trouver un emploi fixe. » Il ajoute qu'il me faut une sécurité pour le jour où ma mère et lui ne seront plus là, ou seront trop âgés pour s'occuper de moi. On dirait presque qu'il devinait déjà à cette époque que je ferais un jour le grand bond vers une nouvelle existence – car même si je suis satisfaite de mon travail à l'hôpital, même s'il m'arrive d'apprécier certains moments de ma vie, je ne me défais pas de ce sentiment accablant d'être en cage, une sensation qui m'accompagne jour après jour, moi et beaucoup d'autres jeunes femmes et filles saoudiennes. Chaque fois que je passe le niqab, le matin, je sais que je vis dans un pays où les femmes et les hommes ne sont pas traités de la même manière. Régulièrement, des événements font irruption dans ma vie, me donnant l'impression que le sol s'effondre sous mes pieds et me montrant sans la moindre équivoque dans quel monde je vis. Le drame de Nona sera l'un de ces événements.

Comme autrefois, nous passons presque toutes nos pauses l'une avec l'autre. Mais il lui arrive de disparaître sans me prévenir. Dans ces cas-là, je mange seule. Cela me déconcerte, mais, ces jours-là, elle part si vite que je n'ai pas le temps de lui demander ce qu'elle fait ni qui elle rejoint. Ces questions restent en suspens entre nous, jusqu'à ce que j'apprenne à propos de quoi, ou plutôt de qui, elle fait tant de mystère. Il s'appelle Sami, travaille pour le gouvernement saoudien, ressemble à un Roméo arabe, avec ses cheveux brun foncé, ses yeux étincelants, sa barbe soignée et ses vêtements chics et chers. Nona s'est laissé séduire, et quand je le rencontre pour la première fois je constate que lui aussi la porte aux nues. Ils se voient depuis un an déjà, en secret, à l'heure du déjeuner, dans des restaurants ou dans des chambres d'hôtel. Sami fait passer Nona pour sa sœur. Dans un premier temps, cela me surprend : il lui serait facile, après tout, de conclure avec elle un mariage bref. Et je commence aussitôt à me faire du souci. Je sais, nous savons tous les trois, combien ces rendez-vous sont dangereux, en particulier pour elle. Lorsqu'elle me raconte son histoire, ma première réaction est donc de m'exclamer : « Mais c'est de la folie, Nona ! Pourquoi fais-tu ça ? » Elle se contente de hausser les épaules : elle ne peut pas faire autrement, elle est amoureuse. Et moi, je ne peux m'empêcher de me réjouir pour elle, car je ne l'ai encore jamais vue aussi heureuse que lorsqu'elle me parle de lui. Son récit jaillit d'elle comme une source soudain libérée, elle semble tellement soulagée de pouvoir partager sa joie avec quelqu'un. C'est lors d'un déjeuner auquel Nona m'a invitée que je rencontre Sami pour la première fois. Il passe nous prendre et nous roulons trois quarts d'heure à travers la ville avant de nous garer devant un restaurant de luxe. Être installées dans une voiture avec un homme qui n'est pas un parent n'est pas tout à fait sans danger. Mais je prends le risque par solidarité avec Nona et parce qu'elle est ma meilleure amie. Je suis heureuse qu'elle m'ait confié son secret et qu'elle ait eu une vraie bonne raison de me faire des cachotteries. Je dis à Sami à quel point j'apprécie Nona, je lui demande d'être prudent et de faire attention. Il éclate de rire avant de me répondre : « Bien entendu ! Tu n'as aucun souci à te faire pour ton amie. » Je le crois, mais je ne peux totalement me défaire de mon mauvais pressentiment.

Sami couvre Nona de cadeaux, de parfums, il lui offre même un smartphone. Elle est folle de lui, et lui achète pour sa part des vêtements et de l'after-shave. Je ne tarde pas à oublier mes objections et à ne plus éprouver que de la joie pour elle comme pour lui. Il m'arrive de déjeuner avec eux. Nous nous installons dans un cabinet privé où nous pouvons ôter nos voiles. Le personnel pense probablement que nous sommes les sœurs de Sami – personne ne pose de questions à un homme qui va au restaurant avec deux femmes. Mais si la police religieuse nous mettait la main dessus, nous aurions tous les trois de sérieux ennuis. On nous emmènerait au poste, on préviendrait nos parents et nous devrions au minimum payer une amende. Si je prends ce risque, c'est uniquement par affection pour Nona. C'est trop beau, de voir mon amie aussi lumineuse. Je sais que nous violons la *charia* en agissant ainsi toutes les deux, mais voir mon amie aussi épanouie, c'est un peu comme si j'étais moi-même amoureuse. Son humeur radieuse est contagieuse et après ces déjeuners en commun j'ai des ailes quand je retourne au travail pour la deuxième partie de la journée.

Nona a été abusée sexuellement par son père. Elle a perdu de bonne heure toute foi dans l'utilité d'être une musulmane parfaite et pieuse, l'espoir que cela puisse la protéger contre les agressions et la souffrance. Ses rendez-vous avec Sami à l'heure du déjeuner

116

sont pour elle un moyen de rattraper une part du bonheur qu'on lui a ôté beaucoup trop tôt. Cela explique peut-être pourquoi elle a retrouvé un peu de légèreté d'esprit.

C'est par une brûlante journée du mois d'août que je perds Nona. Pendant ce mois-là, il fait tellement chaud et sec à Riyad que l'on court aussi vite que possible pour franchir la distance entre la voiture et l'entrée du bâtiment le plus proche et qu'on évite de faire le moindre pas inutile sous le soleil. Dans la rue, la fournaise est à peine supportable, et, à l'intérieur, les climatisations sont réglées à une température si basse qu'on gèle et qu'on a besoin d'un pull-over. Autrement, l'été dans cette ville du désert est tout simplement insupportable.

Comme chaque matin ou presque, mon père me conduit au travail ; le soleil brûle déjà comme en enfer et je cours de toute la force de mes jambes en sortant de la voiture pour rejoindre la fraîcheur du hall de réception où j'échapperai à l'air sec et cuisant de l'extérieur. Nona et moi nous voyons au vestiaire. À l'expression radieuse de son visage, je pressens qu'elle va retrouver Sami dans la journée. Je le devine à sa tête. Elle me demande si j'aimerais venir avec elle. Cela fait longtemps que je n'ai pas mangé avec eux deux, et cette invitation me fait plaisir. Nous nous donnons rendez-vous à la sortie. Toute la journée, j'éprouve une drôle de sensation, mais je finis par la refouler.

À midi nous quittons le bâtiment ensemble et nous montons à la hâte dans la voiture de Sami. Le risque est multiplié par le fait que des policiers ordinaires peuvent contrôler des véhicules où des hommes transportent des femmes sans enfants, la police religieuse n'est donc pas la seule que nous ayons à craindre, nous le ressentons de nouveau très clairement à cet instant. C'est de la folie, toute cette histoire. Mon mauvais pressentiment ne cesse de se renforcer pendant le trajet. Au bout d'une demi-heure, à mon grand soulagement, nous arrivons enfin et nous nous garons devant le restaurant. Lorsque nous descendons, je devine à quel point Nona se réjouit de ma présence, et j'oublie pour un moment mon appréhension. Nous plaisantons un peu et je me dis que si je me sens mal depuis le début de la journée, cela tient sans doute aussi à la forte chaleur.

Sur les nappes immaculées du restaurant sont disposés des verres ciselés et des assiettes brillantes. Les meubles sont en bois sombre, on voit partout de somptueuses orchidées. Nous nous installons dans l'un des salons privés. Sami s'occupe de nous deux, comme un vrai gentleman.

Je commande du poisson, des frites et de la salade. Nona et Sami se partagent un steak. Nous mangeons, nous parlons, entre autres des températures brûlantes qui règnent à l'extérieur, même si elles n'ont bien entendu rien d'une nouveauté pour nous – mais à Riyad, au mois d'août, il n'est pas possible de ne pas parler de cette fournaise qui écrase tout le reste. Il est déjà seize heures quand nous quittons le restaurant. Notre prochain service commence dans une heure, il faut faire vite.

Sur le trajet du retour, nous ne prononçons pas un mot. Je suis rassasiée, un peu fatiguée, et me contente de regarder par la vitre jusqu'à ce que nous nous arrêtions devant l'hôpital. Je suis déjà en train de descendre lorsque Nona se retourne vers moi et me dit : « Rana, écoute-moi bien, il faut que tu me rendes un service : je ne reprends pas le travail aujourd'hui, nous voulons passer la soirée ensemble, Sami et moi. Tu peux dire à Saleh que je me suis sentie mal ? » Je n'hésite qu'un instant, bien que j'aie dans la région du ventre cette sensation instinctive de la catastrophe qui approche. Et puis j'accepte. Je dois à Nona mon travail, tant de pauses passées à rire dans la cour de l'école, tant de clips regardés en commun, elle est ma meilleure amie… Bien sûr que je vais faire ce qu'elle me demande : je ferais n'importe quoi pour elle. Elle reviendra à l'hôpital à vingt et une heures, où son père passera la prendre. « Sois bien à l'heure. Et prends garde à toi, d'accord ? » Je descends de voiture et je claque la portière derrière moi.

De retour à l'hôpital, je fais comme si de rien n'était. Aujourd'hui, je travaille à la réception. Je suis inquiète, je garde l'œil rivé à la pendule, je brûle d'impatience en attendant fébrilement vingt et une heures, que Nona revienne. En vain.

Vers dix-neuf heures trente, la sœur de Nona m'appelle au téléphone. Elle est en pleine crise de nerfs, elle pleure sans arrêt. Elle dit que Nona est en prison. La panique s'empare aussitôt de moi. Je ne suis plus qu'un cri. Sa sœur n'a pas besoin de me fournir la moindre explication : je sais immédiatement ce qui s'est passé. La police religieuse les a pris sur le fait, elle et Sami. Je pleure, je me mords le poing pour que personne ne m'entende. Je deviens à moitié folle, parce que je sais ce que cela signifie. J'ai peur pour la vie de Nona. Sa famille est rigoureusement croyante et verra dans son arrestation une souillure qu'il faudra laver.

Je tente de me calmer et de joindre son frère, Amir. Il aime beaucoup sa sœur, j'espère qu'il se montrera indulgent avec elle. Il répond immédiatement. « Je vais la voir tout de suite », m'assure-t-il. Je le convaincs de m'attendre. Je prends un taxi pour le retrouver, il travaille dans une boutique de mode masculine à Olaya, le quartier de la Bourse, celui où s'élèvent tous ces gratte-ciel que l'on voit sur les cartes postales. Je quitte mon travail sans donner d'explication, bien que je n'en aie pas le droit, puis prends place dans un taxi bien que cela ne me soit pas autorisé non plus. Je n'ai aucune explication plausible à fournir à mon chef, je décide donc de tenter le tout pour le tout. Je ne peux penser à rien d'autre qu'à Nona, ma chère amie, presque ma sœur, qui se trouve à présent en prison, probablement en proie à une angoisse mortelle. Lorsque j'arrive au magasin où travaille Amir, il dit à son patron que sa sœur a eu un accident et nous partons aussitôt. Je m'assois à côté de lui, à l'avant de la voiture, et j'ai peine à croire que cette journée d'été ordinaire ait pu si vite se transformer en un cauchemar absolu.

Aucun de nous ne prononce le moindre mot. Tout ce que nous pourrions dire serait ou bien trop, ou bien trop peu. Nous parcourons l'Al Mukarramah Road, nous passons devant le zoo, devant les supermarchés ouverts vingt-quatre heures sur vingt-quatre, devant des lieux que j'ai déjà vus mille fois, mais qui défilent à présent à toute vitesse sans que je prenne conscience de leur existence. Je suis comme dans un tunnel. La seule chose que je voie, c'est Nona qui pleure, assise toute seule dans une cellule. Je suis furieuse contre Sami, qui aurait eu le pouvoir de lui éviter cela. Il aurait suffi qu'il l'épouse, qu'il contracte un *misyar* bon marché, même pas de vraies noces, et il ne serait rien arrivé à mon amie. Mais comme tant d'hommes en Arabie saoudite, il n'a pensé qu'à lui et à son intérêt personnel. Au moment où Nona a cessé d'être pour lui une femme en compagnie de laquelle il pouvait passer quelques heures insouciantes, au moment où elle est devenue un être humain auquel il fallait apporter une aide, il l'a tout simplement laissée tomber.

Le frère de Nona brise le silence pour me demander ce qui s'est passé. Je sais qu'inventer une histoire ou même simplement tenter d'enjoliver la réalité n'a aucun sens. S'il veut aider sa sœur, il doit connaître toute l'ampleur de la catastrophe. Je lui raconte les rendez-vous, les déjeuners, les trajets en voiture, les heures qu'ils passaient parfois à l'hôtel. Je lui dis qu'aujourd'hui Nona a manqué la seconde partie de sa journée de travail pour passer du temps avec Sami. Il me demande quel genre d'homme c'est. « Il travaille pour le gouvernement. Il a belle allure, il est bien habillé. Je crois qu'il a beaucoup d'argent », dis-je. Le regard d'Amir s'assombrit, ses yeux sont braqués sur la rue, il a l'air tendu.

Le bâtiment de la police religieuse est entouré de hauts murs. De la rue, on ne peut voir ni la cour intérieure ni l'entrée du bâtiment proprement dit. Devant la prison, quelques policiers de la police religieuse montent la garde. Nous nous garons. J'ai l'estomac noué. Je ne suis encore jamais venue ici. La prison se trouve à Moraaba, un quartier de la ville laissé à l'abandon. Il n'y a aucune raison de venir dans cette partie de Riyad, et chacun évite de donner aux autorités le prétexte d'y être conduit un jour. Amir aborde les sentinelles, leur donne le nom de sa sœur, dit qu'il aimerait savoir comment elle se porte et ce qu'il peut faire pour qu'on la libère. Il me présente comme la demi-sœur de Nona. On lui répond qu'il doit présenter toute une série de documents avant de pouvoir la voir.

Nous remontons dans la voiture. Amir se fait de sérieux soucis à présent. Il tremble. Il comprend la gravité de la situation. Nous allons chez les parents de Nona chercher les papiers en question. Sa mère se précipite sur moi dès que nous franchissons le seuil, elle veut savoir ce qui s'est exactement passé. Je dis que Nona n'a rien fait qui aille contre les bonnes mœurs, et je tente de l'apaiser. Je n'ai pas envie que ses parents sachent ce que sait son frère, et je crois que lui aussi tente d'en dire aussi peu que possible. Il est vingt et une heures passées à présent. Je sursaute au moment où je regarde ma montre. Mon père doit certainement être en train de m'attendre devant l'hôpital. Lorsque je sors mon téléphone de ma poche, j'y trouve la trace de vingt appels en absence, tous de ma mère. Je la rappelle, je lui dis que Nona est en danger et que nous la cherchons. Elle est furieuse, elle dit que mon frère m'a cherchée partout à l'hôpital sans m'y trouver. Que personne ne savait où j'étais passée ! Je lui dis que je suis désolée, que je voulais juste aider mon amie. Que je suis chez les parents de Nona et que son frère peut me raccompagner à la maison. Elle se calme un peu.

Lorsque je rentre, vers vingt-trois heures, ma mère m'attend sur le seuil de la porte. Je lui dis que Nona a eu un accident, mais je sais qu'elle ne me croit pas. « Tu ne nous apportes que des ennuis », m'assène-t-elle. Rien de plus. Je cours dans ma chambre, mes pensées tourbillonnent dans ma tête. Je pleure, j'apostrophe mon Dieu : « Pourquoi nous fais-TU cela, pourquoi tout amusement nous est-il interdit, pourquoi tout ce que nous faisons est-il un péché ? »

Je me couche, je me tourne et me retourne longtemps dans mon lit avant d'arriver enfin à m'endormir. Lorsque je me réveille, la tristesse pèse sur moi comme du plomb. Mes pensées me ramènent immédiatement à Nona. Être aussi désarmée, ne rien pouvoir faire pour elle, cela me rend folle.

Le lendemain, mon père me conduit au travail, comme chaque jour. Je lui suis reconnaissante de ne rien dire pendant le trajet, de me laisser simplement écouter de la musique sans poser de questions. Arrivée à l'hôpital, Suleiman, notre patron, me fait venir dans son bureau. Il dit que la veille, le père de Nona a fait un scandale devant l'hôpital. Qu'il a crié tellement fort que le personnel d'accueil a appelé les hommes de la sécurité ! Il me demande où se trouve Nona. Me dit que son père a crié d'abord son nom à elle, puis le mien. Je ne dis rien, je regarde le sol, honteuse. Il n'y a rien que je puisse dire pour ma défense.

Suleiman m'annonce que je ne peux plus travailler pour lui. Comme il ne peut pas me licencier, il me fait signer une lettre de démission. Je n'ai pas d'autre possibilité que de faire ce qu'il exige de moi. Perdre mon travail à l'hôpital est épouvantable. Je sais que j'aurai du mal à retrouver un aussi bon poste, et je devine que ma mère m'interdira d'en chercher un nouveau si elle apprend la raison pour laquelle on m'a congédiée. Je suis à peu près certaine que la mère de Nona le lui racontera.

Il est onze heures du matin lorsque j'ai réglé toutes les formalités. Je dois rendre mon badge et vider mon armoire au vestiaire. Il ne me reste pas d'autre choix que d'appeler mon père pour lui demander de venir me chercher. Je lui annonce que j'ai été licenciée. Il me dit qu'il arrive dès que possible et je perçois l'inquiétude dans sa voix. J'ai mauvaise conscience : une fois de plus, je lui cause des soucis. Mais je tente de contenir mes larmes pendant que je guette son arrivée dans une salle d'attente au rez-de-chaussée. Il semble s'apprêter à me demander ce qui s'est passé, mais se ravise. Nous rentrons à la maison sans dire un mot. Ma mère s'en prend aussitôt à moi. Je tente d'atténuer autant que possible la réalité de ce qui s'est passé et le rôle que j'y ai tenu.

Quand elle cesse de me crier dessus et de m'interroger, j'envoie un SMS au frère de Nona pour lui demander s'il a eu des nouvelles. Il m'envoie une réponse laconique. Aujourd'hui, on lui a permis de la voir. Nona a été auscultée par une femme médecin légiste qui a vérifié sa virginité. Comme elle n'est plus vierge, elle a été condamnée à cinquante coups de fouet et trois mois de prison. Amir a négocié avec les policiers : au bout du compte, il a dû payer une amende de deux mille rials, et le nombre de coups de fouet a été réduit à trente.

Cinq premiers coups lui sont donnés avant que Nona puisse quitter la prison. Cela seul suffit pour l'empêcher de dormir sur le dos pendant des jours et pour qu'elle se torde de douleur chaque fois qu'elle se lève, au point qu'on doit la soutenir pour lui faire quitter son lit. Il s'agit de briser méthodiquement Nona. Les coups de fouet ne sont que le commencement.

Lorsqu'elle est libérée de prison, sa sœur m'appelle au téléphone. Son père doit signer une lettre garantissant qu'il ne tuera pas sa fille. Cela permet à la police religieuse de se couvrir et de se dégager ainsi de toute responsabilité, car, après ce type d'arrestation, beaucoup de femmes sont tuées par leurs familles soucieuses de sauver leur honneur. Je demande à la sœur de Nona si je peux lui parler, mais elle me répond qu'elle n'a pas droit au téléphone. Elle raconte que son père l'a frappée si brutalement qu'elle n'a plus rien dit depuis et qu'elle reste enfermée dans sa chambre, immobile, complètement apathique.

Cette nouvelle me brise autant le cœur que de ne rien pouvoir faire pour l'aider. Je m'inquiète constamment pour elle. Je rêve souvent qu'on la frappe et qu'elle est incapable de se défendre.

Je pleure Nona, je pleure mon travail à l'hôpital, je pleure notre amitié. Je sais que notre vie ne sera plus jamais ce qu'elle était il y a peu encore.

Deux semaines s'écoulent avant que j'entende de nouveau la voix de Nona. Je suis dans ma chambre lorsque le téléphone fixe sonne. Je sais aussitôt que c'est elle et je me rue vers l'appareil. L'entendre m'ôte un poids sur la poitrine. J'emporte le téléphone dans ma chambre et je m'assois sur le lit. Je ne sais pas exactement par quel bout commencer cette discussion, j'ai mille questions à poser, mais j'arrive tout juste à lui chuchoter que j'ai failli devenir folle d'inquiétude, que j'ai eu peur que quelqu'un ne la tue. «Personne ne me tuera, c'est ça qui est terrible. Si quelqu'un doit le faire, ce sera moi. J'aimerais pouvoir mettre fin à mes jours, Rana. Tout vaut mieux que cette douleur», dit-elle à voix basse, avec une gravité que je n'ai jamais entendue chez mon amie. J'en tressaille.

Sami lui a envoyé un SMS. Il dit qu'il ne l'épousera pas non plus après coup et qu'il ne peut rien faire pour elle. «Le mieux, c'est que tu effaces mon numéro», a-t-il aussi écrit. La voix de Nona tremble. «Ce n'est qu'un connard et un égoïste», dit-elle. Elle raconte que chaque jour ses parents la giflent et lui tirent les cheveux, qu'ils défoulent leur rage sur elle sans le moindre frein, en la traitant de traînée. Après cette conversation téléphonique, je pleure pendant des heures. J'ai presque plus mal à me représenter les souffrances de Nona que si j'endurais ces tortures moi-même.

Quelques jours plus tard, je convaincs mon père de me conduire chez elle. Je ne peux y rester que dix minutes : ses parents estiment que j'exerce une mauvaise influence sur elle. Ils pensent que j'ai corrompu Nona parce que les femmes venues de Syrie sont moins pieuses que les Saoudiennes. Nona semble ne plus être elle-même. Elle est muette et hostile, comme jadis, quand je lui ai parlé pour la première fois. Je tente de briser sa carapace, mais je n'arrive pas jusqu'à elle. On dirait qu'elle est à des milliers de kilomètres, alors qu'elle se trouve juste en face de moi.

Un an plus tard, elle trouvera un poste dans un call-center. On n'y emploie que des femmes. Elle est sous surveillance permanente, sa mère appelle là-bas toutes les heures. Autrefois elle avait un chauffeur, à présent c'est son père qui la conduit pour tous ses déplacements. Tout cela, c'est sa sœur cadette qui me l'apprend. De Nona elle-même, je n'entendrai plus jamais un mot après ma dernière visite. Sa sœur m'apprend qu'elle lit le Coran chaque jour et qu'elle s'est de nouveau entièrement consacrée à la foi. Allah m'a pris ma meilleure amie.

Et pourtant, aujourd'hui, je crois que si Nona savait ce que j'ai fait, si elle savait que je me suis évadée et que je vis en liberté, elle serait fière de moi. Quand nous étions à l'école, nous nous imaginions habiter en Amérique, nous rêvions de vivre comme dans les films de Hollywood que nous regardions toujours le soir après l'école. Je crois qu'elle se réjouirait qu'au moins l'une d'entre nous y soit parvenue. Je ne peux pas accepter que la Nona qui fut ma meilleure amie ait disparu à tout jamais. Je crois fermement qu'elle existe encore. Je l'espère.

5

IL N'Y A PAS DE DIEU

Il n'existe pas en Arabie saoudite de vie publique semblable à celle que l'on connaît en Allemagne, en Europe ou même dans des pays à dominante musulmane plus libéraux, comme le Liban. On n'y trouve ni bars, ni clubs, ni cafés, ni cinémas. Tout cela, la *charia* l'interdit. Hormis des restaurants et des centres commerciaux, il n'y a pratiquement aucun lieu dans lequel les gens pourraient se donner rendez-vous. Pour les hommes, il existe tout de même des bars à chicha et des salons de thé qui leur permettent de discuter en dehors de leur domicile. Mais la vie, celle des femmes en particulier, se déroule le plus souvent dans des espaces clos et privés. Se déplacer à peu près librement en public, sans être accompagnée par un membre masculin de la famille, est un privilège des classes supérieures ou des femmes qui, issues de familles plus libérales, disposent d'un chauffeur. Un principe vaut cependant pour chacune d'entre nous : quand on est une femme, en Arabie saoudite, on ne va pas loin si l'on est seule.

Mes principaux voyages, c'est donc dans ma chambre que je les fais, devant mon ordinateur. Internet est la seule porte qui me permette d'échapper à mon enclos. Il m'offre, dans l'espace virtuel, un échange avec des personnes qui partagent mes préoccupations – un dialogue impossible dans la vie réelle.

Après que j'ai été renvoyée de l'hôpital, ma mère m'interdit dans un premier temps de recommencer à travailler. Elle se figure que le contact quotidien avec des hommes m'a corrompue et que ce n'est qu'une question de temps avant que je fasse subir à notre famille une honte semblable à celle que Nona a infligée à ses parents et à ses proches. Mais, une fois de plus, mon père finit par céder, après plusieurs mois passés à l'implorer de m'autoriser à chercher un nouvel emploi.

Et je finis effectivement par en trouver un, au Kingdom Hospital. Le travail y est intéressant, et je ne tarde pas à constater que l'expérience que j'ai pu accumuler jusque-là m'a rendue plus sûre de moi. À mon poste précédent, je m'étais le plus souvent chargée des services liés à la réception ; au Kingdom Hospital, on m'accorde une plus grande confiance, on me confie plus de responsabilités. Et puis l'équipe est internationale. J'ai une collègue originaire d'Érythrée. Mon chef de service est syrien, lui aussi, il vient comme ma famille des environs de Damas et nous nous entendons bien dès le premier instant. Les journées à l'hôpital sont stressantes et je ne rentre chez moi que tard dans la soirée, mais je suis plus heureuse qu'à l'époque où j'étais forcée de passer tout mon temps dans ma chambre.

Le soir, je suis souvent exténuée : je travaille de nouveau en deux demi-journées séparées et il m'arrive de devoir m'occuper de quarante ou cinquante patients par jour. Lorsque je rentre chez mes parents, le soir, je commence par enlever mon abaya, ma tarha et mon niqab. Le plus souvent, il flotte dans l'air une odeur de bonne cuisine, ma mère prépare des plats frais tous les soirs. Généralement, mes parents ont déjà mangé. Dans ces cas-là, je me fais réchauffer les restes dans la casserole. Quand mes parents ne sont pas encore couchés, il nous arrive de nous asseoir ensemble dans le séjour et de discuter. Mais, la plupart du temps, je vais dans ma chambre me mettre en boule comme un hérisson, je mets mon pyjama et je regarde un film sur mon ordinateur portable. Il arrive à ma mère de me dire en plaisantant, mais avec une once de reproche : « Nous nous voyons si rarement que, si nous partions, tu ne t'en rendrais même pas compte ! »

Il est plus facile d'être toute seule le soir, même s'il m'arrive souvent de me sentir isolée. Ce sont justement les discussions avec ma mère qui me fatiguent le plus. S'il nous arrive de manger toutes les deux, je me sens encore moins proche d'elle depuis l'échec de mon mariage avec Wisam. Parfois, j'espère que nous pourrons un jour ressouder nos liens. Mais, à ses yeux, ce que j'ai fait pèse très lourd. Ma mère n'est pas une femme cultivée. Elle n'est pas allée à l'école, elle avait tout juste dix-huit ans quand elle a épousé mon père. Un an plus tard, mon frère aîné est venu au monde, puis moi, puis ma sœur. Ma mère n'a jamais travaillé, elle a toujours été femme au foyer. La foi joue un très grand rôle pour elle ; ses enfants doivent mener une vie bonne et pieuse, c'est cela qu'elle attend de nous.

Ce que j'ai fait ne s'intègre pas à ce tableau. Depuis que je suis revenue à Riyad, elle est méfiante, elle vérifie que j'ai bien fait ma prière, elle me demande si je parle à des hommes pendant mon travail, elle continue à entrer dans ma chambre sans frapper. Elle la fouille lorsque je suis au travail : à mon retour mes tiroirs ont été complètement chamboulés. Elle ne se donne pas beaucoup de mal pour effacer les traces de son passage.

La foi est d'autant plus importante pour ma mère que c'est sur elle que pèse la moindre entorse aux règles de l'islam commise dans notre famille. Surmonter l'annonce de mon divorce lui a coûté un effort presque surhumain. Elle s'inquiète en permanence à l'idée que je puisse m'éloigner encore plus du droit chemin. Je crois qu'elle devine mon appétit, mon désir d'une vie moins étriquée, avant même que je n'en prenne moi-même conscience – cet instinct qu'ont les mères, même quand on a le sentiment d'avoir perdu toute proximité avec elles.

Faute de pouvoir sortir dans le monde, je le fais entrer dans ma chambre. En Arabie saoudite, Internet n'est pas totalement censuré. On accède à la plupart des vidéos de YouTube. Ce qui est bloqué, ce sont les sites pornographiques et certaines pages où l'on voit des relations sexuelles. Nous ne pouvons pas ouvrir non plus les sites qui critiquent le gouvernement saoudien. Mais nous pouvons accéder à la plupart des contenus en provenance du monde occidental.

Quand je suis en ligne, je regarde surtout des films en anglais, parce que je maîtrise de mieux en mieux cette langue et que je suis heureuse de comprendre les dialogues, au moins en partie. Je vois ainsi quels progrès j'ai faits pendant mon stage : je n'ai plus besoin des sous-titres. J'aime beaucoup regarder des films d'horreur, il m'arrive aussi de choisir des comédies romantiques ou des vidéos de Rihanna, dont les looks et les coiffures me fascinent. Je suis une grande admiratrice de sa musique et j'espère ardemment, à cette époque, qu'Allah lui pardonnera ses péchés et qu'elle n'ira pas en enfer. Il m'arrive de rêver que je pars pour l'Amérique et que je porte des tenues aussi belles et sexy que les siennes. Être musulmane n'empêche pas de songer de temps en temps à ces choses interdites. YouTube est ma manière de m'échapper du quotidien.

Mais il y a un moment où me réfugier ainsi dans ces univers parallèles ne me suffit plus. Il m'en faut plus que cela. Je veux échanger avec des êtres humains, avoir le sentiment de ne plus être toute seule avec mes soucis.

Quand je découvre Twitter par le biais d'une collègue qui me montre sur son smartphone comment fonctionne ce réseau social, c'est une révélation. Cette manière de communiquer, brève, tranchante et pourtant éloquente, me plaît aussitôt. J'ouvre un compte le soir même. Je prends le pseudonyme de LovHum, une contraction de « Love Human ». Mon tout premier tweet est très pieux : « Merci, mon Dieu, pour tout ce que Tu m'as offert. » Je ne devine pas, à cet instant, que c'est Twitter qui va m'en détacher.

Je passe plusieurs heures chaque jour à lire les tweets des autres, j'envoie moi-même de brèves phrases dans lesquelles il est le plus souvent question d'amour et d'amitié. C'est ma manière à moi de surmonter mon divorce et la douleur que m'a causée la perte de Wisam. Même si je n'ai aucune envie de reformer mon couple, même si je suis heureuse d'être rentrée chez mon père, je suis triste que le rêve du grand amour ne soit pas, pour moi, devenu une réalité. Et, bien entendu, je me demande souvent comment quelqu'un pourrait m'aimer à présent, moi, une femme divorcée.

Sur Twitter, je trouve consolation et approbation. Tous les humains connaissent des chagrins d'amour. Il n'est sans doute pas une seule expérience qui soit plus universelle que celle-là. Mais m'en rendre compte me plonge aussi dans des heures d'une extrême noirceur. Je suis comme possédée par ce réseau, je profite de chaque pause pour passer ma Time-Line en revue. Je me réjouis quand d'autres « aiment » ou partagent mes tweets. C'est comme si l'on me tapait amicalement sur l'épaule, comme si quelqu'un me serrait dans ses bras. Dans un monde si rigoureux, si froid, gouverné par la foi, Twitter fait l'effet d'un univers parallèle libre où l'on m'autorise plus de choses qu'on ne m'en interdit.

Au bout d'un mois, je suis déjà abonnée à trois cents comptes. C'est comme une fenêtre donnant sur un monde auquel je n'ai pas accès dans la vie réelle. Je rencontre des abonnés d'autres nations, des gens avec lesquels je peux communiquer dans un pays où presque aucun échange n'est possible.

Un soir, alors que je suis de nouveau allongée sur mon lit et que je surfe, l'esprit ailleurs, en écoutant sur mon ordinateur la musique d'Enya, l'une de mes chanteuses préférées, je découvre un tweet provenant d'un compte intitulé « Arab Atheist ». C'est l'un de mes contacts qui l'a partagé. Le nom étrange de l'utilisateur du compte attire mon attention. Qu'est-ce que c'est, un *atheist* ? Je n'ai encore jamais entendu ce mot. Je l'entre sur Google Translate.

C'est une soirée tout à fait normale, celle d'une fille en pyjama après sa journée de travail, une soirée comme n'importe quelle autre. Vue de l'extérieur, on imaginerait difficilement une scène moins palpitante : une jeune femme surfe sur Internet, assise devant son ordinateur. Et pourtant, ce soir-là, quelque chose d'important est en train de se passer. Car même le mot arabe que me fournit le programme en guise de traduction du terme *atheist* ne me dit rien du tout. Je tape ملحد dans le moteur de recherche et je trouve une définition : un athée est quelqu'un qui ne croit pas en Dieu.

Ces mots sont tellement monstrueux que mon cœur se met à battre à se rompre. Ne pas croire, dans le pays où je vis, c'est le péché le plus extrême qu'on puisse imaginer. C'est tellement épouvantable que, dans un premier temps, je suis totalement incapable de donner une signification à ces mots.

Le monde dans lequel je vivais encore dix minutes plus tôt commence à s'effriter. C'est le début d'une longue réaction en chaîne. Comme des dominos disposés pour former un parcours parfait : il suffit d'en pousser un pour que tous les autres tombent les uns après les autres. Mon chemin vers l'athéisme correspond à ce type de réaction en chaîne filmée au ralenti : la première pièce du jeu s'effondre, toutes les autres vont suivre, c'est inéluctable. Et cela commence ce soir-là.

En Arabie saoudite, se détourner de l'islam est puni de mort. Je sais bien qu'il existe d'autres religions, celle des chrétiens, des juifs, des bouddhistes. Mais l'idée qu'il puisse y avoir des gens qui ne croient pas du tout m'est littéralement inconcevable. C'est tout simplement trop éloigné de ce que j'ai vécu et appris jusqu'ici, et des bases sur lesquelles repose la société dans laquelle je vis. Ce soir-là, je n'ose même pas lire d'autres textes sur les athées. Je tente de m'endormir, mais en vain : je passerai une nuit blanche à me retourner dans mon lit. Une nuit au cours de laquelle je comprends que ce que je viens de lire ne m'abandonnera plus tant que je n'aurai pas compris qui sont ces gens. J'ai peur d'en découvrir plus. Car si ce qu'ils font est *haram*, le simple fait de s'en préoccuper n'est-il pas *haram* lui aussi ? Allongée dans mon lit, incapable de trouver le repos, je comprends aussi que ma curiosité est plus grande que ma peur.

Quand j'arrive au travail, le lendemain matin, je suis totalement exténuée. Mon petit frère, Bakr, m'y conduit. Même lui, mon cadet de six ans, a plus de droits et de libertés que moi ou que n'importe quelle autre femme dans ce pays. Si je veux sortir de chez moi, je dépends de son bon vouloir ; il peut travailler sans l'approbation de mon père et se déplacer librement à l'extérieur de notre maison. Tout cela me passe par la tête ce matin-là quand il m'injurie parce qu'il trouve que mon maquillage est trop voyant. Je me plains auprès de mon père et je lui dis que je n'ai pas l'intention de me laisser traiter ainsi par mon cadet. Cette fois, c'est moi qui l'emporte. Mais à quoi bon ? On financera malgré tout ses études de dentiste, tandis que je devrai payer moi-même mes cours d'anglais. Depuis que je suis adulte, il semble tout naturel que Bakr soit privilégié par rapport à moi, que ses centres d'intérêt, ses souhaits et ses libertés passent avant les miens. Quand je pense que je l'ai tenu dans mes bras lorsqu'il était bébé ! Que je l'ai lavé et nourri ! Qu'il y a eu une époque où il était totalement à ma merci ! S'il fait preuve d'une telle arrogance, c'est uniquement parce qu'il est un homme. Toutes les portes lui sont ouvertes. Ma vie à moi, en revanche, ressemble à une longue attente devant une porte fermée.

Et malgré tout c'est aussi mon petit frère que j'aime, me dis-je alors que nous buvons un café en chemin. Je sais que le monde dans lequel il vit est tout aussi naturel à ses yeux qu'il devrait l'être aux miens. Nous avons grandi ainsi, pourquoi devrait-il remettre cela en question ? Sa vie dans ce monde est facile. Il n'a aucun obstacle à surmonter. Il ne sait même pas qu'ils existent, contrairement à moi qui dois escalader des rochers à chaque pas. Personne, bien entendu, ne remet de lui-même en question un système dans lequel tout va bien pour lui. Et il est plus tentant de douter de ce système quand il vous rabaisse. Je bois mon café si vite que je me brûle la langue : cette boisson chaude et sucrée va m'aider à tenir sur mes deux jambes.

Cette journée sera malgré tout encore très fatigante – je suis tout simplement incapable d'oublier ce que j'ai lu la veille, le monstrueux ne cesse de faire à nouveau irruption dans mes pensées. Je suis incapable de le refouler. Il revient me submerger sans prévenir. Pour qui me regarderait, mon comportement doit être passablement étrange : je me surprends plusieurs fois à regarder dans le vide, immobile, en apparence absente, et pourtant complètement concentrée. Je passe toute ma journée à me demander comment se sentent ces gens qui prétendent ne pas croire en Dieu et que peuvent-ils bien penser. Comment puis-je en savoir plus à leur sujet ? Devine-t-on leurs doutes sur leur visage ? Est-il possible que je connaisse certains d'entre eux sans même le savoir ? Cette idée me donne des frissons. La peur se mêle à quelque chose qui ressemble à de l'excitation. Je sais que tout musulman qui se détourne publiquement de la foi a trois jours pour changer d'avis. S'il se convertit de nouveau à l'islam, il évite la pire peine : la *charia*. S'il persiste dans son rejet de la foi, il est exécuté. Je ne sais pas encore grand-chose sur le monde à cette époque, mais je connais trop bien la petite bulle de savon dans laquelle j'ai grandi pour ne pas comprendre qu'il serait beaucoup trop dangereux ne serait-ce que de demander à quelqu'un où se trouvent ces condamnés à mort. Le simple fait de m'intéresser à eux me mettrait en danger.

Et bien que je n'ose même pas penser que ces athées pourraient avoir raison, le sujet m'obsède, les pensées interdites prennent même peu à peu possession de moi. Je tente de me défendre, je cherche des preuves de l'existence de Dieu, quelque chose à opposer à cette affirmation monstrueuse : IL n'existe pas. Qui est Dieu, ou encore : qu'est-IL ? Comment s'exprime-t-IL ? Je médite, je réfléchis, mais c'est pour constater que tout ce qui me vient à l'esprit est passablement vague – les preuves ne tiennent pas. La majeure partie de ce que j'associe à Dieu est constituée de règles, d'obligations, de commandements. De choses que l'on doit faire parce qu'IL le veut. Mais qu'est-ce qui les justifie ? Et comment Dieu se manifeste-t-IL à nous ? Sur ce point, je ne trouve pas vraiment de réponse.

Je compte les heures qui me séparent de la fin de ma journée de travail. Lorsque j'arrive à la maison, j'annonce à ma mère que je suis malade. Je ne veux rien manger, rien boire, je ne veux parler à personne. Le compte Arab Atheist m'attire comme un objet magique.

C'est alors que tout commence.

La liste de liens qu'Arab Atheist a établie constitue une sorte de bibliothèque interdite sur l'athéisme, dans laquelle on peut se promener d'un simple clic de souris. L'un de ses tweets contient un lien vers un film documentaire sur les théories de Charles Darwin, *L'Origine des espèces*. La vidéo y parle des principes de la variation génétique : mutation, sélection, survie des individus les mieux adaptés. C'est un travail d'amateur, un montage de pages filmées avec une caméra portable dans un livre de biologie, soutenues par de la musique et un commentateur en *off*.

Ce ne sont que dix minutes, mais elles vont tout changer pour moi.

Comment se peut-il qu'une vidéo aussi peu professionnelle, que j'ai trouvée sur Internet et qui semble avoir été réalisée par un collégien, puisse secouer les fondements mêmes de mon univers ? Que quelque chose de si grand se produise dans un contexte aussi petit, aussi banal, et pourtant tellement plus crédible que n'importe lequel des prêches que j'ai entendus dans ma vie ?

On s'imagine que les moments d'illumination, les grands tournants d'une vie sont toujours extraordinaires. Le mien se déroule sur mon lit, dans ma chambre de jeune fille. À l'instant où ma vie se transforme pour toujours, je porte un pyjama.

De nombreux commentaires ont été postés sous la vidéo. Certains demandent à l'utilisateur qui l'a mise en ligne de produire encore d'autres films du même genre. D'autres, discréditent ce que l'on y voit et affirment que tout cela n'est qu'un gigantesque mensonge. Un abonné écrit : « Je crois que la théorie de l'évolution affirme, sans le moindre doute, qu'athées et humanistes descendent de l'âne. » Moi aussi, je dois l'avouer, je suis choquée par ce qu'on me montre, je ne veux pas comprendre ce que je vois et je cherche des arguments pour réfuter tout cela. Mais c'est comme une boule de neige qui se serait peu à peu transformée en avalanche. Une fois qu'elle s'est mise à rouler, je ne trouve plus que des éléments plaidant en faveur de l'idée que la théorie de l'évolution est tout le contraire d'un mensonge.

Autant je peux souhaiter que tout ce que j'ai appris au cours de ma vie est exact, autant les enseignements du Coran sur la manière dont l'homme et les espèces sont apparus sur terre ne résistent pas à mes recherches. On m'a toujours dit que seuls les *kuffar*, c'est-à-dire les mécréants, croient que nous descendons du singe, et que tout ce qui établit une relation entre eux et nous est mauvais, interdit et dangereux.

Je sais aujourd'hui que, dans d'autres pays, on apprend la théorie de l'évolution aux enfants, qu'elle y est devenue une évidence et que ces connaissances y sont librement accessibles. Pour une personne qui a grandi là-bas, il doit être difficile de comprendre quelle sensation on éprouve quand on voit la lumière après tant d'années d'obscurité. À ce moment précis, j'ai l'impression d'avoir grandi dans une prison sans même avoir su que j'étais incarcérée. Tout se passe comme si j'avais soudain appris qu'il existe à l'extérieur un monde dont je ne parvenais même pas à imaginer à quoi il pouvait ressembler. Découvrir l'existence de cet univers est passionnant, mais aussi douloureux : une folle angoisse s'empare de moi. Cela fait tellement mal de prendre peu à peu conscience de tout ce à côté de quoi l'on est passé au cours de ces années d'ignorance. Devoir remettre en cause tout ce sur quoi se fondait mon ancienne vie pour en recommencer une autre à un moment donné est un choc violent. Je sais aujourd'hui qu'il faut parfois tout perdre avant de pouvoir gagner quelque chose.

Cette nuit-là je reste éveillée dans mon lit jusqu'à quatre heures du matin. Chaque question en soulève une autre. Si le monde n'a pas été créé par Allah, à qui puis-je me fier ? Quel est alors le sens de la vie ? À quoi puis-je même encore croire ? Cette histoire de Big Bang n'est-elle pas tout aussi démentielle, n'est-elle pas également une simple théorie bâtie par l'homme, tout comme l'idée que Dieu a créé le monde ?

Ces questions m'accompagnent pendant plusieurs semaines. Je lis des articles en anglais, je les traduis phrase après phrase, mot après mot, avec Google Translate, parce que, malgré le stage que j'ai suivi, mon vocabulaire ne me suffit pas toujours à comprendre les textes compliqués. C'est un processus laborieux : je me mets en quête sans vraiment savoir dans quelle direction je dois aller. Les sources se contredisent, il y a tant de voix qui se réfèrent les unes aux autres, qui se détournent les unes des autres, il m'est difficile de trouver des points de repère. Au cours de ces semaines-là, je ne mange le plus souvent qu'un peu de pain le soir, je vais m'installer dans ma chambre immédiatement après le travail afin de continuer à lire.

Un soir, je visionne un documentaire sur l'apparition des couleurs de peau, des formes d'yeux et des structures osseuses spécifiques des êtres humains qui habitent les différentes parties de la terre. Tout cela a beaucoup plus de sens que ce que j'ai appris en cours de Coran. Durant notre scolarité, on nous dispensait chaque jour trois heures d'éducation religieuse, parfois même quatre. Nous lisions le Coran, l'enseignante nous en expliquait certains passages en soulignant sans cesse à quel point il était important de s'en tenir aux règles fixées par le livre sacré. À la maison, nous devions apprendre certaines sourates par cœur pour les réciter le lendemain. Quand nous nous trompions, l'enseignante nous faisait la leçon d'un ton dédaigneux devant toute la classe jusqu'à ce que la honte nous enfonce dans le sol. Dans aucune autre discipline une erreur ne nous valait autant de reproches qu'en cours de Coran. On nous disait que les mécréants, les chrétiens et les juifs nous étaient inférieurs et allaient en enfer. Que l'on ne devait ni célébrer leurs fêtes ni les traiter comme des êtres humains ! En Arabie saoudite, les non-musulmans fréquentent des écoles spéciales réservées aux immigrés d'autres confessions. Ils n'entrent pas en contact avec nous, et réciproquement. Tout est fait pour qu'aucun doute ne soit formulé à propos de la foi. Tout au long de notre scolarité, nous n'avons jamais entendu le mot « évolution ». On nous a dit que Dieu a créé le monde et que, s'il existe des espèces différentes, c'est que des conditions différentes règnent dans chaque partie de la planète.

Plus je lis, plus je deviens avide de nouvelles informations. Je n'en ai jamais assez. Il m'arrive de me sentir si petite et si bête. Je ne dispose pas des bases qui me permettraient de comprendre et classer rapidement ce que je lis. Je télécharge le fichier PDF de *L'Origine des espèces*. En Arabie saoudite, le livre est interdit.

Maintenant, mes consultations d'Internet ne sont plus ni anodines ni sans risque.

Lire Darwin en anglais est pour moi une entreprise très laborieuse. Je découvre la profondeur de mon ignorance, je comprends à quel point j'en sais peu sur le monde, l'homme et l'univers. J'ai l'impression que ma religion, qui jadis était tout à mes yeux, s'est en réalité moquée de moi. Et j'ai de plus en plus fortement l'impression qu'on m'a volontairement maintenue dans la bêtise pour que je ne m'insurge pas contre le cadre rigide de ma foi.

J'ai la sensation d'être enfin éveillée – et depuis, c'est un fait, je suis littéralement en état de veille. Je ne dors pratiquement pas, je passe des nuits entières à lire et à mener mes recherches. Je découvre et je comprends des liens que je n'avais jamais établis de toute ma vie, faute de m'être posé certaines questions. Je cherche avidement des réponses et je ne trouve jamais que de nouvelles questions, chaque information jusqu'alors inconnue me place devant de nouvelles énigmes. Si Dieu est aussi grand que ça, où était-IL avant le Big Bang ? Quel rôle joue-t-IL s'IL n'a pas créé les hommes et les animaux ? Si douter de Lui est un si grand péché que cela, pourquoi ne m'a-t-IL toujours pas punie ? Je demande à Dieu de m'adresser un signal s'IL existe.

Et je vais encore plus loin : je cesse secrètement de faire mes prières cinq fois par jour, je ne m'y livre plus que lorsque ma mère me demande de prier avec elle. Plus j'en apprends sur l'athéisme, l'évolution et l'explication scientifique de notre monde, plus la prière me fait l'effet d'un rituel mensonger. C'est pour cela que j'attends une punition divine. J'attends une semaine, deux semaines, un mois. Le signe de Dieu ne vient pas.

Un peu plus tard, je découvre le livre le plus important que j'aie jamais lu, *Pour en finir avec Dieu*, de Richard Dawkins. Bien que, là encore, je n'en détienne que la version anglaise, quatre jours me suffisent pour le lire dans son intégralité. Je le dévore.

Il exprime ce que je n'ai pu que pressentir, jusqu'ici, sans arriver à mettre de mots dessus. Je suis particulièrement impressionnée lorsque je lis que la foi en un Dieu qui a créé l'univers est une manière d'échapper à ses responsabilités et de trouver une explication au monde et à la vie avec tous ses miracles. On dirait que l'auteur cherche à exprimer ce que je pense au fond de mon âme. Qu'il est parvenu à formuler les récriminations que m'inspirent l'islam et même toutes les religions ! Dawkins célèbre la compréhension des choses, qu'il place au-dessus de la croyance dans les miracles, et montre à quel point les hommes, dans le monde entier, sont contraints de vivre dans la souffrance imposée par des systèmes qu'on leur vend comme la vérité et face auxquels ils se croient impuissants.

Dawkins parle de la force de division de la religion. Je vois soudain sous un jour nouveau le destin de mes tantes, de mes nièces, de mes amies dont les souffrances sont toutes le fruit de la forme rigoriste de l'islam. Et je peux moi aussi, tout à coup, contempler mon propre destin avec une toute nouvelle perspective.

Comme pour tout ce qui me rapproche de la vérité, cependant, ce livre qui répond à beaucoup de mes questions en soulève simultanément une infinité d'autres.

Si l'on considère le mouvement au cours duquel je me suis détournée de la foi comme la traversée d'un océan à la nage, d'une rive à l'autre, d'une vie de croyante à une vie d'athée, alors je suis déjà en haute mer. Je ne peux plus voir le rivage que j'ai abandonné. Autour de moi des vagues furieuses montent de l'eau noire et menacent de m'engloutir. J'ai peur de la mort, je crains de me perdre, mais je ne peux plus revenir en arrière. Maintenant que j'ai nagé si loin vers le large, je veux atteindre l'autre rive. Je suis trop curieuse de ce qui m'attend là-bas.

Je sais que télécharger ces livres est dangereux. Le seul fait de les lire constitue un risque. Mais plus j'en apprends sur cette autre manière de voir le monde, plus se précise la direction dans laquelle je dois nager. Ma soif de savoir est plus forte que ma peur de me noyer.

Et, malgré tout, je sais très précisément que ces nouvelles connaissances et mes doutes, qui ne cessent de grandir, peuvent aussi signifier mon arrêt de mort. Quand on est différent, en Arabie saoudite, quand on est lesbienne, gay ou non croyant, par exemple, on doit choisir entre une mort certaine et une vie dans le mensonge.

Sur Twitter, j'ose à présent exprimer mon scepticisme à propos de Dieu. Twitter est plus sûr que Facebook. Je n'ai pas eu à fournir ma véritable identité lors de mon inscription. Cependant, je change relativement souvent mon nom d'usager, par crainte que le gouvernement ferme mon compte ou, pire encore, remonte jusqu'à moi. Je poste des citations comme celle-ci, de Jean-Jacques Rousseau : « Dès que les peuples se sont avisés de faire parler Dieu, chacun l'a fait parler à sa mode et lui a fait dire ce qu'il a voulu. » Je demande publiquement si l'on peut savoir ce qui vient après la mort, et je finis par poser pour la première fois la question de l'existence de Dieu – un pas de géant pour moi. Je jette des cailloux dans l'eau pour faire des ronds. Chercher seulement des réponses ne me suffit plus. J'aimerais partager ma quête solitaire avec d'autres. Or je ne peux en parler avec personne dans ma vraie vie. Le fait qu'il existe, dehors, dans le monde, dans de nombreux pays musulmans et non musulmans, des gens qui, comme moi, doutent de l'existence de Dieu m'aide à ne pas me sentir seule.

Et ces gens ne se contentent pas de m'écouter : ils me donnent aussi de précieux avis. Un utilisateur des Émirats arabes unis me conseille ainsi d'être patiente avec moi-même et dans ma quête : « La vérité, tu ne la trouves pas en l'espace d'une minute ou d'une journée. C'est un processus, un long chemin dans lequel tu dois t'engager. »

Cette phrase m'aide beaucoup, car mon désespoir commence à me faire perdre patience. J'ai réglé toute ma vie sur le Coran et les règles de la *charia* sans jamais envisager la moindre alternative. Une fois que mon ancienne conception du monde s'est révélée être une illusion, je suis d'abord restée en suspens, emplie de défiance – qui me disait que la théorie de l'évolution n'était pas, elle aussi, une simple fiction ? Si j'ai déjà succombé une fois à une erreur aussi radicale, comment puis-je savoir que je ne suis pas en train d'en commettre une nouvelle ?

Il m'est difficile de m'engager vraiment dans ce long processus de découverte de la vérité : tant de choses en sont tributaires – en réalité, c'est toute ma vie qui en dépend. Un autre ami athée des Émirats m'écoute patiemment et me recommande un deuxième livre, que je parcours en quelques nuits. Le texte me permet aussi de découvrir la vision occidentale sur les attentats du 11 Septembre. Un événement que tous avaient célébré, dans mon pays, dans mon collège, comme une victoire des croyants sur les mécréants. Je commence à comprendre jusqu'où vont les actes commis au nom du Coran par des fondamentalistes. Pourquoi

141

fait-on tant de mal sous couvert de religion ? Qu'est-ce que la foi et la violence ont à voir l'une avec l'autre ? Je me demande peu à peu ce que la religion signifie réellement pour les gens. Je connais beaucoup de personnes dont la foi est modérée ; elles ont le plus souvent hérité leur religion de leur éducation familiale et de leur environnement culturel, et la pratiquent sans se poser de questions, comme je l'ai fait moi-même jusqu'à aujourd'hui. Ce sont des interrogations lourdes de sens, dont je devine que les réponses qu'on peut leur apporter sont forcément pleines de nuances. Je ne partage pas tous les points de vue des auteurs que je lis, mais cela me semble normal : ces nouvelles images du monde laissent de l'espace aux autres opinions. C'est peut-être ce qui me convainc le plus dans l'athéisme : ce n'est pas un système de croyance rigoureux qui brandit la menace de sanctions, il n'est pas lié à un groupe ou une communauté autoritaires, je peux à tout moment décider de changer d'avis et cesser d'être athée sans avoir à craindre une punition. Quand je fais quelque chose de bien, ou quand je me comporte d'une manière déterminée, c'est parce que je l'ai décidé moi-même et non parce qu'un système ou son représentant l'ont exigé de moi.

C'est seulement quelques mois plus tard que j'ose entrer en contact avec Arab Atheist, l'homme qui se cache derrière le compte qui a tout déclenché. Le 21 décembre, émue, les mains tremblantes, je lui écris : « Comment as-tu réussi à passer de musulman pratiquant à athée ? Comment s'est négocié ce virage à cent quatre-vingts degrés ? » J'envoie mes questions, et la nervosité me gagne peu à peu. Je refoule, comme toujours, l'idée que quelqu'un pourrait établir un lien entre mon identité et le compte depuis lequel j'écris.

Voici sa réponse : « Même un grand feu commence par une unique étincelle. Je me suis souvent demandé pourquoi les femmes ont si peu de valeur dans notre société. Je ne l'ai jamais compris. Quand j'ai commencé à chercher, le monde dans lequel je me trouvais jusqu'alors chez moi est parti en flammes. »

J'ai l'impression de m'entendre parler, j'en oublie presque de respirer en lisant ces lignes. Je dois même refermer mon ordinateur un bref instant : mon émotion est telle que j'ai peur, si quelqu'un entrait dans ma chambre, de ne pas m'en apercevoir.

À partir de ce moment, nous restons en contact. Il me conseille de trier mes questions, de les structurer et de continuer à chercher. C'est ce que me disent aussi tous les autres athées avec lesquels je suis connectée sur Twitter. Je tente de suivre ce conseil aussi scrupuleusement que possible et, chaque soir, sur Internet, je m'enfouis plus profondément dans ma double vie.

Pendant ce temps-là, ma mère commence à nourrir le soupçon qu'il y a un homme dans mon existence. Elle entre de plus en plus souvent dans ma chambre en trombe et tente de jeter un coup d'œil sur l'ordinateur allumé. C'est la raison pour laquelle je garde toujours en arrière-plan une page diffusant des clips musicaux anodins, si bien que je peux rapidement fermer celle que je ne devrais pas être en train de regarder quand je l'entends franchir le seuil de la porte. Elle ne m'a encore jamais prise sur le fait.

Un jour de juin, alors que je suis en repos et que le soleil brille à l'extérieur, je réfléchis dans ma chambre. Je n'ai pas allumé l'ordinateur : je me concentre sur moi-même et sur mes pensées. Pendant deux ou trois heures, je tourne et retourne dans ma tête tout ce que j'ai lu et appris, je l'examine sous toutes les coutures. Je me dis que rien de ce qui se trouve dans le Coran ne peut être ni vérifié ni démontré, qu'il existe au contraire des preuves que l'histoire racontée par ce texte n'est pas vraie. Et c'est précisément la question que je me pose : Dieu n'est-il pas simplement l'une des nombreuses histoires que les hommes se racontent ? Une histoire ancienne, puissante, particulièrement bien construite et à laquelle croient un nombre particulièrement important de personnes ? Et une histoire qui se distingue d'autres histoires du fait même que dire que c'en est une constitue un péché ? Alors que, justement, ce n'est qu'une histoire.

Le plus grand silence règne dans ma chambre. Tout se trouve à l'emplacement exact où il était au premier jour. L'ours en peluche à côté duquel je m'endors chaque soir est toujours appuyé contre le coussin ; les photos de mes tantes, oncles, nièces et neveux sont toujours accrochées au-dessus du bureau. Rien ne laisse deviner l'immense évolution qui a été la mienne au cours des dernières semaines. Je suis presque étonnée que le combat auquel se livrent les différentes voix que j'ai dans la tête passe inaperçu, étonnée que cela ne laisse pas de traces dans ma chambre d'enfant. Alors que ce qui s'est passé en moi a été tellement puissant, tellement inouï, et tombe sous le coup d'un tel interdit. Et après d'interminables ruminations, j'arrive enfin à une conclusion : oui, je suis une athée.

Je poste cette phrase sur Twitter. Je ressens un immense soulagement au moment où je la prononce à voix haute, pour moi-même. Aussitôt, dix ou quinze abonnés répondent à mon message. Certaines des réactions sont encourageantes, d'autres critiques. Désormais aucun retour en arrière n'est plus possible.

Je suis athée.

À partir de cet instant, dans cette société forgée par une foi rigoureuse et qui fut jadis mon unique point de repère, je suis, d'une certaine manière, morte. Et pourtant cette phrase est le début de ma nouvelle vie.

6

NUIT NOIRE

Pour toute femme éduquée dans les mêmes conditions que moi, le frère aîné est une personne importante. Les grands frères veillent sur l'honneur de la famille, et surtout ils considèrent souvent que c'est à eux de surveiller les autres. Peut-être font-ils même preuve d'un comportement encore plus agressif et incontrôlé que leur père : ils sont jeunes, ils veulent tester leur virilité, prouver qu'ils sont de vrais hommes. Ils ont le goût du pouvoir et vivent au sein d'une société dans laquelle personne ne se met en travers de leur chemin. Surtout pas les mères, qui gâtent leurs fils, les favorisent en toutes circonstances et ne les critiquent presque jamais. Certaines femmes élèvent ainsi des fils égocentriques, avides de pouvoir et cruels qui se défoulent sur leurs sœurs parce que cela les conforte dans l'idée que les femmes de la famille ont peur d'eux et doivent se soumettre.

Mon frère Omen a trois ans de plus que moi. Dans notre enfance, je l'aimais beaucoup. C'était un enfant joyeux et apprécié. Un petit garçon sauvage qui jouait plus volontiers au football qu'il ne faisait ses devoirs. C'était le petit diable, moi, la gentille fille. Il jouait aux voitures télécommandées et revenait à la maison les genoux écorchés. Mais l'après-midi nous regardions souvent des dessins animés ensemble sur le canapé. Il m'apprenait mes tables de multiplication avant même que je n'aille à l'école. Pour moi, c'était, après mon père, l'homme le plus important du monde. Je me sentais bien et en sécurité quand il était là.

Lorsque Omen a eu vingt ans, il est parti étudier la technique architecturale en Syrie.

Mon père l'y avait envoyé sans doute dans l'espoir que son fils investirait son énergie indomptée dans quelque chose de sensé. C'est le contraire qui s'est produit : la vie plus libérale que l'on mène à Damas n'a pas réussi à Omen. Au lieu de se montrer reconnaissant envers mon père, qui finançait ses études, il a dépensé son argent dans l'alcool. Des voisins ont raconté à mon père qu'ils le voyaient parfois rentrer dans l'appartement avec des femmes. Le chagrin qu'il a causé à mes parents m'a fait mal.

Au bout de deux ans, mon père a décidé qu'il valait mieux qu'Omen rentre à Riyad. Il a suivi un cours d'informatique et a vécu de nouveau chez mes parents – ce que je ferais moi aussi un peu plus tard, mais à cette époque j'étais encore à Damas.

Les problèmes ne se sont cependant pas arrêtés à son retour à la maison. Il a été impliqué dans une algarade avec un policier qui, selon lui, avait offensé notre mère. De cette affaire-là, je n'entendrais parler que plus tard. Sur ce point-là aussi, mes parents préfèrent être discrets. Le tempérament d'Omen, ses brusques accès de colère l'avaient en l'occurrence mis dans de beaux draps : il semble qu'il ait même frappé le policier. À cette époque, je n'avais avec ma famille que des contacts intermittents, engluée que j'étais dans mes problèmes conjugaux. Aujourd'hui encore, je ne sais pas précisément ce qui s'est passé – si ce n'est qu'Omen a dû faire six mois de prison. Mon père a tout fait pour l'en préserver, mais c'était peine perdue.

Je crois que ces mois passés derrière les barreaux expliquent en grande partie pourquoi mon frère est soudainement devenu un croyant aussi rigoureux. Pendant sa détention, il a beaucoup prié, étudié le Coran et il est devenu encore plus pieux qu'il ne l'était avant ses éruptions de colère. On dirait qu'il a expié en prison le comportement qui avait été le sien pendant ses études. Il a absorbé comme une éponge tout ce qu'on lui a raconté sur la religion.

Quelques mois après sa libération, Omen a épousé Emma. Aux yeux de ma mère, Emma était la femme rêvée pour son fils aîné : elle avait fait ses études à la très religieuse université islamique Imam Muhammad ibn Saoud. On y trouve au programme, outre des disciplines comme la médecine et l'informatique, des cursus sur la *charia* et les sciences islamiques. Parmi ses diplômés, on relève aussi des « savants » fondamentalistes qui défendent par exemple l'idée qu'il est légitime qu'un époux frappe sa femme si elle ne respecte pas les règles de l'islam. Certains de ceux qui y enseignent s'opposent aussi à l'établissement d'une limite d'âge pour le mariage des filles. Le bruit court qu'un membre de cette université est soupçonné de tenir des prêches haineux et d'appeler de jeunes musulmans à se radicaliser. Quelques personnes y comparent les incroyants à des animaux, dit-on, et l'on y qualifierait de traînées les femmes qui vivent selon les règles occidentales. L'un des cinq pirates de l'air et kamikazes du 11 Septembre y aurait suivi des cours. Et le directeur de la police religieuse a lui aussi fréquenté cette université.

J'ignore si tout ce que l'on raconte sur cette institution est vrai. Mais que l'enseignement fasse respecter de manière stricte des règles religieuses fondamentalistes, cela, tout le monde le sait. On voit bien qu'Emma – que j'aime d'ailleurs beaucoup – y a fait ses études. Elle est si intransigeante dans sa foi qu'elle est apparemment incapable de faire preuve de miséricorde envers des non-musulmans. Je lui demande un jour si elle croit vraiment que Dieu envoie sans exception tous les chrétiens en enfer, même les enfants en bas âge ou des personnes qui ignorent totalement qu'elles pourraient aussi vivre en respectant le Coran. Elle me répond sans sourciller : « Tout le monde connaît l'islam. Évidemment qu'ils vont tous en enfer. » Cette intolérance me laisse bouche bée.

Les parents d'Emma sont amis avec les miens. Son père est poète et travaille à l'université du Roi-Saoud. Mon père apprécie beaucoup celui d'Emma. Ils étaient voisins autrefois, ils viennent tous les deux de Syrie et se sont installés à peu près en même temps dans notre quartier, il y a dix ans de cela. Emma a deux sœurs et trois frères, tous croyants rigoristes.

Ma mère est ravie lorsque Omen épouse Emma. Mon père, lui, est soulagé. Il trouve une location pour son fils et sa belle-fille et l'aménage entièrement. Pendant les années où Omen ne gagne pas encore trop bien sa vie, mon père va même jusqu'à leur payer le loyer.

Trois mois après les noces, Emma tombe enceinte. Elle-même a une sœur jumelle, et nous nous réjouissons tous beaucoup d'apprendre qu'Omen et son épouse attendent eux aussi des jumeaux. Sauf la mère d'Emma, qui la met en garde sans douceur : « Attends-toi à ce que ce soit une grossesse difficile, et une naissance qui le sera encore plus. »

Emma devient une sorte de nouvelle meilleure amie. Quand elle est enceinte, je suis tout juste de retour chez mes parents et elle me console fréquemment. Je lui rends visite quand je ne suis pas au travail, nous faisons la cuisine et de la pâtisserie ensemble. Avant de commencer à douter de Dieu, je suis très proche d'elle, mais aussi de mon frère.

Un jour, Emma vient passer un examen médical dans l'hôpital où je travaille. Au début, je porte encore le voile qui me couvre le visage et mon abaya, mais comme presque aucune des femmes qui travaillent ici ne voilent entièrement leur visage, je ne le fais plus non plus au bout d'une semaine. Je ne porte plus que le hijab qui me couvre les cheveux. Comme l'hôpital appartient à un investisseur saoudien, le prince al-Walid ibn Talal, la police religieuse n'a pas accès à cet édifice et nous n'avons par conséquent rien à craindre. Je m'habitue rapidement à cette nouvelle liberté, car j'ai toujours eu beaucoup de mal à respirer sous le niqab, c'est pour moi une entrave, surtout quand je suis en contact avec des patients et que je dois régler des choses rapidement. Pouvoir passer mes journées sans ce morceau de tissu noir devant le nez m'emplit d'une ineffable joie. Et puis, choisir le matin mon look de la journée est bien plus agréable quand je sais que quelqu'un le verra et que je ne devrai pas passer ma journée sous mon voile et mon abaya. Je n'ai que deux abayas. Beaucoup de Saoudiennes en possèdent au moins dix : une pour l'université, une pour les loisirs, une pour le travail, et ainsi de suite. Pour les Occidentaux, elles ne se distinguent pratiquement pas les unes des autres ; mais les Saoudiennes savent faire la différence entre une abaya bon marché en polyester et une très coûteuse en soie noire. Pour les fêtes comme l'Aïd al-Fitr, la rupture du jeûne, on trouve même des abayas et des tarhas ornées de petites pierres de strass et de bijoux cousus. Mais on ne peut les porter que pour des occasions particulières, et jamais dans la rue. Les jeunes filles riches ont des modèles en soie qui coûtent des milliers de rials. Mes deux abayas et mes deux foulards à moi sont en viscose.

Au travail, je range tout cela chaque matin, d'abord l'abaya, puis le foulard et pour finir le niqab, et j'enferme ces vêtements dans mon vestiaire. Il est indispensable de les plier dans cet ordre et de les poser ainsi les uns sur les autres. Se voiler est tellement important qu'on doit traiter ces morceaux de tissu avec un certain respect. À la maison, j'accroche mes vêtements noirs à une patère. Je suis heureuse chaque fois que je peux enlever le niqab. C'est aussi le cas ce matin-là.

Je le fais sans aucune intention particulière : c'est désormais devenu tout à fait normal pour moi. Mais, lorsque mon frère et Emma me voient ainsi, Omen se met aussitôt en colère et Emma paraît profondément choquée. Ils tournent les talons et quittent l'hôpital sans attendre leur rendez-vous. En marchant vers la sortie, Omen se retourne et me lance un regard méprisant. Plus tard, lorsque mon père vient me chercher, il se tait. Je sais qu'il va y avoir des histoires. Et à peine ai-je franchi le seuil de la porte que ma mère se précipite sur moi et me couvre de reproches. Je lui dis que je ne peux pas respirer sous le niqab et qu'il est très fatigant de travailler toute la journée avec le voile sur le visage. J'ajoute que, là-bas, les autres femmes ne sont pas voilées elles non plus. Ma mère rejette mes arguments, elle est hors d'elle et m'arrache la promesse qu'à l'avenir je ne travaillerai plus que voilée. Elle fait aussi la leçon à mon père, mais lui ne me blâme pas.

Quelques jours plus tard, mon frère me reproche de trop souligner la ligne de mes yeux. Dans mon pays, nous, les femmes, nous nous maquillons, et nous le faisons avec beaucoup de soin et d'une manière particulièrement visible pour ce qui concerne les yeux. Il est vrai que c'est la seule chose qu'on voie de nous quand nous sommes en public. C'est de toute façon un paradoxe : bien qu'elles soient obligatoirement voilées du matin au soir, les Saoudiennes accordent une très grande importance à leur apparence. Nous dépensons beaucoup d'argent pour les produits de beauté ; avoir le visage maquillé est la règle, pas l'exception. Mon frère laisse entendre que si je me maquille autant, c'est pour attirer sur moi l'attention des hommes. Pour satisfaire tout le monde, je ne me maquille plus avant de partir au travail, mais dans la cabine où je me change, et j'enlève de nouveau mon maquillage quand j'ai fini mon travail – je ne peux plus supporter toutes ces marques d'hostilité et tous ces conflits domestiques. Alors je fais les choses en cachette. Et, malgré ma promesse, je continue à travailler sans niqab.

Néanmoins, cette affaire n'est pas réglée pour autant. Je crois que l'après-midi au cours duquel lui et sa femme ont annulé leur examen à l'hôpital au seul motif que je ne portais pas de voile a été la première rupture entre Omen et moi, même si cela ne deviendra clair qu'ultérieurement. Car, peu après, les jumeaux viennent au monde. Nous apportons à Emma des chocolats et des fleurs, tout le monde fond devant ces deux enfants adorables.

Les nourrir et les baigner est une belle consolation pour moi. Je les mets même parfois au lit. Je les aime plus que tout, ces deux-là, et pourtant il est parfois difficile de les avoir près de moi, de les regarder grandir, se développer et découvrir le monde.

Ensuite, quand je reviens dans ma chambre, il arrive que les larmes me montent aux yeux et que ma gorge se serre encore un peu plus. Être la tante de Fatima et Hamza est cependant avant tout une belle distraction et une grande joie. J'apprécie beaucoup le temps que je passe avec eux.

Tout comme celui que je partage avec mon frère et son épouse. Il nous arrive, à Emma, Omen et moi, de nous rendre au Sahara-Mall, un grand centre commercial que ma belle-sœur et moi apprécions particulièrement. À l'époque, je me réjouissais des invitations que me lançait Emma. Aujourd'hui, je me demande si ce n'était pas un moyen pour Omen de me surveiller et d'empêcher que me viennent des idées idiotes. Car c'est ce qu'il semble redouter depuis l'après-midi où il m'a vue sans voile.

Un soir du mois de juillet, c'est mon frère, pour une fois, qui vient me chercher au travail. La batterie de mon portable est vide et je demande à un collègue que je rencontre à l'accueil de me prêter son chargeur pour que je puisse prévenir mon frère que je l'attends. Je suis en train de discuter avec lui, en attendant que mon portable se décide enfin à s'allumer, lorsque Omen arrive à l'accueil. Son regard exprime à lui seul tout ce que je dois savoir : il désapprouve le fait que je parle à un collègue. Il est tellement furieux qu'il ne peut se contenir. Je fais un geste d'excuse à mon collègue et je suis mon frère, en silence, à l'extérieur. Sur le chemin de la maison, sa rage me fait peur. Il ne dit pas un mot, mais traverse la rue à toute vitesse pour rejoindre sa voiture, le regard buté et fixé droit devant lui. Une fois en voiture, il grille les feux rouges et son regard se fait encore plus sombre. Dès que nous sommes à la maison, il raconte l'incident à ma mère – et me voilà retombée en disgrâce. Emma et mon frère habitent en face de la maison de mes parents. Omen a la clé de notre logement, il lui arrive souvent de passer sans prévenir. Tous les vendredis, quand mon père et mon frère sont revenus de la grande prière, je vais me promener avec mes parents. Omen le sait.

C'est pendant l'une de ces balades du vendredi après-midi qu'il a dû entrer dans ma chambre. Mais cela, je ne le saurai que plus tard. Il a installé des micros pour m'écouter. C'est certainement par leur intermédiaire qu'il a entendu, quelques jours plus tard, une discussion anodine que j'ai eue au téléphone avec un collègue, un entretien tellement innocent que je l'avais oublié aussitôt – même aujourd'hui je n'en ai plus qu'un vague souvenir. Mon frère, lui, semble voir les choses autrement, et cela constitue en tout cas à ses yeux un prétexte suffisant. Après la prière du vendredi, nous mangeons toujours tous ensemble ; c'est le cas le lendemain de ce coup de téléphone. Les autres sont assis par terre, le repas est installé ; je descends, comme d'habitude, m'installer avec eux. On sert du houmous, du *foul*, du fromage et des œufs. Je m'assois à côté de mon frère. Je sens aussitôt que quelque chose ne va pas. On lit la colère dans ses yeux, ils brillent comme s'ils lançaient des éclairs dans ma direction. Il m'est physiquement désagréable d'être assis à côté de lui. Ma mère, elle aussi, semble remarquer son humeur maussade. « Omen, mon fils, qu'est-ce qui t'arrive ? » demande-t-elle. Il lui répond qu'il a des problèmes au travail. Puis il se tait. Je me sens tellement mal que je mange aussi vite que possible et que je ne prononce pas un mot de tout le repas. Le petit-déjeuner du vendredi est pourtant l'une des rares occasions, au cours de la semaine, d'échanger avec mes parents. Normalement, nous restons des heures assis ensemble. En remontant dans ma chambre, je me demande ce que j'ai fait pour lui inspirer une telle rage. Je n'ai pas conscience d'avoir commis quelque faute que ce soit et me demande fébrilement si quelqu'un pourrait lui avoir raconté des histoires inconvenantes à mon sujet. Mais je ne vois strictement aucune explication plausible à sa colère. Je suis encore assise sur mon lit à y réfléchir lorsqu'il fait irruption dans ma chambre.

Sa fureur ne s'est pas dissipée, bien au contraire. Il a le visage déformé par la haine. Il se met à crier : « Je sais tout, tu es une salope, une catin. Qu'est-ce que c'est que ces hommes à qui tu

152

téléphones ? Tu jettes l'opprobre sur toute la famille ! » hurle-t-il. Il me gifle trois fois, quatre fois. Je tente de garder mes mains devant mon visage, mais je n'y parviens pas : il ne se contrôle plus. Il me tire par les cheveux et me jette par terre.

Quand je me rappelle cette scène aujourd'hui, ces coups, j'ai presque l'impression d'avoir joué dans un mauvais film, tant je suis sidérée par ce tabassage en règle et la certitude qu'avait mon frère d'être dans son bon droit. Dans une société où les femmes sont opprimées et subissent des violences quotidiennes, tout cela ne paraît pas aussi monstrueux – loin de là –, ce qui n'est plus le cas pour moi depuis que je suis arrivée en Europe. Vivre dans une société libre m'a ouvert les yeux sur ce qu'est un comportement normal envers les autres et sur le sens qu'on donne à cet adjectif. Certains pères, frères, oncles et cousins se permettent tout sans le moindre remords *a posteriori* et sans redouter de sanctions, même si celles-ci existent en théorie. Ils s'appuient sur le Coran pour justifier leur comportement et légitimer le système saoudien de contrôle et d'oppression des femmes.

Alors que je suis au sol, mon frère me frappe à coups de pied comme si j'étais une pièce de bœuf, il cogne comme s'il était devenu fou. J'appelle mes parents en criant aussi fort que je le peux. J'ai peur de mourir. Je tente de lui faire comprendre que je n'ai aucune relation avec des hommes, mais je parviens à peine à prononcer un mot entre deux coups. Je suis incapable de me protéger contre sa fureur incontrôlée.

Omen a fermé à clé la porte de ma chambre avant de se précipiter sur moi. Cela fait peut-être cinq minutes qu'il me roue de coups. Lorsqu'il entend les pas de mon père dans l'escalier, il se met à me frapper encore plus fort et plus vite avec les pieds et les poings. Il crie : « Je vais te tuer ! » et lorsqu'il se rend compte qu'il n'en aura pas le temps il cherche à me faire le plus mal possible.

Une fois de plus, c'est mon père qui me sauve. Il secoue la porte, crie à mon frère d'ouvrir. Omen finit par le laisser entrer. Mon frère donne toujours l'impression d'avoir perdu la raison, il va jusqu'à crier à mon père : «J'ai le droit de la frapper, laisse-moi te montrer ce qu'elle fait, tu verras que j'agis comme il faut. »

Mon père saisit mon frère par le bras et le pousse hors de ma chambre. Il se penche sur moi, vérifie que je respire encore, répétant mon prénom inlassablement. Je suis allongée sur le sol, je me sens vide, je ne ressens même pas la douleur, je ne comprends absolument pas ce qui vient de se passer. Il est sans doute normal de ne pas savoir ce qu'on est censé éprouver quand une personne aussi proche de vous se montre aussi cruelle.

Je suis dans mon lit, j'entends mon père et mon frère discuter dans la chambre voisine. Omen admet avoir dissimulé un micro dans ma chambre. Il veut faire écouter la bande à mon père, il lui dit qu'il comprendra tout. Je suis à bout, j'ai beau entendre chaque mot, je suis incapable d'assimiler quoi que ce soit de ce qui se passe autour de moi ; j'examine confusément ma chambre : Omen m'aurait surveillée ? Qu'est-ce qu'il a bien pu entendre ? Mes pensées se mettent à tournoyer. Je sens la panique monter en moi, mais aussi un calme étrange. Encore abasourdie, je me lève, je me dirige tant bien que mal vers mon bureau, les jambes tremblantes. Dans le tiroir où je range mes affaires de dessin, j'ai une lame de rasoir neuve. Tout se passe de manière instinctive. Tout en moi dit : tu ne peux plus vivre comme ça. À cet instant, il est clair à mes yeux que je préfère mourir que continuer à vivre de cette manière. Je n'en peux plus. Je regarde une fois de plus ma chambre, autour de moi, sans appréhender quoi que ce soit. Je suis totalement hébétée et pourtant je vois très clairement les objets. Je m'assois par terre, le dos à la porte, pour que personne ne puisse entrer. Au moment de passer à l'acte, je suis comme en transe. Ma main droite tient la lame, je l'appuie avec force sur la veine de mon avant-bras gauche et je la laisse courir à la verticale sur la chair. Je ne ressens aucune douleur. Tout se passe comme si je regardais une autre personne découper un corps qui n'est pas le mien. Je vois le sang couler de mon poignet, il y en a beaucoup, et je sens que je m'épuise peu à peu. Je suis presque heureuse, je vis cela comme une rédemption.

Les voix de mon père, de ma mère et de mon frère, dans la pièce d'à côté, me parviennent à peine. C'est plus une rumeur confuse que des phrases intelligibles. Je ne ressens aucune douleur corporelle, uniquement une tristesse sans fin à cause de ce qui m'est arrivé. Le sentiment profond de n'avoir aucune valeur dans cette maison, dans cette société, dans ce monde. Et je sens que je suis justement en train de quitter cette prison. Puis je perds conscience.

Quelques minutes peut-être se sont écoulées avant que mon père n'arrive et n'ouvre la porte. Bien que je sois assise contre elle, il y parvient. Il a dû sentir que quelque chose n'allait pas. Quand il se penche vers moi et me regarde dans les yeux, je vois au fond des siens qu'il me croit déjà morte. J'entends, de très loin, ma mère lui dire : « Nous ne pouvons pas la conduire à l'hôpital. Que se passera-t-il s'ils arrêtent Omen ? Pourquoi est-ce que tu ne le crois pas ? Et si elle avait vraiment couché avec des inconnus, comme il le dit ? S'il a raison, alors ça n'est pas un péché de la laisser mourir. Elle nous a déjà causé tellement d'embêtements. » Mon père répond, et cela je l'entends très distinctement : « Je ne laisserai pas mourir ma fille. Nous allons à l'hôpital. » Je ne vois plus rien, je ne perçois plus que sa voix chaude et familière, comme à travers du coton. Puis je perds de nouveau conscience.

Le soir est tombé quand je reviens à moi. Je suis dans un lit d'hôpital. La première question que je me pose : pourquoi suis-je encore en vie ? Puis je vois le regard courroucé de ma mère et les yeux anxieux de mon père, où je lis qu'il ne s'attendait pas à ce que je me réveille. Ma mère est la première à parler, d'une voix dure et sévère : « Tu ne referas plus jamais une chose pareille. J'espère que tu as enfin compris la leçon. »

155

Mon père m'apporte quelque chose à manger et me caresse la tête. Mes parents parviennent à persuader le médecin de ne pas prévenir la police. Contrairement aux établissements de plus grande taille, cet hôpital-ci n'a pas de surveillance vidéo. Autrement le médecin n'aurait pas eu le choix et Omen aurait été sanctionné pour m'avoir frappée ainsi. Car on ne reste jamais totalement impuni, en Arabie saoudite, quand on essaie de tuer quelqu'un. Il aurait au moins été redevable d'une amende ; on l'aurait peut-être également mis en prison pour quelques mois. Et moi aussi, j'aurais dû aller voir un imam, parce que j'avais voulu mettre fin à mes jours. Il aurait tenté de me remettre sur le droit chemin à l'aide du Coran. Au médecin, mes parents présentent une version édulcorée de ce qui s'est passé, et il les croit. Il ne demande sans doute que ça : lui non plus ne veut pas d'ennuis. Il a probablement souvent vécu ce genre de scène.

Quant à moi, je reste deux jours à l'hôpital.

Pourquoi suis-je encore en vie ? C'est la seule réflexion que je suis capable de me faire au cours de ces journées. J'aimerais être morte. J'ai l'impression d'avoir laissé passer l'unique possibilité d'en finir dignement.

Les premières journées qui suivent mon retour à la maison, je redeviens une petite fille. J'ai peur du noir de la nuit, des cauchemars et des mauvais esprits qui me hantent. Il y a une grande tache de sang sur le tapis de ma chambre, juste devant la porte, que je regarde souvent et longuement pendant les journées où je reste assise sur mon lit.

Je sais que j'ai définitivement perdu mon frère Omen. L'acte qu'il a commis a creusé entre nous un fossé qui ne pourra plus jamais être comblé. Je pense au frère de Nona, qui fouillait parfois le sac à main de sa sœur et la frappait quand il y trouvait du rouge à lèvres. Aux nombreuses histoires d'amies et de parentes que leurs frères ont rouées de coups de poing et de pied. Au fait que je ne parviens pas à admettre que tout le monde trouve ça normal et détourne le regard.

156

La première fois que je rencontre Omen après cette agression, je ne le regarde pas. Ensuite, chaque fois que je le vois, quand je rentre à la maison, je vais aussitôt dans ma chambre : je ne le supporte pas. Quelques jours après mon retour de l'hôpital, je l'entends discuter avec ma mère et dire : « Si Rana quitte la maison, je la tue. » Ma mère répond seulement qu'elle ne me laissera pas sortir seule. Le seul fait d'entendre la voix de mon frère ravive ma peur de mourir. Au cours des années qui suivront, je ne monterai plus jamais seule en voiture avec lui. Nous ne nous adresserons plus la parole, nous nous ignorerons mutuellement dans toute la mesure du possible.

Après tout cela, j'ai aussi beaucoup de mal à supporter ma mère. Si elle ne m'a pas soutenue, c'est que son fils a plus d'importance que moi à ses yeux. J'en avais probablement conscience avant le tabassage, elle n'en avait jamais fait mystère, cependant en avoir eu aussi clairement la preuve est presque insupportable. Sa vue m'inspire une infinie tristesse, je me sens libre, mais, en même temps, je ne parviens pas à ne plus me poser cette question : pourquoi suis-je encore en vie ? Il est difficile de ne pas la croiser dans notre petite maison. Chacune des discussions que j'ai avec elle rouvre plus profondément la plaie et me précipite dans un gouffre d'amertume.

Les premiers jours qui suivent mon retour à la maison, mes parents me permettent de dormir dans leur lit. Eux s'installent dans le séjour. Passer la nuit dans ma chambre m'est intolérable. Chaque fois que je m'y retrouve dans le noir, je suis prise de panique et je suffoque. Mon frère est censé avoir enlevé ses micros, mais je ne parviens pas à y croire : pourquoi ne les aurait-il pas simplement laissés dans ma chambre ? Je sens que mon frère m'aura quand il le voudra. Même si je ne commets pas la moindre faute, il trouvera un prétexte, une accusation quelconque à me mettre sur le dos.

Dans mon esprit, je m'insurge encore plus violemment contre ce Dieu dont on dit qu'IL nous protège. Les premiers jours, je ne cesse de Lui poser la même question, comme si j'actionnais un moulin à prières : « Allah, pourquoi ne m'as-Tu pas aidée dans mon heure la plus sombre ? » À cette époque, j'ai de profonds doutes sur Son existence, mais je n'ai pas encore totalement abandonné ma foi. Qu'Allah ne m'assiste pas, qu'IL ne soit pas capable d'apporter des réponses à mes questions, renforce en revanche ce courant qui m'éloigne de la foi. Pendant ces journées où j'aurais tant eu besoin de Dieu, IL restera muet.

7

LE CHEMIN DE LA MECQUE

Après ma sortie de l'hôpital, ma mère me fait très clairement comprendre que je ne dois même pas penser à reprendre mon travail et que je resterai à la maison. Le premier mois est le pire. Elle me confisque mon ordinateur portable et mon smartphone. Je suis coupée du monde extérieur. Pas de musique, aucune distraction sur Twitter ou Facebook, personne à qui je puisse parler de ma douleur. J'ai l'impression d'être enfermée dans la cellule d'une prison. Ma mère m'abreuve à longueur de journée de citations du Coran, comme s'il s'agissait de m'exorciser. La journée commence avec les sourates et s'achève avec elles. C'est la seule chose que j'entende du matin jusqu'au soir, hormis les reproches maternels. Dans ma tête, je tente d'alléger la sourde tristesse qui m'entoure avec les mélodies de mes chansons pop préférées. En vain.

Les jours et les nuits se mêlent, il devient impossible de les distinguer. Je passe le plus clair de mon temps dans mon lit, roulée sur moi-même comme un nourrisson, et je pleure.

J'ai tant de deuils à porter. Je pleure la première fois où j'ai compris que, en tant que fille, je n'avais aucune valeur : ça s'est passé le jour où mon grand-père m'a pris mon vélo et n'a trouvé que la colère pour répondre à ma tristesse. Je pleure mon amie Nona, avec laquelle je n'ai plus aucun contact, l'épouse de mon oncle, à laquelle j'ai dû faire croire qu'être son amie ne m'intéressait plus. Je pleure ce qui s'est brisé lorsque j'ai subi les attouchements de mon oncle Radhi, alors que j'étais couchée à côté de sa femme.

Je pleure aussi parce que je sens que je suis arrivée à un point de non-retour. Tout se passe comme si, après avoir vécu des années dans une caverne obscure, un rayon de lumière avait pénétré mon monde, un éclair qui, à la fois, me donne de l'espoir et m'angoisse. Je suis déjà allée trop loin sur le chemin de la vérité pour faire demi-tour et retourner volontairement dans la pénombre. Mais je commence aussi à comprendre quelles incroyables difficultés je vais devoir surmonter pour quitter définitivement ma grotte. Il va me falloir mobiliser une force immense en moi-même. Je sais que si je choisis la vérité je vais être obligée de tout abandonner. Ma famille, mes amies, la ville où je suis née. Les rues que je voyais défiler chaque jour quand je les empruntais en voiture. Les gratte-ciel de Riyad. Les magasins climatisés et la chaleur qui me frappe comme un coup de poing au moment où je rejoins la voiture de mon père. Mon père lui-même. Tout ce que je connais. Et sans avoir aucune idée de ce qu'est la vie dans la lumière. Sans garantie ni certitude d'avoir une belle existence. Je dois me fier au seul espoir que les choses sont, quelque part, mieux qu'ici.

Je tombe dans un gouffre profond. Pendant un mois, je ne quitte mon lit que pour aller aux toilettes. Je ne mange presque plus, je me douche rarement. Mon aspect physique m'est parfaitement indifférent. La simple idée de me maquiller ou de me laver les cheveux suffit à m'épuiser. Au cours de ces semaines, je perds dix kilos. Aujourd'hui je me souviens à peine de cette époque, je ne me rappelle aucune de mes réflexions, plus rien. Elle constitue un trou profond dans ma mémoire, et je continue à me demander comment j'ai bien pu tenir aussi longtemps.

Mes chefs de service à l'hôpital appellent à la maison et demandent quand je vais reprendre le travail. Mes parents leur répondent que je me suis mariée et que je ne reviendrai jamais.

Privée de mon téléphone et de mon ordinateur portables, je n'ai aucune possibilité de mettre les choses au clair et de leur présenter mes excuses pour avoir disparu du jour au lendemain. Lorsque ma mère me demande de lui remettre ma tenue de travail, une blouse et des chaussures blanches, pour qu'elle puisse les renvoyer, je fonds en larmes. Je dois restituer ce que j'ai conquis par mes propres moyens, j'ai l'impression que tout ce que je possédais a été effacé d'un seul coup. Le travail a été un accomplissement, j'ai gagné ma vie, ce fut une belle période, un îlot de liberté et d'autodétermination dans l'océan gris du quotidien. Me voici détenue à l'isolement.

Je n'arrête pas de pleurer. Parfois je mords mes oreillers parce que je sanglote si fort que cela m'est insupportable. Il est difficile de dire quelles heures de ma vie ont été les plus terribles. Mais ce mois d'assignation à résidence après ma tentative de suicide est certainement la période la plus solitaire de mon existence. À la douleur causée par la violence de mon frère succède une douleur psychique qui remet en question tout ce qui est bon dans ce monde. Je sens grandir en moi la conviction qu'aucun Dieu ne peut me sauver, qu'il n'existe aucune grâce accordée par une puissance supérieure qui soit capable de nous amender et de nous corriger. Je comprends désormais, par toutes les fibres de mon corps, que je suis la seule à pouvoir me sauver. Qu'il sera infiniment difficile et même peut-être impossible de le faire ! Je ne suis pas certaine d'en avoir le courage ni la force. Comment quelqu'un qui se noie remonte-t-il à la surface quand ses poumons sont déjà pleins d'eau ? À quel moment atteint-il le point où il comprend qu'il n'a plus d'autre choix que d'abandonner ?

Mais quel est l'autre terme de l'alternative ? me demandé-je. Passer ma vie dans les tourments d'un mensonge auquel je ne pourrai jamais échapper. Passer ma vie à me reprocher constamment d'avoir été trop lâche pour m'emparer de la vérité. Je ne sais pas comment je pourrais le supporter. Comment je pourrais encore me regarder dans un miroir en sachant que je me suis reniée et que j'ai trahi tout ce en quoi je croyais ? Me nier moi-même jour après jour me paraît trop douloureux. Car, en feignant devant ma mère d'avoir sérieusement le projet de me consacrer de nouveau et pour de bon à la foi, j'ai un petit avant-goût de ce que doit représenter le fait de vivre avec ce mensonge. Je me sens comme une étrangère dans ma propre peau. La femme que je vois dans le miroir me déplaît, elle est tellement éloignée de moi. Je ne suis que l'enveloppe de moi-même ; intérieurement aussi, je suis ce que les Saoudiennes doivent être lorsqu'elles sont contraintes de se dissimuler derrière un voile : une ombre, une personne définie par son contour et qui, semblable à mille autres, n'a d'autre horizon que celui de jouer le rôle qui lui est assigné. Ce rôle, je suis forcée de le tenir, même si je l'estime injuste.

Il n'y a pas d'alternative. Je ne peux plus vivre ainsi, j'en suis de plus en plus consciente. Et pourtant il est possible que je paie de ma vie cette marche vers la liberté, cela aussi je le sais. Je n'ai que deux possibilités : faire une nouvelle tentative de suicide pour en finir avec la souffrance de cette vie derrière les barreaux, dans cette prison de tissu, ou tout miser sur une seule carte : l'évasion. Fuir ma famille et la *charia*, au risque que mon frère, cette fois-ci, me tue pour de bon. Je sais à présent de quoi il est capable. Mais, en réalité, je le savais déjà, car les assassinats de femmes dont on dit qu'elles ont sali l'honneur de leur famille ne cessent de se multiplier en Arabie saoudite. Ils restent souvent impunis. Alors pourquoi mon frère ne se sentirait pas le droit de me tuer ?

Il semble que ma soif de savoir a transformé en ennemis jurés deux personnes dont j'ai toujours cru qu'elles me vouaient un amour inconditionnel : mon frère et ma mère. Comme il n'y a personne avec qui je puisse partager ces réflexions, je me sens persécutée quand je suis au paroxysme de ma faiblesse, je suis comme folle et livrée à moi-même.

Bien que je passe mes journées allongée dans mon lit et que je somnole beaucoup, je me sens toujours faible et fatiguée. La seule personne que je puisse encore supporter, c'est mon père. Il entre dans ma chambre avec des assiettes pleines de victuailles et il arrive, certains soirs, à me persuader de manger. « Loulou, au moins un petit peu, personne ne peut survivre sans se nourrir, fais ça pour moi », m'implore-t-il. Et comme c'est lui qui m'a sauvée, je n'ai pas le cœur de le lui refuser. Assis au bord de mon lit, il me regarde mâcher houmous et pain, lentement, sans appétit.

Un soir où nous sommes assis comme cela, l'un à côté de l'autre, je prends le temps de regarder son visage. Ses yeux sont las et tristes. Et si cela me fait mal de voir sa tristesse, constater que ma douleur ne passe pas inaperçue touche quelque chose en moi. Au moins ne glisse-t-elle pas sur mon père sans laisser de traces. Car ce qui me rend cette situation insupportable, c'est de savoir que, ce qui m'est arrivé, à moi et à beaucoup d'autres, ne préoccupe personne. Sauf mon père. Je lui dis, subitement : « Papa, je veux mourir devant toi. » Cette phrase lui brise le cœur. Il reste assis, silencieux, en regardant les draps du lit. « Rana, tu ne sais pas ce que tu dis », finit-il par répondre, et il me caresse la joue.

Je sens que lui aussi a du mal à pardonner à mon frère. Que quelque chose s'est brisé en lui quand il a vu de quoi son fils était capable ! Quant à ma mère, elle a toujours pris mon frère, son préféré, sous sa protection. Elle le fait encore cette fois-ci, pour qu'il ne culpabilise pas. Cela le conforte dans son attitude. Mais mon père voit bien plus clairement ses mauvais côtés. Il s'est toujours appliqué à remettre en ordre le chaos et résoudre les problèmes que mon frère laissait derrière lui partout où il allait. En Syrie, pendant ses études, il n'a provoqué que des catastrophes. Ma mère n'a jamais rien vu de tout cela. Pour elle, c'est le fils exemplaire marié à une femme pieuse et tout aussi exemplaire, l'ingénieure agronome qui aménage des jardins et lui a donné deux petits-enfants.

Bien qu'ils n'aient plus aucun motif de persister dans leur erreur, ma mère et mon frère sont toujours persuadés que j'ai un ami. Au bout d'un mois d'assignation à domicile sans portable ni ordinateur, ma mère m'autorise tout de même à chercher un nouvel emploi. À une condition : je dois travailler dans une entreprise n'embauchant que des femmes. « Si tu trouves quelque chose, ton père ou ton frère y feront un tour avant que nous ne donnions notre accord », dit-elle.

Un élément génère beaucoup plus d'inquiétude chez moi que les soupçons de ma famille à propos d'un éventuel ami masculin : c'est le fait qu'on commence à douter de ma foi. Car, contrairement aux liaisons amoureuses qu'ils me prêtent, ils sont dans le vrai sur ce point-là. Mon frère ne s'est pas contenté de mettre ma chambre sur écoute. Trois mois après ma tentative de suicide, il me demande, un soir, s'il peut m'emprunter mon ordinateur portable. Quand il entre dans ma chambre, il a l'air désespéré. Je ne lui ai plus adressé la parole depuis l'agression. « Rana, je t'en prie, j'en ai vraiment un besoin urgent, j'ai un examen important demain. » Je le lui prête à contrecœur. Même si nous ne sommes plus proches l'un de l'autre, même si je l'exècre, même si j'ai peur de lui – ou peut-être précisément pour cette raison –, je tente d'éviter le moindre conflit.

Mais mon frère n'utilise pas mon ordinateur pour ses études. Il est obsédé par l'idée que je vais continuer à jeter l'opprobre sur la famille et il est prêt à tout pour le prouver. Il pirate mon ordinateur. Et il va présenter à ma mère le résultat de ses recherches, fier comme un matou qui a capturé une souris. Il trouve effectivement deux ou trois choses dont il peut se vanter. Il raconte à ma mère que je doute de Dieu. Il lit mes tweets sur l'athéisme et constate que j'ai partagé un lien permettant de télécharger *Pour en finir avec Dieu* de Richard Dawkins. J'ai la chance qu'il ne soit pas allé jusqu'au bout de sa démarche ; il n'a déniché qu'un seul de mes comptes Twitter, qui date du début et contient des choses assez anodines parce que, à l'époque, je n'écrivais que des messages mesurés. Ne plus croire, en Arabie saoudite, est quelque chose de tellement monstrueux que même mon frère ne pense pas que j'en sois capable. Il dit : « Tu ne fais ça que pour avoir beaucoup de gens qui te suivent, espèce d'idiote ! »

Par la suite je fais preuve de davantage de prudence encore, je dissimule toutes les preuves de mon intérêt pour l'athéisme. Du coup, ma mère fouille ma chambre avec une plus grande minutie. Lorsque je retrouve du travail, au début de l'été, j'emporte chaque jour mes objets personnels et mon ordinateur afin de réduire au minimum le risque qu'ils trouvent des raisons de me faire des reproches.

Elle est tout de même inquiète et décide que seul un pèlerinage à La Mecque pourra me remettre sur le droit chemin. « Rana doit prier devant la Kaaba pour se rapprocher de Dieu. La Mecque est l'unique solution », dit-elle un soir à mon père, pendant le dîner. Elle non plus ne veut pas se laisser effleurer par l'idée que je me suis détournée de Dieu, que je ne LE laisserai plus jamais entrer dans mon cœur, que je ne pourrai plus jamais le faire après tout ce qui s'est passé. Cela, bien entendu, elle ne peut pas l'imaginer.

Pour moi non plus, il n'est pas simple de comprendre exactement ce à quoi je crois. Je me rappelle souvent que les gens qui ont lu mes premiers tweets m'ont conseillé de faire preuve de patience envers moi-même. Car il n'est pas vrai que l'on puisse se libérer en quelques instants de ce que l'on a appris et ressenti toute sa vie. Même des femmes qui auraient l'argent et les moyens techniques de quitter le pays et de vivre en liberté, même ces femmes-là ne le font pas. Car la prison dans laquelle nous vivons n'est pas seulement faite de frontières, de principes de la *charia*, de niqabs et d'abayas, d'horaires de prière et de règles qui visent à contrôler jusqu'aux recoins les plus intimes de tout individu. La répression la plus puissante est celle qui naît dans notre propre tête. Chaque femme est persuadée de courir à tout instant le risque d'attirer sur sa famille le péché, l'infamie et la honte. C'est avec cette idée que nous sommes éduquées :

165

nous avons intériorisé la peur que nous inspirions à nous-mêmes. Peu importe ce qui se passe, peu importent les efforts que nous faisons pour nous libérer de cette forme de pensée – nous ne pouvons jamais totalement nous défaire des entraves mentales que l'on tisse à chaque cours sur le Coran, à chaque discussion, à chaque seconde passée dans cette société. Et moi aussi, j'ai du mal à le faire.

Ainsi se mêle, à la tristesse que m'inspire ma terrible expérience, un profond sentiment de culpabilité. Une incertitude me taraude constamment : est-il vraiment possible que le chemin que je crois avoir reconnu soit le bon ? À cette époque, Twitter est pour moi un important soutien. J'échange désormais régulièrement avec la personne qui se cache sous le pseudonyme d'Arab Atheist et dont personne ne connaît l'identité. Je suppose que celle-ci doit rester secrète parce qu'il vit dans un pays dans lequel il serait mortel de professer ouvertement son athéisme. Ce qui est le cas dans celui où je vis.

Je passe ses tweets en revue deux fois par jour. Un jour, nous plaisantons ensemble en DM, la fonction de conversation privée de Twitter. Je demande : « Si nous allons en enfer pour ce que nous faisons, qui aura le droit d'être assis à côté d'Angelina Jolie et qui à côté de Richard Dawkins ? » Il me renvoie un smiley rieur. Si banal que cela puisse paraître, le fait qu'il existe quelqu'un avec qui je puisse parler avec légèreté d'un sujet aussi monstrueux est un immense soulagement. Le sentiment de ne pas être toute seule avec mon secret et dans ma situation, d'être comprise, est extrêmement précieux après un mois sans contact avec le monde extérieur. Certes, je suis toujours en prison, mais plus à l'isolement. C'est un pas dans la bonne direction, même si je ne peux pas encore en mesurer la portée à ce moment-là. Car, sur ce chemin qui mène vers la liberté, peu de choses ont autant d'importance qu'un réseau. Même un combat solitaire ne se gagne jamais seul, et jamais uniquement pour soi, mais toujours avec et pour d'autres.

Je continue à étudier les différents réseaux d'athées. Je découvre ainsi, sur Facebook, le compte Atheist Republic. C'est un réseau mondial de non-croyants, dont d'ex-musulmans qui vivent à présent dans des sociétés libres et veulent en aider d'autres à trouver un chemin pour sortir de l'oppression religieuse. J'ai quant à moi un compte Facebook secret, ouvert sous un faux nom pour compliquer la tâche de mon frère et de ma mère.

Mais je dois rester constamment sur mes gardes. Eux ne relâchent jamais leur attention. Ma mère reste persuadée que seul le *hadj*, le grand pèlerinage islamique, peut me sauver en me ramenant à la foi. Et c'est ainsi que, en octobre 2014, nous partons pour La Mecque.

Tout me révulse dans ce voyage et faire bonne mine au cours de ce pèlerinage me demande de gros efforts. Mais c'est la seule chose que je puisse faire pour dissiper aussi efficacement que possible les soupçons de ma mère. Je suis assise sur la banquette arrière de notre voiture, le Coran posé sur mes cuisses. Je fais semblant de le lire. En réalité, j'ai caché des écouteurs sous mon niqab et je fais défiler le nouvel album d'Elissa, une chanteuse pop libanaise qui s'habille comme les stars des pays occidentaux. La femme de mon frère a dit un jour à son propos : « C'est bien gentil, sa musique, mais elle ira en enfer parce que tout ce qu'elle fait est *haram*. »

À cette époque, tout ce qui a un rapport avec l'islam me fait horreur, et je sais que, à La Mecque, la foi va m'envelopper, m'absorber, je sais qu'il n'y a pas d'issue. Cette idée me donne des frissons. Trois millions de musulmans vont marcher autour de la Kaaba, et je vais devoir faire comme si j'étais l'une des leurs.

J'ai tenté jusqu'à la dernière minute d'échapper à ce voyage, mais c'était sans espoir. Je comptais loger chez des amis pendant que mes parents feraient le pèlerinage. Mais ma mère s'y est fermement opposée. Et je me suis finalement retrouvée dans la voiture, à réfléchir à la différence qu'il y avait entre ce voyage-ci et mon premier déplacement à La Mecque.

À dix-huit ans, j'étais folle de joie lorsque mes parents m'avaient annoncé que nous allions faire le *hadj*. Cette première fois, nous avions voyagé avec une famille amie qui avait une fille de mon âge, Rachida. Le pèlerinage avait été une grande affaire dont je m'étais réjouie pendant des semaines. Le *hadj* est le cinquième pilier de l'islam, le grand pèlerinage que tout musulman, où qu'il vive dans le monde, doit avoir accompli au moins une fois dans sa vie lorsque sa santé et ses moyens le lui permettent. C'est ce qui est écrit dans le Coran. Qui a effectué le *hadj* ne sort plus du droit chemin jusqu'à sa mort. On dit que, ensuite, on reste à tout jamais un bon musulman ou une bonne musulmane. Pour beaucoup de croyants, le rôle du *hadj* est tellement essentiel qu'ils acceptent d'affronter les plus grandes difficultés pour faire le voyage à La Mecque. Certains vendent tout ce qu'ils possèdent afin de se le payer, d'autres risquent leur vie parce qu'ils sont trop âgés ou fragiles pour affronter un tel événement de masse. Ils travaillent dix-huit heures par jour pendant des années afin d'économiser, sou après sou, l'argent du voyage en Arabie saoudite. C'est justement sur les musulmans des pays pauvres que le *hadj* exerce une force d'attraction qui dépasse les limites du concevable.

Entre deux et trois millions de musulmans affluent chaque année à La Mecque. Le grand pèlerinage ne peut avoir lieu qu'entre le huitième et le douzième jour du mois saint de *Dhul Hijja*. Au cours de ces cinq jours, La Mecque est pleine à craquer. Avant même les portes de la ville, la circulation s'étale sur plusieurs kilomètres dans toutes les directions. Les croyants affluent de partout dans la ville sainte. Le royaume d'Arabie saoudite dépense beaucoup d'argent pour l'organisation du pèlerinage. À la limite de la ville, les voyageurs empruntent des bus qui les conduisent au centre après avoir laissé leurs voitures au parking : toute autre solution bloquerait totalement la circulation.

À l'époque aussi, les bus nous conduisaient sur le parvis du Masjid al-Harâm, la Mosquée sacrée, le bâtiment le plus saint et le plus important du monde islamique. La vaste esplanade intérieure, était pleine de gens serrés les uns contre les autres et produisaient un bruit invraisemblable. La mosquée, qui date du XVIe siècle, avait à l'origine une surface de plus de trois cent cinquante mille mètres carrés. Mais, avec la croissance de la population et l'islamisation de nombreux pays, la mosquée Al-Harâm est devenue trop petite, on l'a donc agrandie pour pouvoir accueillir encore plus de pèlerins – plus d'un million d'entre eux doivent pouvoir y circuler en même temps.

Au milieu du Masjid al-Harâm se trouve la Kaaba, ce bâtiment cubique qui représente la maison de Dieu est le plus grand sanctuaire au sein de l'édifice le plus sacré de l'Islam. De l'extérieur, on voit le drap noir et abondamment orné que nous appelons la *kiswa.* On y trouve, cousues avec des fils d'or et d'argent, des sourates du Coran et des ornementations – ce drap est changé tous les ans en raison de l'extrême humidité qui règne à La Mecque. Cent hommes y travaillent toute l'année et utilisent deux cents kilos de fil d'or et d'argent pur. Tout cela coûte une fortune, l'équivalent de quatre millions d'euros par an. Une somme considérable, avec laquelle on pourrait faire beaucoup de bien et secourir beaucoup de monde, ce qui est tout de même l'esprit du Coran – c'est en tout cas ce que je me dis parfois.

Ce jour-là, nous étions arrivés le matin à La Mecque, sur le parvis de la mosquée Al-Harâm.

Pour pouvoir faire le *hadj,* il faut d'abord se mettre dans un état de consécration auquel on donne le nom d'*ihram.* Après la grande ablution rituelle, les hommes s'habillent d'un vêtement fait de deux draps de coton. Le premier, noué autour de la taille, descend jusqu'au genou ; l'autre recouvre l'épaule gauche et on le noue sur le côté droit du buste. Ils ne sont pas autorisés à porter des chaussures fermées. Pour les femmes, les règles sont moins rigoureuses. Elles doivent seulement s'abstenir de mettre des gants. C'est la seule occasion où elles peuvent se montrer sans voile devant des hommes inconnus – mieux : où elles sont forcées de le faire.

Comme n'importe quelle musulmane ou n'importe quel musulman, j'avais déjà vu la mosquée mille fois sur des photos ; mais, dans la réalité, avec cette marée humaine qui s'étendait à perte de vue, ce bâtiment m'avait tellement impressionnée que j'en avais été abasourdie et que les larmes m'étaient presque venues aux yeux.

Plus tard nous avions partagé le thé, mangé des fruits. Nous avions parlé du pèlerinage et de ce à quoi nous pouvions nous attendre. Mes frères, Rachida et moi-même buvions chaque parole de mon père. Nous, les jeunes, nous n'avions encore jamais fait le *hadj*, et nous brûlions de curiosité.

Puis les pèlerins avaient repris le bus pour Mina. Le véhicule où nous nous trouvions sentait la sueur, les hommes qui faisaient le pèlerinage étaient pratiquement nus, l'air était très chaud et pesant. Le rituel avait quelque chose d'archaïque. Nous étions arrivés en début de soirée. Des campements spéciaux avaient été construits dans le désert, une ville faite de tentes très confortables. Chaque pèlerin recevait un sac où il trouvait une brosse à dents, du dentifrice, du gel douche et d'autres produits cosmétiques. L'un des animateurs de cette ville en tissu nous avait conduits à notre tente. Nous avions dormi séparés, les femmes d'un côté, les hommes de l'autre. Avant que nous ne nous endormions tous, nous avions discuté de la beauté de La Mecque – nous aimions ça, nous les enfants, épier les voix des adultes et les bruissements étrangers de cette cité éphémère, avant de nous endormir, fatigués, épuisés par le voyage et toute cette excitation.

Le lendemain nous nous étions réveillés de bonne heure, nous avions fait notre prière et étions montés de nouveau dans un bus. L'étape suivante du pèlerinage était le mont Arafat, à vingt-cinq kilomètres de La Mecque. Là encore, l'immense foule empêchait de distinguer toute l'étendue du site. Les pèlerins en tenue blanche étaient si nombreux à se presser dans la plaine qu'on aurait presque dit que le sable était recouvert de neige. C'était une image impressionnante, et j'avais serré fort la main de mon père au moment où je l'avais eue sous les yeux. Là encore, on avait prévu des tentes pour les pèlerins, entre autres pour les protéger du soleil. C'était un spectacle terrible : des gens vêtus de coton, sous une fournaise telle que certains étaient étendus sur le sol, écrasés par un soleil impitoyable. Entre les êtres humains, le sol était jonché de déchets. Nous avions passé toute la journée à prier et à demander pardon à Allah. Cette étape est le rituel central du *hadj*, l'ensemble du pèlerinage perd sa validité si l'on manque la journée dans la plaine du mont Arafat. On l'appelle *wuqūf*, « se tenir devant Dieu ». Un prédicateur prononce la *khutba*, un prêche du vendredi en mémoire du prêche d'adieu du prophète Mohammed, qui le prononça ici peu avant sa mort.

Il faisait ce jour-là une chaleur incroyable. Des auxiliaires distribuaient eau, jus de fruits et même crème glacée. Au bout de deux jours passés au milieu d'une foule de deux millions de personnes, on se sent différent – on devient un élément de cette masse, on n'est plus un individu, mais une partie de quelque chose de plus grand. C'est un curieux sentiment, sans doute étranger à la plupart des non-musulmans. Mais les rites partagés, les prières, la chaleur écrasante et l'état d'exception dans lequel se trouve notre corps coincé dans cette foule et bombardé d'impressions vous placent dans un état de conscience encore inconnu. Le *hadj* enseigne l'humilité et le respect de Dieu, entre autres parce que la dimension extraordinaire de la manifestation vous force à vous placer, avec une confiance aveugle, sous la garde d'une puissance supérieure. Chaque année des gens meurent aussi lors du pèlerinage, chacun le sait – ils sont piétinés à mort ou font un infarctus en raison de la chaleur. Comme beaucoup de personnes provenant des pays pauvres n'ont qu'un piètre suivi médical, on trouve aussi parmi les pèlerins des gens trop faibles pour accomplir une telle prouesse, mais qui veulent essayer tout de même au nom de leur foi.

Quand le soleil avait décliné, nous avions repris notre route dans la vallée sacrée de Mouzdalifah. Lorsqu'on part pour faire le *hadj*, il faut avant toute chose disposer d'une patience infinie. Il n'y avait que trois kilomètres à parcourir avant d'y parvenir, mais la foule était d'une telle densité que le voyage en bus allait durer huit heures. Nous avions roulé presque toute la nuit. Les faisceaux lumineux tombant de hauts réverbères étaient la seule clarté capable de découper l'obscurité. Il y avait du bruit dans le bus, tout le monde chantait des versets du Coran. On avait l'impression d'être dans une ruche, dans un bourdonnement permanent. Impossible de trouver le repos ici.

Il faisait encore nuit lorsque nous étions arrivés à Mouzdalifah. Partout des gens dormaient, arrivés avant nous à cette étape du voyage. Mon père, ma mère, mes frères, ma sœur et moi, ainsi que Rachida et ses parents, nous avions marché d'un pas solennel à travers ce labyrinthe de gens assoupis ou éveillés, de tentes et de tapis de prière. Il était de nouveau l'heure de prier. Nous avions posé nos tapis au bord de l'autoroute. C'était une atmosphère étrange, recueillie. On pouvait vraiment prier partout, où que l'on soit. Le silence n'était plus entrecoupé que par le bruit des moteurs qui s'arrêtaient et le murmure discret des autres pèlerins qui priaient.

Ensuite, nous avions ramassé de petits cailloux. Il en faut sept à chaque pèlerin pour le rituel suivant – il se déroule lui aussi à Mina –, la lapidation symbolique du diable. On jette les cailloux contre le pont Djamarat. Comme Ibrahim qui, selon la tradition islamique, a résisté ici à la tentation du diable. C'est un goulet, la foule est régulièrement emportée, devant ce pont, par des mouvements de panique qui provoquent la mort de centaines de personnes. C'est la raison pour laquelle mon père a insisté pour faire cette partie du *hadj* tout seul, en notre nom à tous, et pour jeter les cailloux à la place de ses enfants. J'aurais aimé, malgré tout, assister à ce spectacle, mais les masses humaines m'ont empêchée de voir ce qui se passait. J'avais pu cependant avoir un aperçu du rituel, grâce à l'un des écrans géants installés sur place.

Puis mon père avait acheté un animal de sacrifice que l'on avait abattu pour lui. C'est aux hommes de faire cela. Ils nous rapportent la viande et les femmes en font un pot-au-feu. Ma mère, qui avait apporté une marmite, nous avait préparé le repas. Mais les pèlerins offrent la majeure partie des plats à des nécessiteux.

C'est alors qu'est arrivé le grand moment : les sept cercles que l'on décrit autour de la Kaaba.

Ensuite nous nous étions symboliquement fait couper une mèche de cheveux pour quitter notre état de consécration, nous avions remis nos vêtements normaux et nous, les femmes, nous étions de nouveau voilées. C'était la conclusion du pèlerinage.

À la fin du *hadj* je me sentais très proche de Dieu, j'étais incroyablement fière de moi et de ma famille. Je me sentais adulte et confortée dans mon sentiment d'être une bonne musulmane.

À présent, dix ans plus tard, le souvenir de mon *hadj* me semble remonter à une vie antérieure. Nous nous retrouvons tous assis dans la vieille Ford qui nous a déjà si souvent amenés en Syrie pendant les vacances d'été. Il s'est passé tant de choses depuis, tant d'autres se sont perdues. Il m'arrive de ne plus avoir de foi dans le bien. Dans l'idée que l'innocence peut me protéger. Que je suis la seule responsable du mal ou du bien qui sont susceptibles de m'arriver ! Qu'être pieux peut être un bouclier contre le mal ! Tout cela, j'y ai cru un jour. Il m'est de plus en plus difficile de m'y raccrocher.

Pendant ce voyage, je me dis aussi que mon père est un être hors du commun et d'une profonde bonté. Il n'a pas la dureté de certains pères de famille arabes, et alors que beaucoup pourraient y voir une faiblesse, c'est justement la raison pour laquelle je l'aime. Ma vie sans lui ne serait pas la même.

Nous roulons à présent très vite, sans jamais perdre de vue notre objectif. Nous ne nous arrêtons que pour faire le plein, prier et manger. Mon unique raison de me réjouir est que l'on trouve à proximité de notre hôtel ma chaîne de fast-food préférée, Al Baik. Quand nous arrivons, en début de soirée, nous prenons un bref moment de repos et nous prions. Je partage une chambre avec ma mère, mon père et Omen occupent l'autre. Il est pénible de devoir cohabiter avec ma mère dans un espace aussi étroit. Je me retranche dans la salle de bains en prétextant avoir besoin de me doucher avant d'aller manger.

Dans la salle de bains, j'ôte mon niqab et mon abaya, puis mon jean et mon tee-shirt. Je me retrouve en sous-vêtements devant le miroir, et je regarde fixement mon reflet. Puis j'observe mon abaya, cette ombre noire massive accrochée à la porte, derrière moi. Comment a-t-on pu en arriver là ? me demandé-je. Mais la personne qui me fait face n'a pas de réponse. Sous la douche, je pleure, le crépitement de l'eau recouvre mes sanglots. Je croyais avoir acquis une certaine routine dans l'art de dissimuler mes sentiments, cette fois-ci les choses sont différentes, comme si ce que je nie était plus puissant et plus important que moi.

Ma mère recommence à me houspiller dès l'instant où je sors, rhabillée, de la salle de bains. J'attrape mon sac à main et je la suis. Dans la voiture nous sommes tous très silencieux, fatigués par le voyage, affamés. Nous nous arrêtons devant le restaurant, non loin de la Kaaba. Al Baik, c'est le Kentucky Fried Chicken saoudien, en quelque sorte. Bien qu'il n'y ait longtemps eu de restaurants Al Baik que dans l'ouest du pays, bien qu'on ait inauguré d'autres restaurants de cette chaîne qu'au cours des toutes dernières années, chaque Saoudien connaît ce poulet fou qui sert de mascotte au restaurant. On y sert des cuisses de poulet et des nuggets, des frites, du poisson et des crevettes jumbo panées. J'ai parfois le sentiment que se nourrir en Arabie saoudite est une sorte de loisir pratiqué par tous et par chacun – parce qu'il n'y a pratiquement rien d'autre que l'on puisse faire en public. Les cinémas et les concerts sont *haram*, ne parlons même pas de l'alcool et des bars – quant à la danse, elle est interdite en dehors des fêtes privées. L'unique distraction qui ne soit pas *haram* est donc de faire bonne chère, de se réjouir de l'ouverture de nouveaux restaurants et de se retrouver autour d'un repas.

La salle d'Al Baik est une vraie ruche : de nombreux pèlerins profitent de l'occasion pour manger d'immenses quantités de nourriture après cette longue prière. Je prends quant à moi mon menu habituel : sept *chicken nuggets* avec des frites et un Pepsi. Mon père et mon frère commandent pour nous et nous apportent le repas à la *family area*. Cela me fait du bien de m'empiffrer de cette nourriture grasse. Après la crise de larmes sous la douche et le copieux repas, je nage dans une fatigue molle et agréable. C'est la première fois, depuis que nous avons quitté Riyad, que mon esprit trouve un moment de calme.

Le lendemain matin, nous commençons le *hadj*. Sur le chemin de la Kaaba, je lutte contre les larmes, je rêve qu'il m'arrive quelque chose d'effroyable qui m'évite de visiter ce lieu qui me cause tant de souffrances. Bien entendu, le rituel n'a pas changé, tout au plus l'organisation est-elle devenue un peu plus moderne et les mesures de sécurité plus efficaces.

Je vis ces longues journées de martyre dans une sorte d'état second. J'ai tellement refoulé cette torture que je ne me rappelle pratiquement rien aujourd'hui, hormis un seul moment. Car, pendant mon deuxième *hadj*, il m'est bel et bien arrivé quelque chose d'important, quelque chose qui a transformé toute la suite de ma visite. C'était au cours du dernier rituel du *hadj*. En pèlerinage, on fait sept fois le tour de la Kaaba dans le sens inverse des aiguilles d'une montre, puis on prie. Pour moi, à cette époque, il ne peut y avoir de pire endroit où me trouver. Je suis submergée par un sentiment de profonde solitude, alors même que je suis entourée par des millions de personnes. Mais, contrairement à elles, je ne suis pas croyante. Je ne suis pas des leurs, je suis une mécréante, une pécheresse, la lie de la terre. Je ne peux pas me montrer telle que je suis : ma vie serait en danger. Je dois renier tout ce en quoi je crois. C'est comme si chaque individu, dans cette foule de croyants qui me font à présent l'effet d'étrangers, me voulait du mal. J'ai le sentiment d'être désespérément inférieure et je commence à croire que je ne pourrai jamais me défaire ni de la foi ni de toute cette foule humaine.

Lorsque nous avons fait sept fois le tour de la Kaaba, je préviens mes parents que je vais aux WC. Nous nous fixons un point de rendez-vous. Une fois aux toilettes, mon esprit est comme traversé par un éclair. Je décide de jouer mon va-tout et d'oser un geste d'un courage, qui frôle à vrai dire la folie. Sur un morceau de papier, j'écris les mots *Atheist Republic.* Je fais cela à La Mecque, dans le lieu le plus sacré de ma religion, au cœur de la foi. Je retiens mon souffle, je m'offre un dernier instant de réflexion ; maintenant tout doit aller très vite. La Kaaba et tout ce qui l'entoure font l'objet d'une vidéosurveillance systématique ; mais, en allant aux toilettes, j'ai remarqué un endroit dans lequel on est en train de faire des travaux et où il ne se passe pas grand-chose. Vérification faite, je n'y vois effectivement aucune caméra. Je sors en vitesse le morceau de papier de sous mon abaya. Je cherche hâtivement mon smartphone, tiens le petit papier de telle sorte qu'on reconnaisse la Kaaba derrière lui et qu'on voie la masse des pèlerins. Je tremble de tout mon corps en prenant la photo. Je déchire le morceau de papier en confettis minuscules. Ce ne sont que deux mots écrits avec un stylo à bille, mais si quelqu'un, ici, pouvait les lire, je serais perdue. J'envoie aussitôt la photo en privé sur le compte Facebook d'Atheist Republic et j'écris : « Ne la publie que dans quelques jours, s'il te plaît, quand je ne serai plus ici. » Je me déconnecte aussitôt de mon compte et j'efface la photo de mon portable, les mains toujours tremblantes, mais prise d'une profonde euphorie. J'arrive à peine à respirer. Pendant quelques minutes, je suis persuadée que quelqu'un va venir me tuer. Mais, une fois de plus, il ne se passe rien.

Pourquoi ai-je fait cela ? Prendre une photo pareille dans le Saint des Saints, au risque d'être découverte ? Je ne le sais pas. Ça n'était pas prémédité. Le courage de protester de cette manière m'est venu comme cela, tout simplement, il a enflé en moi et s'est dissipé quelques minutes plus tard, mon geste accompli. Dans cette petite fenêtre temporelle au cours de laquelle je l'ai porté en moi, ce courage a été ma manière de crier au monde que je ne suis pas une musulmane. Je me suis libérée. J'ai émis un signal à l'attention d'autres ex-musulmans : vous n'êtes pas seuls. Quand on est athée dans un pays arabe, on se sent toujours isolé, toujours en danger – on *est* en danger. C'est la raison pour laquelle il est tellement important de savoir que d'autres musulmans ont renoncé à croire en Dieu eux aussi – chacun d'entre nous a besoin de gens à qui se confier. C'est peut-être la raison pour laquelle j'ai pris cette photo. Lorsqu'elle est mise en ligne, quelques jours plus tard, la réaction me coupe le souffle. La photo reçoit plus d'un million de *likes*. Les réactions vont de l'admiration à l'incrédulité et à l'effroi. Je le comprends pour la première fois : quand vous criez, on vous entend.

8

MON PÉRILLEUX CHEMIN VERS LA LIBERTÉ

Sans amour, il n'est pas de mouvement dans le monde. Sans amour, nous sommes perdus. Il est la force grâce à laquelle nous dépassons nos propres limites, celles que nous portons en nous-mêmes. Il est même capable d'annihiler les frontières, celles que l'on dresse avec des pierres, du barbelé et des lois. Mon histoire n'aurait pas été la même, elle non plus, sans l'amour de gens qui éprouvaient de l'empathie pour moi. Je n'aurais jamais réussi à m'enfuir. On peut appeler ça le destin. Ou le hasard. Mais, au commencement et à la fin de mon voyage, on trouve un amour qui me soutient. Il est au commencement d'un autre, ultérieur, il est en mutation permanente et ne perd pourtant jamais sa force.

Quelques mois avant mon évasion, je commence à travailler pour un site Web qui traduit et vulgarise à l'intention d'un public arabe les recherches de l'autorité américaine des vols spatiaux, la NASA. J'ai déjà travaillé auparavant pour un site qui avait eu l'attention attirée sur ma personne grâce à mon compte Twitter. Désormais, je traduis de brefs textes, je dessine des graphiques avec Photoshop et j'échange avec d'autres personnes qui s'inté-ressent elles aussi à des sujets comme la science et la recherche spatiale. Je fais tout cela en secret, bien entendu : ma mère ne me le permettrait jamais.

Du point de vue scientifique, l'Arabie saoudite se considère volontiers comme le pays le plus avancé du Proche-Orient. On

179

y organise chaque année un festival de la science auquel sont invités des chercheurs du monde entier et où différents instituts présentent leurs toutes dernières innovations techniques : le Saudi Festival for Science and Innovation.

On se demande comment il est possible qu'un pays dans lequel on pratique la *charia*, où la police religieuse patrouille dans les rues et où la théorie de l'évolution n'est pas enseignée, soit aussi ouvert à l'égard des sciences et des chercheurs provenant de pays d'obédience occidentale. Je crois que le gouvernement saoudien est tout à fait conscient du fait que le pays ne peut pas se fermer au progrès s'il veut rester compétitif. Quelle que soit l'étroitesse d'esprit dont on fait preuve à l'intérieur de ce pays, on constate tout de même une certaine clairvoyance économique chez les gens qui savent que l'on ne pourra pas s'appuyer éternellement sur une richesse remontant au boom de l'industrie pétrolière.

Il y a longtemps que je rêve de pouvoir assister moi aussi à ce festival. Cette année, le physicien Michio Kaku, pour lequel j'ai une grande admiration, y donne une conférence. Pendant des semaines, je réfléchis au moyen d'aller y assister. Je sais que ma mère ne me le permettra jamais et que je n'y parviendrai que par la ruse.

Ma collègue Wasan, qui m'apprécie beaucoup, vient à mon secours. Elle a eu vent des problèmes auxquels je suis confrontée chez moi. Elle sait que j'ai arrêté de prier et elle l'accepte. Elle ne me pose pas de questions, mais je crois qu'elle devine ce qui se passe dans mon esprit. Le plus souvent, quand elle est assise en face de moi, quelques minutes suffisent pour qu'une vétille quelconque nous fasse partir d'un rire hystérique. Wasan et moi commandons parfois des barquettes de fast food dans notre bureau, et nous aimons manger ensemble ces choses malsaines. Grâce à elle et à mes autres collègues, je me sens admirablement bien dans mon nouveau travail. J'ai trouvé un poste de secrétaire dans une école d'enseignement spécialisé qui n'emploie que des femmes, ce qui explique que ma mère n'y ait pas mis son veto. Je ne peux qu'infirmer le préjugé selon lequel les chicaneries et les intrigues dominent dans tout collectif féminin. Nous nous aidons les unes les autres et nous résolvons les problèmes ensemble. La majorité de mon travail se déroule à l'ordinateur, et je me débrouille si bien que l'on m'a fait miroiter une promotion.

Wasan sait quel bien cela me ferait de pouvoir assister à une conférence au festival de la science. Cela fait des semaines que je ne parle de rien d'autre. Nous préparons un plan pour la journée de la conférence de Kaku : elle me propose de la retrouver à neuf heures au travail, comme d'habitude, puis de repartir avec son chauffeur au centre des Congrès. Elle racontera à notre supérieure que je ne me sens pas bien et que j'arriverai un peu plus tard au travail. Le plan est parfait !

Quand je monte dans la voiture, je suis excitée comme une petite fille.

Je dois avouer que cela ne tient pas seulement à la conférence, même si je me réjouis vraiment beaucoup de l'entendre. L'un des bénévoles qui travaillent pour le site m'écrit depuis quelques semaines de gentils messages et m'aide quand je suis coincée avec Photoshop. Je sais qu'il sera présent lui aussi, et je suis impatiente de savoir quel effet cela produira sur moi de le rencontrer pour de bon.

Nous sommes en février et le temps est presque aussi doux qu'au printemps. Je sens sur ma peau une légère brise qui passe par la vitre de la voiture et s'égare sous mon niqab.

Amir, tel est le prénom de ce collègue que je me réjouis tant de rencontrer. Je ne sais pas grand-chose à son sujet, si ce n'est qu'il n'a que dix-neuf ans, vient lui aussi de Syrie, mais vit désormais à Riyad. Je suis heureuse de le voir comme on l'est de rencontrer une vieille relation. J'ai vingt-neuf ans et il me semble si jeune que l'idée que je pourrais le considérer autrement que comme un petit frère ne me vient même pas à l'esprit.

181

Le chauffeur de Wasan me dépose à l'entrée principale, nous échangeons nos numéros de portable. « Je reste à proximité », dit-il avant que je prenne hâtivement congé de lui. Ma patience s'est définitivement envolée, je veux entendre cette conférence. Je montre mon invitation à l'entrée. Des hôtesses m'indiquent le chemin de l'auditorium. Quand j'y arrive enfin, la conférence est sur le point de commencer.

Même pour ce genre de manifestation, les hommes et les femmes s'assoient chacun de leur côté. Je ne pourrai donc voir Amir qu'après la conférence. Kaku parle de l'avenir de la physique de la conscience, et je l'écoute avec fascination. Il y est question de télékinésie, de télépathie, d'intelligence artificielle. De ce qui ne tardera pas à devenir réalité grâce aux possibilités des technologies modernes : enregistrer ses rêves comme on le faisait jadis sur le lecteur vidéo pour les émissions de télévision, transmettre des réflexions par faisceau d'un soldat à un autre, mettre des cerveaux en relation *via* Internet tout comme nous pouvons aujourd'hui connecter des ordinateurs les uns aux autres. Un beau Nouveau Monde qui ne me paraît pas menaçant, mais, au contraire, plein de possibilités insoupçonnées, un monde dans lequel la technologie rend possibles des choses dont les hommes rêvent déjà depuis longtemps. Lorsque Kaku achève sa conférence, au bout de deux heures, et laisse la parole à son auditoire, je suis tellement absorbée et concentrée que j'ai l'impression de sortir d'une transe.

Je reconnais Amir avant même d'avoir atteint l'endroit où nous nous sommes donné rendez-vous. Je souris et je dis : « Bonjour, cher collègue. » Il sourit tout timidement, craintif. Il a l'air tellement jeune ! « La conférence t'a plu ? » Nous avons posé la question tous les deux en même temps et nous ne pouvons retenir notre rire. Amir me raconte ce qui l'a particulièrement enthousiasmé, et les points qu'il évoque sont justement ceux qui m'ont le plus impressionnée. Je ne suis pas particulièrement détendue : je sais que le chauffeur m'attend déjà à l'extérieur et que je devrais être au travail depuis deux heures. Nous demandons à un autre auditeur de prendre une photo souvenir de nous deux, il ne nous reste plus beaucoup de temps. « C'était très bien de faire ta connaissance », dit Amir. « On s'écrit », dis-je en repartant.

Arrivée au travail, je dois dissimuler ma bonne humeur pour que personne ne remarque que je n'étais pas souffrante et que j'ai tout simplement séché mon boulot. Je remercie Wasan avec exubérance jusqu'à ce qu'elle ne fasse plus qu'agiter les mains et rouler des yeux en riant.

Le soir même, je reprends le tchat avec Amir. Il est originaire de Deir ez-Zor, une ville située à l'est de la Syrie, où l'Armée syrienne libre et les troupes d'Assad s'affrontent depuis des années – à cette date, la ville est occupée par Daech.

Amir a quitté sa patrie pour rejoindre Riyad avec ses parents. Il se sent étranger en Arabie saoudite ; sa maison, ses amis, la vie qu'il menait jadis lui manquent. Nous nous écrivons de plus en plus souvent. Il se confie à moi, évoque un sentiment d'inertie et de pesanteur qui s'empare peu à peu de lui et contre lequel il ne parvient pas à lutter. Un jour, il me raconte qu'il n'a pas quitté son domicile depuis des semaines. Je m'inquiète pour lui : je vois bien de quelles capacités il dispose, il est extraordinairement intelligent et perfectionniste dans tout ce qu'il fait. Quand il dessine des graphiques pour le site Web de la NASA ou quand il monte des vidéos, il travaille à longueur de journée et jusque tard dans la nuit, et n'envoie pas ses fichiers avant d'être réellement convaincu de leur qualité. Moi je suis plus impatiente, moins pointilleuse, mais j'admire ses manières silencieuses et précises, sa modestie et la discipline avec laquelle il s'astreint à respecter les délais. Je tente de lui donner du cœur à l'ouvrage. Je constate qu'il n'a pas aussi souvent traversé la douleur que moi, que son cœur n'a pas encore compris que la clarté revient toujours, même après les jours les plus sombres, parce que la nature des êtres humains est de ne pas rester éternellement tristes – du moins pour la plupart d'entre eux. Je sais qu'il suffit parfois de presque rien pour que le bonheur revienne après un mauvais moment. Quand le monde est vraiment sombre, une phrase, un sourire inattendu, un oiseau qu'on regarde par la fenêtre peuvent, à eux seuls, vous remonter le moral, et vous faire, pour un moment, oublier la douleur, cette douleur où le cœur se rétracte, se recroqueville avant de recommencer à grandir. Se contenter de ce qui existe peut beaucoup vous aider dans les périodes difficiles. C'est ce que j'ai appris, et c'est ce que j'aimerais bien lui transmettre.

Je traverse moi aussi, à cette époque, une phase difficile, une période d'effervescence, de révolte et de doute envers moi-même et envers le monde dans lequel je vis.

Au cours des semaines et des mois qui suivent mon second pèlerinage à La Mecque, je me demande tous les soirs comment je peux échapper à mon ancienne vie et trouver un chemin vers la nouvelle. Je pleure beaucoup. Je me sens coupable. Quand on est une femme en Islam, on est éduquée de telle sorte qu'on se sent responsable du bien-être de sa famille et qu'on le place systématiquement au-dessus de son propre bonheur. L'honneur, la vertu et la piété sont les éléments centraux qui permettent de préserver le prestige de toute sa lignée. Mais si cette vision des choses s'inscrit dans une idéologie religieuse à laquelle je ne crois pas, il m'est difficile de ne pas me sentir sale et de ne pas avoir honte pour la souffrance que je suis sur le point d'infliger à ma famille. Les femmes doivent toujours tout faire pour préserver le respect qu'on doit à sa famille − quand elles ne se conforment pas à cette règle, on les rejette. C'est un puissant moyen de pression, un lien qui en dissuade de nombreuses de se détourner de l'islam, même quand elles ont de profonds doutes. Il existe par exemple des femmes que leurs maris battent depuis des années et qui pourraient trouver un chemin leur permettant d'échapper à leurs bourreaux, mais ne l'empruntent pas par peur du mépris social. Si la foi, tel que l'enseignent ses rigoureux défenseurs, est si puissante, c'est qu'elle tire sa force des valeurs

184

de notre société. Si l'on se refuse à elle, on se détourne de la société et l'on se retrouve seul. Seule une toute petite minorité parvient à échapper à cette règle. En Islam, les femmes sont ou des saintes, ou des coupables. Quand on a le choix entre ces deux possibilités, on opte presque toujours pour la première catégorie. Même si l'on sait, au fond de soi-même, que se détourner de la foi n'implique pas obligatoirement que l'on ne soit plus qu'un objet sans valeur. L'islam nous inculque, à nous les femmes, que nous ne devons jamais mettre Dieu en colère. Cela vaut certes aussi pour les hommes, mais on nous impose également un autre fardeau : l'obligation de ne pas fâcher sa famille et ses parents. C'est la raison pour laquelle il est beaucoup plus difficile d'être une bonne musulmane qu'un bon musulman. Nos épaules supportent une charge deux fois plus lourde que celle des hommes.

Lorsque je comprends vraiment, pour la première fois, que je songe sérieusement à m'enfuir, je suis aussitôt submergée par la tristesse. Tout en moi se rétracte et je ressens un effroyable vide dans mon cœur. Je pense surtout à mon père et à tout ce que mon évasion impliquerait pour lui. Je pourrais difficilement lui causer une pire honte. Je me demande comment je pourrais faire pour quitter l'Arabie saoudite sans blesser mon père ou le dresser à tout jamais contre moi. Le chemin le plus simple serait de nouer un mariage fictif avec un homme qui vivrait en Arabie saoudite, m'emmènerait en vacances et me permettrait ainsi de fuir. Mais je ne parviens pas à trouver quelqu'un qui puisse me rendre ce service, et je n'ai pas d'argent à offrir en contrepartie. Il faut prendre trop de précautions, on a tôt fait de se trahir et de se retrouver de nouveau tributaire de la grâce des autres — c'est un risque qu'il m'est impossible de prendre.

Par le biais de membres du réseau d'ex-musulmans avec lesquels je suis en contact sur Twitter, je trouve une Néerlandaise disposée à m'aider à obtenir un visa pour les Pays-Bas ; mais cet espoir-là se dissipe vite, lui aussi. Je m'absente discrètement de mon bureau pendant mes heures de travail, mais tous ces efforts, toutes ces frayeurs à l'idée de me faire prendre sur le fait par ma famille n'aboutiront à rien.

Plus j'y réfléchis, plus je passe d'options en revue, plus il devient manifeste que m'enfuir serait certes un pas de géant mais aussi le seul moyen d'apaiser ma douleur. Je découvre quelle force il faut déployer pour interdire à quiconque de restreindre notre liberté. Je devrai mobiliser toutes mes forces mentales pour empêcher cette foi que je ne porte plus en moi de me voler ma liberté ! Je ne supporte plus ce contrôle de la pensée, ce réseau dense de règles et d'évaluations explicites, mais aussi, parfois, non exprimées, ce corset qui interdit à toute femme de suivre son propre chemin sans buter constamment sur les pierres qu'on dépose devant ses pieds – et je ne supporte plus la tyrannie de ces contrôles dont je ne pourrai jamais m'affranchir entièrement tant que je vivrai ici.

L'idée d'une fuite se dessine de plus en plus clairement dans mon esprit. Mon grand atout est de disposer d'un passeport non pas saoudien, mais syrien et, en tant que Syrienne, ce n'est pas à mon père, mais à mon employeur que je dois demander l'autorisation nécessaire pour obtenir un visa.

Plus je réfléchis à mon évasion et aux problèmes parfois presque insurmontables qu'elle soulève, plus je suis prise de panique. Car mon passeport expire à la fin de l'année et la guerre en Syrie m'empêche d'en obtenir un autre. Si je veux vraiment passer à l'action, si je veux vraiment m'évader, je dois le faire rapidement, avant cette date fatidique. Tant que la guerre fera rage dans la patrie de mes parents, je n'aurai pas de seconde chance.

Amir a quitté Riyad il y a quelques semaines. Il fait désormais des études de médecine en Ukraine. Je suis fier de lui, fier de le savoir suffisamment malin et courageux pour être seul dans un pays étranger et avoir relevé un tel défi. Nous nous écrivons presque chaque jour. Son état dépressif semble s'améliorer depuis qu'il s'est fixé une nouvelle mission en se lançant dans ses études.

Je sens peu à peu mûrir en moi la décision de m'enfuir. Toute autre issue se révèle problématique pour une raison ou pour une autre. Depuis que j'ai compris que la durée de validité de mon passeport sera bientôt dépassée et qu'il constitue ma seule chance d'entamer une nouvelle existence, je suis comme en état d'ivresse. L'idée d'une évasion s'est si vite concrétisée qu'il m'arrive d'avoir le sentiment que mon cerveau a été pris de court et qu'il est bien incapable de trouver le moyen d'appliquer ma décision pour l'instant. Depuis quelque temps, je ne me pose plus la question de savoir si je dois prendre le risque de m'enfuir : je me demande uniquement comment je vais m'y prendre.

Je prévois de réserver un billet pour Istanbul, puis d'expliquer à mon employeur qu'ayant l'intention d'y faire un voyage avec ma famille j'ai besoin qu'il me signe une autorisation de sortie. Le problème, c'est l'argent. Je ne sais pas comment je vais trouver la somme nécessaire. Un billet d'avion à destination d'Istanbul coûte trois mille rials, je n'en ai économisé qu'une petite partie, cela ne fait pas si longtemps que j'ai recommencé à travailler. Du fond de mon désespoir, je finis par m'adresser à Amir. Je lui confie les doutes que je ressens à l'égard de Dieu, mon projet de fuite, tout ce que je n'ai jusqu'ici jamais avoué à personne. Je prends un gros risque : s'il ne me comprend pas, cela pourrait devenir très dangereux. Mais je ne parviens pas à imaginer qu'un être aussi clément et intelligent qu'Amir puisse jamais me mettre en danger. Notre relation est fondée sur une confiance absolue, c'est une amitié profonde, qui a pour socle la connaissance intime de ce dont l'autre est capable.

À peine lui ai-je envoyé mon message que ces mots apparaissent sur mon écran : « Bien entendu. Ça coûte combien ? Quand veux-tu prendre l'avion ? Je te rejoins. »

C'est à ce moment précis que je le comprends : pour lui, notre relation est plus que de l'amitié.

Amir est ma planche de salut. Je ne l'apprendrai que plus tard : il s'est littéralement ôté le pain de la bouche pour m'offrir ce billet : ses parents lui envoient de l'argent chaque mois pour ses études. En mai, il ne s'en sert ni pour acheter à manger, ni pour acheter des manuels, mais réserve en mon nom un billet, numéroté 1870416355841, sur le vol Riyad-Istanbul *via* Abou Dhabi le 19 mai 2015. Si tout se passe comme prévu, j'embarquerai ce jour-là à 9 h 25 dans un avion à destination du grand aéroport de l'émirat ; j'y serai en un peu moins de trois heures plus tard et à 14 h 31 je serai une femme libre à Istanbul.

Au cours des semaines qui précèdent ma fuite, je suis une autre personne. Je n'ai plus rien à voir avec la Rana que connaît ma famille, la petite fille qu'ont élevée mes parents. Je ne crois plus en Dieu, je ne fais plus que jouer le rôle de la brave musulmane. Je ne prie plus que lorsque je ne peux pas l'éviter. Le matin, avant de quitter la maison, je me regarde dans le miroir et je passe mon niqab. Pendant que je dispose le tissu noir sur ma bouche et sur mon nez, je me demande qui est la personne que je vois dans la glace. Je vis entre deux identités : celle que j'ai abandonnée, mais sous laquelle je vis encore pour n'éveiller aucun soupçon. Et celle à laquelle j'aspire, mais que je ne peux pas encore arborer. Quand je me rends au travail, le matin, avec mon père, je regarde par la fenêtre de la voiture. Devant les centres commerciaux et les bâtiments des entreprises, je vois les silhouettes noires des autres femmes qui font leurs courses ou commencent leur journée de travail. Ce sont des femmes au foyer, des secrétaires, mais aussi des avocates ou des chefs de service ; la plupart sont accompagnées par un homme. Je me demande ce qu'elles peuvent bien penser quand elles quittent leur domicile avec cette pièce de tissu noir sur le visage et dans une tenue qui les met en nage. Comment se sentent ces femmes ? Que pense une directrice qui prend d'importantes décisions pour son entreprise quand son chauffeur vient la chercher, le soir, parce qu'elle n'a pas le droit de conduire ?* Se réjouit-elle parce qu'elle est de toute façon trop épuisée pour

---

* Depuis le 24 juin 2018, date d'entrée en vigueur du décret royal qui permet d'accorder le permis de conduire aux femmes, les Saoudiennes sont désormais autorisées à conduire en Arabie saoudite.

affronter les embouteillages dus à la sortie des bureaux ? Est-il plus facile de vivre à Riyad quand on est une femme riche occupant des fonctions bien rémunérées ? Parce qu'une famille plus libérale l'autorise à avoir son propre chauffeur ? Et qu'en est-il des femmes qui courent les boutiques au petit matin pour pouvoir préparer le repas de leur famille ? Qui passent toute la journée dans leur cuisine, à faire le ménage et à prier ? Est-ce plus facile pour elles que pour moi, parce qu'elles ne songent pas un instant qu'il existe une autre manière de vivre ?

Tous les matins, quand je sors de la voiture et entre dans l'école spécialisée, je me demande quel effet ça me fera le jour où je dirai au revoir à mon père pour la dernière fois. Lorsque je passe par la porte à tambour et que je sens, à travers le tissu noir, que la température baisse de vingt degrés au moment où j'entre dans le hall d'entrée climatisé, je pense à mon père. Je sais à quel point il va me manquer. Je suis incapable d'imaginer de ne plus l'avoir chaque jour auprès de moi. De ne plus pouvoir lui parler. D'être encore mille fois plus éloignée de lui que je l'étais en Syrie.

Au bureau, comme tous les matins, je plie mon voile et mon abaya, et je salue mes collègues. Nous prenons un café, Wasan et moi. L'idée que je ne passerai pas l'année scolaire avec elle et que je n'aurai pas de promotion me rend mélancolique.

Les semaines qui précèdent ma fuite passent vite et pourtant certains moments semblent durer une éternité. Lorsque Wasan me raconte une nouvelle histoire drôle sur mon oncle un peu idiot et que je ris à m'en étrangler. Quand je suis assise en compagnie de mes parents et que je tente de compter mentalement sur mes doigts combien de repas nous partagerons encore ? Lorsque ma mère prépare l'*al kabsa*, un vendredi, je sais que c'est sans doute la dernière fois que je vais manger mon plat préféré comme elle seule sait le cuisiner. Je tente de ne pas pleurer et je garde les yeux rivés sur mon assiette. Je regarde autour de moi dans le séjour et je tente de tout emmagasiner dans ma mémoire : les meubles, la couleur du tapis sur lequel nous mangeons, les assiettes aux motifs colorés que nous possédions déjà quand j'étais petite fille. J'observe ma mère à la dérobée, je la vois manger au-dessus de son plat, l'air tellement sérieux. Elle a des rides autour des yeux et je me rends compte que ça fait longtemps que je ne l'ai plus regardée. Elle m'avait tellement blessée et dédaignée que je me refusais à le faire. Voir à quel point elle est devenue vieille me submerge de tristesse. Je me rappelle mon enfance, quand elle était pour moi la plus belle femme du monde, quand ses yeux brillaient parce que j'étais gentille et que je faisais ce qu'elle voulait. Il faut remonter loin dans le passé. L'odeur de l'*al kabsa* m'y aide beaucoup, et me remémore une époque où j'étais encore heureuse. Je dévisage mon père, qui mange de très bon appétit et tout aussi vite que moi. Je dois rapidement détourner le regard, les larmes me montent aussitôt aux yeux à l'idée que je ne le reverrai plus. Plus jamais. Comment pourrai-je supporter cela ? Plus tard, dans ma chambre, je contemple les nombreux livres et les dessins de mes nièces et neveux, et je me demande si je retrouverai jamais, un jour, une chambre bien à moi. Une chambre dans laquelle aucune abaya ne sera suspendue au crochet. Qu'est-ce que cela me fera de ne plus jamais devoir revêtir un voile ? Me réjouirai-je vraiment chaque jour du vent qui soufflera dans mes cheveux ? Ou aurai-je l'impression d'être nue, livrée aux regards des hommes ? Que se passera-t-il si j'ai le mal du pays, si je n'ai pas d'argent, si je veux revenir ? Tous les soirs, dans mon lit, je réfléchis à tout cela, il m'arrive de pleurer, et le contour des habits noirs accrochés à ma porte se dessine toujours devant moi comme un avertissement.

Deux jours avant ma fuite, un ami d'Amir passe à l'école déposer le billet d'avion. Il se fait passer pour un coursier venu déposer un colis. Il est allé jusqu'à emballer le billet dans un grand carton pour que l'idée ne vienne à personne qu'il puisse s'agir d'autre chose que d'un cadeau, une commande, rien de suspect.

Lorsqu'il arrive, je ne le vois que de dos dans l'encadrement de la porte. Il repart trop vite pour que j'aie le temps d'apercevoir son visage. J'attends que Wasan fasse une pause, puis je sors à la hâte le billet de son emballage et je le glisse dans un dossier que je range au fond de mon armoire.

La date du 19 mai a été choisie par hasard. Elle prendra pourtant après coup une aussi grande signification à mes yeux que, pour d'autres personnes, celle de leur mariage ou de l'anniversaire de leurs enfants : c'est le début d'une nouvelle vie. Mais c'est aussi un saut dans l'inconnu. Désormais toute ma vie sera différente. Mon unique certitude est que, au moment où j'exécuterai ce saut, j'aurai définitivement renoncé à mon ancienne vie.

Est-ce que je suis vraiment consciente, à ce moment-là, de tout ce que je vais abandonner ? Je me suis souvent posé la question par la suite. Je crois que, ce jour-là, j'étais incapable de comprendre ce que signifiait le fait d'embarquer dans l'avion. La peur de me faire prendre était trop grande, j'étais trop concentrée sur la nécessité de trouver ma porte d'embarquement dans cet aéroport où je n'avais encore jamais mis les pieds. Parfois, pour accomplir un grand acte, on doit se concentrer sur les petites choses. C'est la seule manière d'y parvenir : il ne faut pas se rendre compte du courage dont on est en train de faire preuve.

Ce mardi-là, tout est encore comme d'habitude. Mon réveil sonne à sept heures. Mais je suis éveillée depuis longtemps : je le suis restée toute la nuit et je suis soulagée de voir enfin le jour se lever. Je passe dans ma petite salle de bains. La radio diffuse « Diamonds in the Sky » de Rihanna. Je me brosse les dents, j'essaie de me concentrer sur le bruit de l'eau dans la douche que j'ai déjà mise en marche pour qu'elle soit chaude quand je me mettrai dessous. Je tente de ne plus penser qu'à la voix de Rihanna, aux sons du quotidien, à tout ce qui est familier et ordinaire en cette journée si particulière, mais je n'y parviens pas vraiment. Mon cœur bat la chamade et mon pouls file à toute vitesse au moment où je passe sous la douche, les cheveux remontés, les yeux grands ouverts, moi à qui il faut une heure, d'habitude, pour sortir vraiment du sommeil.

Je tente d'inspirer la vapeur, calmement, régulièrement, je répartis soigneusement le savon sur ma peau, je tente de dissiper mon excitation en pratiquant les rituels du quotidien. Je n'y parviens qu'en partie. Quand je m'enveloppe de mon grand drap de bain blanc, j'entends les bruits de vaisselle produits par ma mère qui s'active en bas, dans la cuisine. Tout semble se passer comme à l'ordinaire.

Je mets mon jean le plus confortable, un tee-shirt, des chaussettes, des baskets. J'ai déjà tout sorti la veille de mes armoires. Dans mon sac à main, je glisse mon ordinateur portable, je ne peux pas emporter plus que cela. J'éveillerais les soupçons en y ajoutant des vêtements ou des livres. Il n'a pas été facile de trouver un vol que je puisse rejoindre le matin depuis mon lieu de travail, et qui ne parte pas si tard qu'il me faille attendre des heures à l'aéroport. Que se passerait-il, dans ce cas, si mes parents finissaient par se douter de quelque chose ou si mes collègues s'étonnaient de ne pas me voir à mon poste ? La moindre erreur, et tout mon plan pouvait s'écrouler. J'ai laissé le minimum de prise possible au hasard. Car si quelque chose devait aller de travers... alors, pour peu que j'y survive, ma vie à Riyad deviendrait un enfer. C'est mon unique chance. Amir m'a envoyé un peu d'argent, environ deux cents dollars. Je l'ai glissé dans une enveloppe une semaine plus tôt et caché sous mon matelas. Je le range à présent dans mon sac. Puis j'y fourre une nouvelle sacoche, un peu plus petite. Je l'ai achetée plusieurs semaines auparavant, afin de pouvoir me changer aux toilettes de l'école et repartir sans attirer l'attention du vigile. Je compte jeter mon ancienne abaya et mon vieux sac, et emballer tout ce dont j'ai besoin dans le nouveau. J'espère que ce subterfuge sera efficace.

Lorsque j'entends mon père dans le couloir, je décide de prier encore, une dernière fois, dans ma chambre, mais avec la porte grande ouverte, dans l'espoir qu'il me voie. C'est le dernier cadeau que je lui offre, une ultime preuve que je suis bien la fille qu'il connaît, que tout est normal – même si tout cela se révélera être un mensonge au plus tard dans la soirée. Je suis heureuse de voir son ombre passer discrètement. Oh, papa, me dis-je, et je dois rassembler toute ma volonté pour ne pas fondre immédiatement en larmes.

« Rana, Loulou, il va falloir se décider si nous voulons être à l'heure tous les deux. Tu viens ? » crie-t-il d'en bas, m'arrachant à mes pensées.

Je vérifie une dernière fois mon visage dans le miroir, comme si l'on pouvait deviner mon projet en regardant mes yeux. Pendant un moment, je regarde autour de moi, dans ma chambre, celle dans laquelle j'ai passé presque toute ma vie, et je tente de tout graver précisément dans mon esprit. Puis je descends l'escalier en courant. Je passe mon abaya, ma tarha, mon niqab, et nous quittons la maison.

J'ai vingt-neuf ans. Une femme divorcée à Riyad, avec un diplôme d'anglais, quelques années d'expériences professionnelles et un ordinateur portable dans son sac. Je quitte mon domicile sans bagages ni certitudes, je marche vers l'inconnu. J'ai du mal à me dire que ce jour pourrait être le dernier que je passe sous ce tissu noir, contrainte de respecter les règles rigoureuses de ma religion. Et pourtant, à lui seul, ce vague espoir, cette simple perspective sont suffisants pour que je trouve le courage de tout miser sur une seule carte et pour refouler l'idée que ce pourrait aussi être le dernier jour de ma vie normale – pire : le dernier jour de ma vie tout court.

Mon père gare, comme toujours, sa voiture juste devant notre maison. Nous franchissons ensemble, comme toujours, le seuil de la porte. Je m'installe, comme toujours, à côté de lui. Il est de bonne humeur aujourd'hui, il me sourit, il tourne la clé de contact et sort de sa place en quelques coups de volant habiles. C'est un très bon conducteur, formé à l'école des longues journées de voyage entre la Syrie et La Mecque, mais aussi habitué à affronter le style chaotique et sans ménagement de beaucoup d'automobilistes à Riyad, un trafic dans lequel il se faufile comme une belette au volant de sa Ford, toujours en mouvement, et sans aucune secousse qui ne soit pas nécessaire.

Je revois défiler ces après-midi où mon père se rendait avec moi sur un parking peu fréquenté, loin dans la banlieue de la ville, parce que je voulais absolument savoir, moi aussi, l'effet que ça faisait de piloter une voiture. Je m'entends encore glousser chaque fois que je faisais caler le moteur. Je revois encore mon père me dire, avec une infinie patience : « Relève l'embrayage tout doucement. » J'éprouve à nouveau cette belle sensation au moment où je me suis retrouvée enfin au volant d'une voiture qui roulait, en cahotant, certes, mais tout de même. Je ne connais aucun autre homme qui ait osé apprendre à conduire à sa fille en Arabie saoudite : cela aurait pu lui valoir une peine de prison.

Pendant ces trente minutes de trajet, je prends mentalement congé de lui. De l'homme qui a toujours cru en moi, qui voulait laisser pousser mes ailes dans un pays où la coutume veut qu'on coupe celles des filles. Tout ce que mon père a fait pour moi a servi, sans qu'il le sache et certainement sans qu'il le veuille, à construire le pont qui va me mener quelque part où il me perdra pour toujours.

Et il me rend la tâche tellement difficile. Depuis un moment, je dois déployer toute ma volonté pour ne pas lui sauter au cou et tout lui avouer. Aujourd'hui, justement aujourd'hui, il se montre particulièrement aimable, il s'arrête au Starbucks parce qu'il sait que j'aime bien leur moka. J'ai les larmes aux yeux quand il descend de voiture, que je le vois quitter le parking et ouvrir la porte du café. Je me force à me reprendre, à penser vite à autre chose, car le niqab ne dissimule pas mes

194

larmes, et s'il les voyait il saurait immédiatement que je lui cache quelque chose.

Il me tend le café et un sachet contenant un croissant chaud. « Merci, papa », articulé-je aussi rapidement que possible afin que le tremblement de ma voix ne me trahisse pas. Nous sommes presque arrivés. Nous nous arrêtons. Je dévisage mon père, je tente de ne pas le faire plus longuement que d'habitude tout en essayant malgré tout, au cours de ces quelques secondes, de graver pour toujours dans ma mémoire son visage, sa silhouette, toute son apparence. Mon père. Sa moustache noire en crocs, son visage rond aux joues pleines, ses cheveux noirs et courts qu'il coiffe avec une raie sur la gauche, les petites rides autour de ses yeux, qui révèlent qu'en dépit du sérieux de son expression c'est un homme qui aime rire et qui le fait souvent. Son grand ventre contre lequel je me blottissais volontiers quand j'étais petite, qui n'est pas mou et ballottant comme celui d'une femme, mais a la consistance d'un ballon gonflable.

« Au revoir, papa, passe une belle journée », dis-je.

Ce sont les mots les plus banals que l'on puisse prononcer. Pas de ceux avec lesquels on prend congé pour toujours de la personne qui a le plus compté dans votre vie. Et c'est pourtant aussi la seule chose que je puisse dire à présent sans qu'il commence à s'interroger sur ce que cet au revoir signifie réellement. Je descends de voiture. La portière se referme. Maintenant il faut faire très vite, je ne peux plus réfléchir, je dois aller au bout de ce que j'ai entrepris il y a des semaines de cela.

Comme chaque jour, je traverse le hall d'accueil à grands pas, je passe devant le vigile, je prends l'ascenseur, je monte au premier étage, je passe à mon bureau. Je salue Wasan, je dépose mon abaya, mon foulard et mon niqab, je m'assois. Je démarre l'ordinateur, je tente d'avoir l'air aussi normal que possible. Mais, tandis que je fais tout cela, mon cœur bat à se rompre et je suis incapable de formuler la moindre pensée claire. Je regarde l'horloge. Encore vingt minutes et je vais devoir partir. Il est temps d'appeler un taxi. Je le fais discrètement, personne n'entend quoi que ce soit. Puis je reste les yeux rivés à mon écran, je lis mes mails sans prendre vraiment conscience de ce qui s'y trouve. Je sors de mon armoire le billet d'avion et le glisse dans mon sac à main aussi furtivement que possible. Je regarde en direction de Wasan, elle semble n'avoir rien vu.

Quinze minutes s'écoulent. Le taxi va arriver devant le bâtiment d'un instant à l'autre. « Je reviens tout de suite », dis-je à Wasan. Elle me regarde un bref instant d'un air intrigué, mais elle ne dit rien. Je me dépêche, je me faufile aux toilettes, je crois que Wasan n'a pas remarqué que j'ai emporté ma sacoche ; l'abaya sous laquelle je suis arrivée est encore suspendue à ma chaise. Aux toilettes, je vide le sac et le jette à la poubelle en l'enfonçant le plus bas possible pour que personne ne le voie. Puis je range mes affaires dans le nouveau sac. Cela suffira-t-il vraiment pour que je puisse sortir du bâtiment sans être reconnue ? Quel degré de précision le vigile atteint-il lorsqu'il nous observe, chaque matin ? Il m'arrive de le voir tapoter, complètement absorbé, sur son smartphone. Peut-être aurai-je de la chance, peut-être sera-t-il justement en train de jouer avec son portable quand je retraverserai le hall ? J'attends encore quelques minutes. Puis j'y vais, j'y vais pour de bon. Je marche aussi lentement que possible malgré mon cœur qui bat la chamade ; je traverse le hall, je franchis la porte, je descends dans la rue, je rejoins le taxi, je monte. Je suis tellement tendue que j'ai l'impression que mon cœur va éclater d'un instant à l'autre. Je dis au chauffeur que je voudrais aller à l'aéroport, je tente de contrôler la panique qu'on devine forcément dans ma voix.

Je suis absolument certaine que quelqu'un m'a vue. Qu'une personne, une collègue, un passant ou la police religieuse a remarqué que j'étais montée dans un taxi et m'a prise en filature !

Le chauffeur ne me pose aucune question – cela aussi, j'ai du mal à y croire. Il me conduit sans dire un mot à l'aéroport, longeant des gratte-ciel aux façades de verre argenté, à travers la circulation du matin qui se fluidifie peu à peu. Nous avons beau accomplir le trajet à une vitesse fulgurante, il dure malgré tout une éternité. J'ai perdu toute sensation du temps. Je paie en espèces et je n'attends pas la monnaie. Me voici à l'extérieur. La chaleur m'assomme. Je transpire sous mon niqab, le tissu me colle au front et aux joues. Je suis infiniment soulagée au moment où j'entre dans le bâtiment climatisé de l'aéroport. Je n'aurais jamais cru arriver jusqu'ici.

Je m'arrête un instant dans le hall d'entrée, je tente de reprendre mes esprits. Comme si cette fraîcheur artificielle allait me donner la possibilité de remettre mes idées en ordre. Dans le même temps, je dois me faire une idée de la configuration de ce lieu que je ne connais pas. Je n'ai encore jamais pris l'avion, je sais seulement, pour l'avoir lu dans des forums sur Internet, ce que je dois faire pour aller jusqu'à l'appareil. M'enregistrer, franchir les contrôles de sécurité, trouver la porte d'embarquement. Jamais encore je n'ai été aussi heureuse de pouvoir me dissimuler sous mon niqab. Il y a des caméras de surveillance partout et j'ai peur qu'on ne me reconnaisse sur les enregistrements. Que quelqu'un se rende compte de ma tension et de ma nervosité, et qu'on vienne m'arrêter avant que je ne m'asseye sur mon siège dans l'avion. Le smartphone à la main, je traverse le hall à la recherche du guichet d'enregistrement. Je fonctionne comme un robot, je trouve mon chemin avec la sûreté du somnambule, sans me tromper une seule fois. Mes mains tremblent au moment où je tends mon billet et mon passeport à l'hôtesse d'accueil. Je crois deviner sur son visage une nuance de mépris, lorsqu'elle voit que je suis originaire de Syrie. « Vous avez des bagages à déposer ? » me demande-t-elle, et je réponds en secouant la tête. Il me semble qu'elle me regarde une seconde de plus qu'elle ne le devrait. Amir m'a pris un billet aller et retour, impossible de faire autrement pour une femme qui quitte Riyad seule pour voyager à l'étranger. Le vol retour est réservé pour la fin juin, plus d'un mois après le départ. Rien d'étonnant à ce que la dame, au guichet, s'étonne de me voir voyager avec un sac à main pour tout bagage. Je sens de nouveau la panique monter en moi, je me mets à transpirer. Que se passera-t-il si ce détail me trahit ? Pourquoi n'ai-je pas pensé à cela ? Si elle comprenait ce que je m'apprête à faire, si elle appelait la police ?

Elle ne le fait pas. L'imprimante crache ma carte d'embarquement et l'hôtesse la pose sans rien dire sur le comptoir qui se trouve entre nous. « Embarquement à huit-heures quarante-cinq », ajoute-t-elle simplement. Je cours vers la porte indiquée. Je meurs d'angoisse. Encore près d'une heure à attendre, au cours de laquelle mon frère peut me débusquer ici, me faire sortir de l'aéroport et me ramener de force vers mon ancienne vie ou, pis encore, vers une mort certaine. Cette fois personne ne pourra me sauver.

Le temps s'écoule avec une lenteur digne des pires tortures, rien ne peut me distraire de ma peur. Je regarde alternativement mon téléphone et l'horloge du terminal, j'implore les aiguilles d'avancer plus vite. Autour de moi les gens semblent s'ennuyer, ils paraissent fatigués, et indolents. Un homme en costume rayé pianote, l'air concentré, sur son ordinateur ; une femme enveloppée de noir donne à ses enfants les sandwichs qu'elle a emportés, son mari bâille à côté d'elle. Je suis apparemment la seule à ne pas trouver le calme. Tel un scanner, mes yeux scrutent mon entourage à la recherche d'hommes suspects, de mon frère, de policiers. Je sais que je ne serai véritablement en sécurité qu'une fois descendue de l'avion à Istanbul. Jusque-là, tant de choses peuvent encore aller de travers. Que se passera-t-il si mon frère appelle à l'école et apprend que j'ai disparu ? Je pense aussi à mon père, à sa tristesse immense quand il viendra me chercher ce soir et comprendra que je lui ai menti. Je ne supporte pas l'idée qu'il va s'inquiéter et que je serai la cause de cette inquiétude.

L'appel pour l'embarquement retentit enfin. Je suis sur des charbons ardents pendant que les passagers en classe affaires franchissent le contrôle et disparaissent par la passerelle couverte qui mène à notre avion. Mon tour arrive. Je tente de ne pas regarder l'hôtesse dans les yeux au moment du contrôle des passeports, pour éviter qu'elle ne remarque ma nervosité. Mais, là encore, personne ne semble avoir compris ce que je m'apprête à faire. En m'approchant de l'appareil, toute mon angoisse, toute mon excitation des semaines et des mois passés se condense pour se transformer en panique qui s'empare de la moindre fibre de mon corps et me submerge, me serre comme un étau, impérieuse, jusqu'à m'étouffer. La force de cette sensation m'effraie. Ce sont les derniers instants où il puisse encore m'arriver quelque chose. Que vais-je faire si mon frère me trouve ici, s'il me court après, s'il m'attrape par l'épaule et me tire en arrière au moment où il reste un dernier pas à faire pour être libre ? Je n'ose pas me retourner, je marche en m'efforçant d'avancer lentement. Et me voici dans l'avion.

Les hôtesses qui me saluent, les passagers qui rangent sacs et valises dans les casiers au-dessus des sièges, ces gens agacés qui se pressent dans les allées : tout cela, je ne le perçois qu'en marge, comme si je regardais ce qui se passe devant moi à travers une vitre en verre dépoli.

Le nœud que j'ai dans le ventre se desserre un peu lorsque nous décollons enfin, bien après que nous nous sommes tous installés – beaucoup trop tard à mon goût.

Le grand avion s'élève dans les airs. La première étape est franchie, j'arrive à peine à y croire. Je me sens plus légère de cent kilos, je laisse le décollage me presser dans mon siège et un picotement me parcourir tout le corps. Pour la première fois de ma vie, je vois d'en haut le pays où je vivais, il s'éloigne de plus en plus de moi et commence à disparaître. Les maisons, les piscines, les rues produisent déjà l'effet d'une maquette de ville, minuscule, irréelle, insignifiante. Au bout d'une demi-heure, je me détends un peu, je prends des photos à travers le petit hublot, puis je m'enfonce à nouveau dans mon siège. Une hôtesse me demande ce que j'aimerais boire. Je choisis un Pepsi. Je me sens comme dans un film américain, tout paraît tellement irréel ; la brume que j'avais dans la tête ne s'est pas encore dissipée, mais elle s'effiloche très lentement.

Deux heures plus tard, nous atterrissons à Abou Dhabi : il est midi, le soleil est brûlant, mais à l'intérieur de l'aéroport climatisé nous ne voyons que la lumière aveuglante, nous ne sentons pas la chaleur. Je sors de l'avion avec les autres passagers et je suis un flot de personnes qui, comme moi, prennent la correspondance à destination de la Turquie. Lorsque je tends mon passeport à l'employé de la police des frontières, je suis persuadée qu'il va me demander de me mettre sur le côté de la file. La panique que j'éprouvais quelques heures plus tôt s'empare à nouveau de moi. Peut-être mon frère a-t-il prévenu la police religieuse dont l'influence, je le sais, s'étend jusqu'ici. Mais le policier se contente de jeter un rapide coup d'œil à mon passeport et me fait signe de passer. J'arrive à l'heure dite à la porte d'embarquement et je parviens à détourner le regard de la pendule. Mes yeux s'arrêtent sur les touristes occidentales qui passent devant moi en short, en pantalon de jogging, en robe ou en sweat à capuche comme si c'était la chose la plus normale du monde de ne porter ni abaya ni niqab. Comment se fait-il qu'elles ne semblent pas avoir conscience de leur liberté alors que j'ai, moi, l'impression que rien n'est plus extraordinaire, plus phénoménal. Je m'imagine achetant moi aussi des vêtements comme ceux-là et les portant simplement dans la rue. Je me représente l'effet que ça me fera de sentir le regard des hommes se poser sur moi et me demande si le fait d'être vue, tout d'un coup, me paralysera. Les femmes autour de moi paraissent occupées, concentrées sur beaucoup de choses, mais certainement pas sur ce qu'on pourrait penser d'elles. Bientôt je serai l'une d'entre elles, me dis-je sans parvenir à y croire encore tout à fait. Ce sera vraiment ça, ma nouvelle vie ? La liberté et l'insouciance ?

Cette fois, lorsque j'emprunte la passerelle articulée pour rejoindre l'avion, je me dis que chaque pas que j'accomplis me rapproche d'Istanbul, et je sens le poids tomber peu à peu de mes épaules. Au moment où je monte dans l'appareil, presque toute mon angoisse s'est enfin dissipée.

Et lorsque nous atterrissons à l'aéroport d'Istanbul-Atatürk, quatre heures plus tard, je respire profondément, pour la première fois depuis des jours.

Je suis parvenue à dormir un peu. Le pilote m'a réveillée en annonçant que nous n'allions pas tarder à atterrir.

Je suis encore dans l'avion lorsque je me lève et ôte d'abord l'abaya, puis la tarha et le niqab. Je suis libre. Une dernière fois, je délivre mon corps, mes cheveux, mon visage de ces couches de tissu noir : je peux respirer. Pour la première fois depuis mon enfance, je me trouve dans un espace public et aucun voile ne dissimule mes traits ni mes cheveux. Je m'attends à ce que quelqu'un me regarde fixement. Mais personne ne me dévisage. Les autres passagères enlèvent elles aussi leurs voiles et leurs abayas, de superbes femmes apparaissent, chacune est elle-même, on ne pourrait confondre aucune d'entre elles avec une autre. Elles plient les pièces de tissu noir et les rangent dans leurs sacs à main, des objets de luxe dans la plupart des cas. À la manière dont elles sont habillées, je devine qu'elles sont riches, et leur maîtrise de soi me permet de supposer qu'elles prennent assez souvent l'avion pour partir en vacances, pour des rendez-vous d'affaires, pour aller rendre visite à des amies. Elles connaissent la liberté dont elles jouissent à l'étranger et rentrent pourtant chaque fois dans cette Arabie saoudite où elles n'en ont aucune. Comment est-ce possible ?

Je voudrais descendre le plus vite possible lorsque les portes s'ouvriront enfin. Je me rassois et me mets à plier à la hâte l'abaya sur mes genoux. Je pose nonchalamment mon voile dessus. Alors seulement, je comprends combien ce que je suis en train de faire est important, la portée de mon geste. C'est peut-être la dernière fois que je tiens mon niqab entre mes mains. Je n'en aurai jamais plus besoin. J'observe ce petit morceau de tissu noir. Qu'il est insignifiant lorsqu'on le regarde ainsi ! Un petit bout de tissu... Et pourtant j'ai tant souffert en le portant. Je le replie encore une fois, très soigneusement, avec recueillement, jusqu'à ce qu'il ne soit pas plus grand qu'un livre. Comme quand on rajuste un objet avant de le mettre définitivement de côté. C'est un petit instant, mais il paraît immense au bout du long chemin qui l'a rendu possible.

Au moment où nous sommes enfin autorisés à quitter l'appareil, je viens tout juste de ranger le ballot noir dans mon sac.

Je franchis la passerelle en courant, puis je monte un escalier. La nervosité s'empare à nouveau de moi lorsque je prends ma place dans la file du contrôle des passeports. Mais, là encore, le policier des frontières ne m'accorde pas une grande attention. Je marche à grands pas entre les barrières et me retrouve dans le vaste hall central de l'aéroport. Ai-je vraiment réussi ? Comme dans l'avion, je m'attends à voir des regards se fixer sur moi ; une fois de plus je passe inaperçue, il n'y a personne pour s'indigner que moi, une femme, j'ose me montrer non voilée. Ma démarche est encore passablement incertaine. Pour moi, c'est une situation totalement inédite. Nous sommes déjà au début de la soirée. Je sens lentement la fatigue s'emparer de moi, et toute ma nervosité ne suffit plus à la combattre. J'ai du mal à trouver la sortie, tous ces panneaux me plongent dans la confusion. Tout est clair, les grandes fenêtres reflètent la lumière des plafonniers qui projettent leurs faisceaux sur le carrelage du sol. Autour de moi des hommes d'affaires et des familles en tenue de vacances tirent leurs valises derrière eux et marchent droit vers leur but. Je balaie les panonceaux du regard pour y trouver le mot « taxi » et je tente de faire comme si j'étais, ici, semblable à toutes les autres femmes. Je sens l'odeur du café, je pense au moka que mon père m'a offert. Cela remonte seulement à ce matin, mais j'ai le sentiment que des semaines se sont écoulées depuis. Je chasse rapidement le souvenir de mon père. Je vois enfin la porte en verre derrière laquelle les taxis attendent les passagers. Je sors.

Devant le bâtiment de l'aéroport, je me répète, comme si je ne pouvais vraiment le croire qu'en le prononçant à voix haute : « Je suis partie. J'ai réussi ! J'y suis arrivée ! » Je m'immobilise et je regarde la foule qui se presse autour de moi. Des gens marchent d'un pas résolu vers les voitures garées sur le parking, montent dans des taxis, cherchent des arrêts de bus ou regardent l'écran de leurs portables.

Trois hommes d'un certain âge se tiennent à côté de la sortie et fument leurs cigarettes en y prenant autant de plaisir que s'ils avaient dû y renoncer pendant des années. Une petite fille court derrière sa mère en tenant fermement un ours en peluche qui se balance au bout de sa main. Des voitures s'arrêtent et repartent. On ferme des coffres, des taxis klaxonnent. Les femmes qui sortent du hall portent des jeans, des minijupes, des robes. Elles sont maquillées, sûres d'elles-mêmes, marchent devant leurs maris. Certaines voyagent seules et guident d'un geste sûr leurs chariots à bagages en direction du parking. Deux femmes d'une vingtaine d'années étudient une carte ensemble, éclatent de rire puis se dirigent vers l'agence de location de véhicules. Conduire une voiture, ne pas porter de voile, se promener seule : tout cela est tellement naturel pour les femmes d'ici. Je le sais, je le savais déjà. C'est pour cela que je suis venue ici. Et pourtant : voir ces femmes déambuler librement dans la rue sans que cela leur inspire la moindre émotion, comme si de rien n'était, me fait un drôle d'effet. Comment se fait il que des choses impossibles dans le pays d'où je viens soient aussi évidentes ici ? Serai-je jamais l'une de ces femmes qui montent dans leurs propres voitures et rentrent chez elles ? Qui ne doivent signaler leur absence nulle part, n'ont d'autorisation à demander à personne ? Puis-je devenir l'une d'elles ? Mon cœur bondit. Oui, me dis-je, je le peux, c'est possible à présent. Cet instant-là n'a rien d'un conte de fées. Je suis subjuguée, je sens passer sur mes joues l'air chaud du printemps. Il sent les gaz d'échappement et la grande ville, mais il y a aussi un parfum de fleur dans l'atmosphère. J'inspire et expire profondément. À cet instant, j'ai l'impression d'avoir retenu mon souffle pendant toute la journée. Mes épaules se détendent, et lorsque je les relâche je m'aperçois que j'avais les poings serrés. La tension de cette journée et des semaines précédentes commence à baisser. Je souris en sentant le vent dans mes cheveux. Il n'y a plus rien à présent entre moi et le monde. Aucun voile, aucune tutelle, aucun système qui rend les femmes invisibles. Une sensation de bonheur traverse mon corps si intensément que mes genoux en flageolent presque, tant je me sens légère, tant le vertige s'empare de moi.

Je m'éveille comme d'un rêve en plein jour, et je hèle un taxi. Je ne sais pas où je dormirai cette nuit, mais pour l'instant cela ne m'inquiète pas. Une fois dans le véhicule, une excitation d'enfant s'empare peu à peu de moi. Le chauffeur doit penser que je suis ivre, à me voir me comporter aussi bizarrement et être dans un tel état de surexcitation. Mais ce qui vient de se produire est tellement irréel que je ne peux m'empêcher de rire sans arrêt.

J'y suis arrivée, je suis entrée dans une autre vie. Les gens, les rues, tout ici est différent, même le soleil ne ressemble pas à celui de Riyad.

Je demande au chauffeur de me déposer à un hôtel bon marché au centre d'Istanbul : j'ai un besoin urgent de sommeil. Il hoche la tête. Le réceptionniste m'indique que je ne pourrai pas rester plus d'une nuit : l'hôtel est complet à partir du lendemain. Je suis heureuse d'avoir suivi ce cours d'anglais à Riyad. Lorsque je verrouille la porte de la chambre, je jette mon sac dans un coin et je me glisse immédiatement sous la douche. L'eau chaude sur ma peau me fait du bien, elle me donne l'impression de me laver de mon ancienne vie, de me nettoyer de tout ce qui s'est passé et, par avance, de tout ce qui va suivre. Je me rappelle que, ce matin encore, je prenais ma douche chez moi, à la maison. Je me souviens de ce qui s'est passé depuis. Je sais que des années-lumière séparent ce matin et cette soirée. Et, au moment où je m'enveloppe d'une grande serviette éponge et où je me regarde dans le miroir, je le comprends brusquement : je peux désormais montrer au monde mon visage tel qu'il est à cet instant, au sortir de la douche. C'est à moi qu'il revient à présent de décider comment je m'habille, à quel moment je franchis le seuil de ma porte et où je me rends. Je sens de nouveau un picotement chaud monter en moi, une sensation que l'on ne peut ni contrôler ni contenir, après laquelle on court sans arrêt et qui vous écrase encore plus quand vous y réfléchissez : le bonheur. À cela se mêlent une légèreté qui m'a jusqu'ici été étrangère et le fait de savoir que je peux dorénavant décider qui je suis et qui j'aimerais être.

Peu avant de me coucher, j'écris à Amir que tout s'est bien passé. C'est l'unique message que j'envoie ce soir-là. Amir est désormais mon unique allié. J'éteins la lumière et je tente de dormir. Mais je passe toute la nuit à me tourner et à me retourner dans mon lit. Dans les bribes de rêves dont je peux me souvenir, mon frère me poursuit, il a un couteau à la main et je ne vois dans ses yeux que la haine pure. Couchée, incapable de trouver le repos, je sens le poids de la fatigue dans mes membres. Lorsque je me réveille, le lendemain matin à dix heures, le soleil frappe déjà la fenêtre de ma chambre. Je me lève. Je suis épuisée.

Je décide d'aller acheter de nouveaux vêtements. C'est une journée ensoleillée, les trottoirs grouillent de monde. En me promenant dans la rue de l'hôtel, deux maisons plus loin, mon œil est attiré par la terrasse d'un café et un écriteau proposant un petit-déjeuner turc. Prise de curiosité, je m'installe à l'une des tables avec vue sur la rue, m'attendant à ce que la serveuse me regarde bizarrement, moi, une femme se promenant seule. Mais elle prend ma commande d'un air indifférent et revient peu après avec une corbeille de pain, puis avec une assiette pleine de fromage, de şucuk, de tomates, d'olives, de concombres et de miel. La galette de pain a un autre goût qu'à la maison, elle est beaucoup plus aérée et l'on y a intégré des graines de sésame. Je n'ai rien mangé hier soir, j'étais beaucoup trop énervée ; à présent je suis affamée, je savoure ce premier repas en liberté, sans voile, le ciel bleu et les rayons du soleil matinal au-dessus de moi – je n'ai encore jamais mangé en public en plein air. Autour de moi, des hommes, des femmes, des familles. Je suis assise là où tout le monde s'assoit, et pas dans une partie séparée du café, où nul homme ne doit me voir.

Un peu plus tard, je trouve dans une boutique de mode bon marché une robe assez largement décolletée qui me plaît aussitôt. Je l'achète. Puis je vois un salon de coiffure et je me dis : C'est ton premier vrai jour de liberté, c'est un jour unique dans ta vie, allez vas-y ! Je suis surprise qu'un homme me demande de m'asseoir sur le fauteuil de coiffure. Il faudra encore un certain temps pour que la simple idée qu'un parfait inconnu puisse me toucher ne me plonge plus dans la confusion.

Les parents d'Amir vont lui envoyer de l'argent et, quand il l'aura reçu, il me rejoindra à Istanbul. Il se fait du souci pour moi. Il écrit qu'il préférerait partir tout de suite, mais que c'est impossible. Je le rassure, je lui dis qu'il ne doit pas s'inquiéter, que je me porte bien.

Le soir, assise dans le hall de mon nouvel hôtel, je lis un dépliant touristique. Je suis justement en train de me demander où je vais pouvoir manger lorsqu'un homme bien habillé, lui aussi descendu dans le même établissement, m'adresse la parole. Il me demande de but en blanc si j'aimerais aller dîner avec lui. Je le dévisage sans rien voir en lui qui paraisse menaçant.

Il porte une veste bleu marine, une chemise blanche, un jean sombre. Il me sourit sans la moindre gêne en me regardant dans les yeux. J'accepte sur un coup de tête, un peu effrayée de ne pas éprouver la moindre peur.

Lorsque nous quittons tous les deux le hall de l'hôtel et passons dans la rue, il se présente enfin. « Je m'appelle Rachid, dit-il. – Et moi Rana. » Rachid m'explique qu'il est cadre dans une entreprise d'ingénierie à Oman. Il dit qu'il est venu en Turquie pour subir une opération. Il ne précise pas de quel type d'intervention il s'agit, et je n'ose pas le lui demander. Quant à moi, je lui raconte simplement que je passe des vacances à Istanbul et je suis heureuse qu'il ne cherche pas à en savoir plus à mon sujet. Nous marchons du même pas dans la rue, c'est un doux début de soirée, une veste serait superflue. Je savoure le soleil du soir sur mon visage et je me sens adulte. Me voici donc à Istanbul en route vers un restaurant avec un homme d'affaires qui avait envie de dîner avec moi.

Rachid se dirige d'un pas déterminé vers un restaurant italien où il a déjà mangé à plusieurs reprises, me raconte-t-il. Il connaît bien Istanbul, et cet établissement est l'un de ses préférés.

Il me parle de son travail et de sa vie à Oman. Je ne l'écoute pas vraiment : je suis trop occupée à m'emplir de toutes les impressions qui me parviennent. Nous commandons un plateau de fruits de mer pour deux personnes et des frites. Le repas est délicieux. Rachid flirte avec moi. Il achète une rose à un marchand à la sauvette et me l'offre. Je me sens flattée, mais je lui montre aussi que je n'ai pas l'intention d'aller au-delà de ce dîner avec lui. Je constate avec soulagement qu'il en accepte l'idée. Il reste gentil et continue à s'intéresser à moi. Après le repas, nous allons dans un bar. Il commande une bière, moi un jus de fruits.

C'est la première fois que je sors en ville avec un homme, et c'est une expérience toute nouvelle de le voir respecter mes limites, me traiter comme un être humain à l'égal de lui-même, sans chercher à prendre par la force quelque chose que je ne suis pas prête à donner. C'est une belle sensation que de constater que tous les hommes ne sont pas comme mes oncles, comme le père de mon ex-mari ou comme mon frère. Que des hommes et des femmes peuvent se regarder en face et se respecter.

Mais je ne tarde pas à découvrir aussi qu'à Istanbul, toutes les rencontres ne sont pas inoffensives et bienveillantes. Le lendemain, alors que je suis assise dans un café, un homme qui paraît avoir beaucoup d'argent me demande s'il peut s'asseoir auprès de moi. Je n'y entends pas malice et j'accepte. Mais il se révèle très rapidement que les intentions de ce monsieur ne sont pas louables. Il me demande sans ambages si cela me plairait de travailler pour lui comme stripteaseuse. Je secoue la tête, épouvantée. C'est un choc, et pourtant cette expérience a aussi quelque chose de rassurant. Car l'homme s'éclipse à l'instant même où je lui dis que je ne suis pas intéressée. Il n'insiste pas et s'éloigne sans autre forme de procès.

Le lendemain, je reprends ma route en direction d'Izmir. Je continue à avoir peur que mon frère ne m'ait suivie et je pense qu'Izmir est une ville où personne ne soupçonnera ma présence. Omar, l'ami d'enfance d'Amir, y vit et passera me prendre à la descente du bus. Le trajet dure sept heures. Pendant tout ce temps, je redoute que quelqu'un ne m'aborde ou ne me reconnaisse, que mon frère ne me trouve. Dans le bus, j'écoute de la musique et je ne parle à personne. Vers vingt-trois heures, nous arrivons à la gare routière de cette ville portuaire. La batterie de mon portable est vide. J'attends dans la gare déserte. En vain. Omar n'est pas là. Me retrouver toute seule si tard dans la soirée ne me plaît pas du tout. Je décide donc de chercher un hôtel. Je marche au petit bonheur la chance, et celle-ci me sourit au bout de quelques minutes. C'est une pension qui n'a rien de très souriant, mais peu importe : au moins la nuit ne m'y coûtera-t-elle pas trop cher.

Une fois dans ma chambre, je charge mon portable et j'écris à Amir pour l'informer qu'Omar n'est pas venu. Amir répond aussitôt. Il m'explique qu'Omar est arrivé en retard et que j'étais déjà partie. Il m'envoie le numéro de son ami. Je le contacte et nous prenons rendez-vous pour le lendemain.

Il y a des préservatifs sur ma table de chevet, posés à côté d'une bouteille de vin rouge. Le petit réfrigérateur de la chambre est rempli de bouteilles d'alcools variés. La pièce paraît assez délabrée. Je ne me sens pas très bien et je suis heureuse de ne passer qu'une nuit ici. Je suis tentée de boire un peu de vin. Mais je n'ai encore jamais avalé la moindre gorgée d'alcool et je crains d'être ivre au premier verre. Je préfère m'abstenir.

Le lendemain, je fais enfin la connaissance d'Omar, cet ami fidèle d'Amir dont j'ai tant entendu parler. Je porte ma nouvelle robe lorsque je me mets en route pour le rencontrer. Elle est courte et fait un peu délurée. Mais c'est précisément pour cette raison que je l'ai achetée : parce qu'elle me plaît et que, désormais, je peux porter ce que je veux. Je remarque tout de même que les hommes se retournent sur moi dans la rue et ça ne me met pas à l'aise. Pourquoi une robe courte suscite-t-elle autant d'intérêt ici, alors que tant de femmes s'habillent de la même manière ? Je me serais attendue à ce qu'on ne me remarque pas plus que cela, quelle que soit ma tenue. Cela tient-il au fait que je ne suis pas blonde, que je n'ai pas l'air européen, que mes cheveux noirs me désignent clairement comme une Arabe ? Ces regards m'agacent autant que l'agacement qu'ils m'inspirent.

Omar et moi allons manger du *chawarma* syrien ; nous parlons d'Amir, de la raison pour laquelle nous l'estimons tant tous les deux. Omar me raconte qu'Amir n'a pas changé d'un pouce par rapport à l'enfant qu'il a été ; il était exactement ce qu'il est aujourd'hui, et je le crois sans difficulté. Puis il m'indique une boutique bon marché où je m'achète un jean et un tee-shirt.

Izmir me plaît. C'est une belle ville, au bord de la mer. Nous nous promenons sur l'avenue qui longe le port. Omar me raconte qu'il vit ici depuis sept mois, qu'on y trouve beaucoup de gens venus, comme lui, de Syrie. Il travaille actuellement dans le commerce du textile et me fait part avec exaltation de ses rêves de vie meilleure. J'aurai le temps d'apprendre, au cours des mois suivants, que chaque réfugié a sa version de ce rêve et qu'il s'agit souvent de la deuxième chose que l'on se raconte – la première étant la raison pour laquelle on a pris la fuite.

Dans la rue, un homme vend du pain cuit au *tanur*, comme le faisait ma grand-mère. Omar nous en achète un chacun, nous en prenons une photo et l'envoyons à Amir. Plus tard, nous mangeons une glace et nous faisons un petit tour en barge sur le fleuve. Je suis reconnaissante à Omar de s'occuper de moi.

Cinq jours plus tard, Amir arrive à Istanbul, et je repars pour la capitale ; mon estomac est un peu noué, mais je veux absolument l'y accueillir. Je m'assois dans le hall d'attente de la gare routière – il n'y a pas de bancs à l'extérieur. « Je suis arrivé, quai numéro trois », m'écrit Amir un peu plus tard dans un texto. Je cours à sa rencontre et le vois avant qu'il ne m'aperçoive. Il paraît un peu perdu et boit du thé dans une bouteille thermos. Il paraît anxieux, et tellement jeune.

Je m'approche de lui, précautionneusement, comme s'il s'agissait d'un enfant qu'il ne faut pas effaroucher. Lorsqu'il me voit, toute la tension se dissipe d'un seul coup sur son visage. Il est rayonnant. « Rana, enfin ! » dit-il, et il me serre dans ses bras d'une manière un peu plus fougueuse que je ne m'y serais attendue.

Nous allons nous promener. Amir n'arrête pas de sourire. Il a l'air tellement heureux. Il me lance sans arrêt, de côté, des regards enamourés, et ces coups d'œil me rendent timide. Il répète tout le temps les mêmes mots : « Je savais que tu y arriverais. Tu y es arrivée, Rana. Tu es libre ! » Et mon cœur brûle de joie à l'idée qu'il est désormais auprès de moi, que j'ai un allié dans cette fuite qui doit me mener à la liberté.

Il demande si Omar s'est bien occupé de moi. Je le lui confirme, émue par sa sincérité. Les quelques hôtels où nous entrons sont trop chers pour nous. Nous sommes dans la partie européenne d'Istanbul, le soleil brille, nous voyons autour de nous des touristes et des gens du cru qui, tous, semblent avoir un but – nous sommes les seuls à être un peu perdus.

Nous nous retrouvons finalement devant un établissement dont l'apparence nous laisse penser qu'il sera lui aussi bien au-dessus de nos moyens. « Essayons tout de même, dis-je à Amir, avec un peu de chance il ne coûtera pas aussi cher qu'il en a l'air. » Le réceptionniste semble nous prendre en sympathie, ou faire preuve de compassion – en tout cas, juste après nous avoir indiqué le prix de la chambre, et nous voyant déjà tourner les talons, déçus, il nous dit qu'il peut nous louer pour un moindre prix une petite chambre sous le toit.

Nous sommes très heureux lorsque nous pouvons enfin fermer la porte derrière nous. Nous nous allongeons sur le lit. Amir se tourne vers moi et me regarde, l'air toujours aussi amoureux que pendant notre promenade ; mais à présent il n'y a plus de passants, plus de chemin à suivre, plus de rue qui puisse attirer mon regard. Il me caresse la joue et prononce mon prénom en chuchotant. Nous nous embrassons, d'abord prudemment, puis avec passion. Nous faisons l'amour. Il est très tendre, précautionneux, c'est une tout autre sensation qu'avec mon ex-mari. Avec Amir je ne me sens tenue à rien, c'est ce que je veux, tout simplement, parce que je veux être proche de lui. Nous nous endormons dans les bras l'un de l'autre.

Le soir est tombé lorsque nous nous réveillons. Nous avons tous les deux une faim de loup, mais nous sommes trop paresseux pour sortir. Nous commandons une pizza, qu'on nous livre dans la chambre, avec du poulet, du pepperoni et des olives. Quand nous ouvrons le carton, nous éclatons de rire : toute la garniture est empilée au centre, une gigantesque montagne que nous devons répartir nous-mêmes sur la pâte. Nous le faisons avec les mains et mangeons en riant. Amir boit du Pepsi, moi du 7-Up. On dirait des adolescents, pas de jeunes adultes qui viennent de tirer un trait sur la vie qu'ils ont menée jusqu'alors.

Le lendemain matin, après le petit-déjeuner, nous continuons notre promenade en poussant jusqu'à Kumkapi, la vieille ville encombrée de restaurants et de musiciens de rue, un grouillement de bruits et d'odeurs. Nous nous faufilons à travers la foule et la suivons jusqu'à la célèbre mosquée Souleymane. C'est une étrange sensation, belle et étrange à la fois, que de visiter le bâtiment en touriste, non pas pour prier, mais uniquement pour s'émerveiller des décorations somptueuses, de l'architecture, de la démesure de cet édifice.

Nous poursuivons notre flânerie, nous mangeons des glaces, nous faisons des projets, nous parlons de toutes sortes de choses et nous n'avons aucune difficulté à trouver des sujets qui nous intéressent tous les deux. Il est si simple de passer le temps avec Amir qu'au début je ne me rends pas compte que je ne suis pas vraiment amoureuse de lui, que je ressens juste pour lui une folle amitié. C'est un sentiment semblable à une chaleur voluptueuse qui se dépose sur tout comme une couverture, pas plus. Ce serait idéal si tel était aussi son cas.

Amir dit qu'il se voit bien chercher du travail en Turquie et rester ici avec moi. Mais moi, je ne veux pas rester. Je lui réponds que j'aimerais aller plus loin, en Europe. Amir ne dit pas un mot, mais il ne remet pas mon choix en question.

À Istanbul, je me teins les cheveux en blond. J'ai toujours peur que mon frère vienne me chercher ici. Nous restons quelques jours sur place, à profiter de cette vie libre et urbaine que nous ne connaissons pas. Nous tentons d'oublier à quel point nous sommes dépourvus de ressources, perdus et désemparés. C'est alors que l'idée me vient de rendre visite à Faysal, qui a atterri à Ankara. Lui aussi est athée, j'ai également fait sa connaissance sur le Net. Il a quitté l'Irak pour la Turquie et, de là, aimerait poursuivre sa fuite en direction de l'Europe, dès qu'il aura suffisamment d'argent pour payer un passeur. L'ambassade américaine se trouve aussi dans la ville et j'aimerais essayer d'y déposer une demande de visa. Amir est d'accord. Nous prenons donc le bus pour Ankara.

Faysal nous salue cordialement. Il nous demande si nous n'avons pas envie, tous les deux, d'aller dans une discothèque. Nous n'avons encore jamais bu d'alcool de notre vie, mais la curiosité l'emporte. Faysal commande de la vodka et du Sprite, et nous dansons pendant des heures. Toutes ces lumières et la musique assourdissante me plongent dans l'exaltation. Toute ma vie j'ai rêvé de pouvoir danser un jour comme cela. Nous nous détendons un peu plus après chaque verre. J'ai la tête qui tourne, mais être ivre n'est pas aussi grave, loin de là, que ce que je me suis toujours imaginé. C'est même amusant. Nous rentrons en titubant, exténués, dans l'appartement de Faysal. Le lendemain, nous sommes tous dans un piteux état.

Puis nous repartons pour Izmir – sous un faux nom : cela nous paraît plus sûr. J'ai moins peur, à présent, parce que je ne suis plus toute seule dans le bus. Cette fois Omar est bien à la gare routière au moment où nous arrivons. « Te voilà enfin ! dit-il à Amir. Il faut donc ça pour que je te revoie au bout de cinq ans. Une femme ! En fait, tu es venu pour Rana, c'est tout ! » C'est moi qui réplique : « Et maintenant qu'Amir est avec moi, te voilà à l'heure, tout à coup ? » À partir de cet instant, Omar et Amir parlent sans interruption : ils se racontent tout ce qui est arrivé à chacun d'eux au cours des cinq dernières années. Nous retournons manger du *chawarma*, ils n'arrêtent plus de discuter. Je les écoute, assise avec eux, et je regarde autour de moi. J'observe les gens, les rues animées. Je suis heureuse, tout simplement.

Nous restons à Izmir pendant quatre mois. D'abord dans un hôtel bon marché où les cafards filent sur le plancher quand nous rentrons de nos promenades, puis dans un appartement que nous pouvons louer au mois pour une somme modeste. Je travaille dans une fabrique de *baklavas* où les conditions sont tellement dures que je commence à douter du sens de ma fuite. On y emploie même des fillettes de dix, onze ou douze ans. Le patron est sévère, il se fâche quand nous nous asseyons un instant pour nous reposer. Nous travaillons onze heures par jour, presque toujours debout. Au bout de quatre semaines, je jette l'éponge. Les femmes qui travaillent là-bas me battent froid parce que je ne porte pas de foulard, le travail m'épuise et il est beaucoup trop mal payé.

L'argent commence à manquer, et je me demande ce dont nous allons pouvoir vivre à l'avenir, Amir et moi. Il n'y a pas beaucoup de gens prêts à donner du travail à des réfugiés comme nous, et la plupart des emplois qu'on nous réserve sont tellement inhumains que je ne trouve pas la force de les accepter. Et je n'ai pas envie non plus qu'Amir s'impose cela.

Il semble pourtant que j'aie un ange gardien au fond de toute cette misère. Ma grande chance est l'existence de ce réseau mondial d'athées qui font tout pour s'entraider. Un ami du Koweït m'envoie plus de mille dollars quand il entend parler de mes problèmes d'argent. Armin Navabi, le fondateur du site Web « Atheist Republic » m'écrit un mail. Il me demande comment je vais et si j'ai réussi à m'enfuir. Il dit que ma photo de la Kaaba l'a tellement impressionné qu'il aimerait garder le contact avec moi et m'aider.

Je lui parle de nos problèmes d'argent, je lui dis que je me sens usée d'être en liberté sans avoir la moindre possibilité de trouver une place dans la société. Quelques heures plus tard, il m'envoie un lien vers une cagnotte qu'il a créée après notre discussion. Ma grande idole, Richard Dawkins, partage même l'appel sur Twitter. Je suis tellement ahurie que mon histoire pousse les gens à s'engager pour moi que j'ai du mal à y croire. Au cours des semaines suivantes, des gens du monde entier offriront un total de 6 000 dollars à mon intention. Je reste décontenancée face à cette générosité de personnes que je ne connais absolument pas, mais qui tiennent à m'aider. L'étau se desserre enfin un petit peu et nous commençons, Amir et moi, à forger des plans pour la suite.

9

EN ROUTE VERS L'EUROPE

Mais les mois passent vite, et nous ne sommes pas aussi rapides lorsqu'il s'agit d'apprendre à régler les problèmes. Nous savons que, si l'argent de la cagnotte nous a été d'une grande aide, elle n'est pas une solution durable. Nous ne voulons pas dépendre de la générosité des autres. L'été arrive, puis l'automne. J'ai de plus en plus envie de me lancer dans une nouvelle vie par mes propres moyens et dans un pays où je souhaite rester. Je suis allée si loin… mais je ne suis toujours pas arrivée.

Amir et moi logeons désormais dans un quatre-pièces, au deuxième étage d'un immeuble situé dans une banlieue d'Izmir. Amir a le cœur bon et grand. Je sais qu'on ne peut pas rêver d'un meilleur ami. Et pourtant il me manque quelque chose. La joie que l'on éprouve en se réveillant l'un à côté de l'autre se fait de plus en plus rare. La routine s'installe dans notre vie quotidienne. Nous nous disputons de plus en plus souvent. J'ai fréquemment l'impression qu'il se conforme trop à mes envies, qu'il se rend dépendant de moi et de mes projets. Il est encore très jeune ; toutes les portes lui sont ouvertes. Je supporte difficilement l'idée qu'il va, à cause de moi, renoncer à des possibilités qu'il aurait immédiatement saisies dans d'autres circonstances.

Un mercredi du mois d'août, nous nous retrouvons assis ensemble au petit-déjeuner. Ce matin-là, l'ambiance est tendue entre nous. Nous sommes tous deux perdus dans nos réflexions, nous ne parlons pas beaucoup. Mais, à l'instant même où nous engageons un dialogue, il vire à la dispute. Elle concerne nos soucis récurrents : le manque d'argent, les projets d'Amir, le fait qu'il a abandonné ses études parce qu'il voudrait passer sa vie avec moi. Amir aurait de bien meilleures chances de s'enfuir s'il se mettait en route seul, sans moi. En réalité, il pourrait même partir tout de suite. Il a encore suffisamment d'économies pour payer un passeur – mais il attend que nous ayons assez d'argent pour reprendre notre route ensemble. Cela me met en rage. Je n'ai pas envie de me sentir responsable de lui. Le savoir aussi dépendant de moi ne me plaît pas. Comme la querelle devient de plus en plus houleuse, je décide d'aller me promener, et sans lui.

Mais il ne veut pas me perdre. Il me demande de rester dans l'appartement et de l'attendre. « Il me faut juste une demi-heure », dit-il, et le voilà déjà à l'extérieur, claquant la porte derrière lui. Je reste à contrecœur. Trente minutes précises s'écoulent, et le revoilà comme promis. Il m'a acheté un rouge à lèvres et un flacon de parfum. Quand il me tend ses cadeaux, il a l'air si triste et tellement innocent que je suis incapable de lui en vouloir. Nous nous réconcilions sans chercher une autre solution. Nous repoussons une fois de plus une discussion de fond dont l'urgence est pourtant devenue extrême.

Mais tout ne va pas si mal à cette époque : l'aide d'Armin et des participants à la cagnotte représente beaucoup pour moi, elle me montre que je ne suis pas seule, qu'il existe un réseau mondial de personnes qui partagent mes expériences ou veulent les comprendre et dont le chemin vers une vie libre a été aussi difficile que le mien. Armin transmet mes coordonnées à Imtiaz Shams, le fondateur d'un réseau qui aide les gens ayant renoncé à la foi à mener sans la religion une vie dans laquelle ils ne perdent pas pied. Imtiaz vit à Londres. Lui aussi était musulman autrefois et a rompu avec l'islam. Il connaît la gravité des sanctions auxquelles s'exposent ceux qui se détournent de la foi islamique. Certains sont rejetés par leur communauté, d'autres subissent des intimidations, d'autres encore des agressions ou des menaces de mort censées les terroriser. Même à Londres, il connaît des cas d'anciens croyants que les membres de leur communauté menacent ou injurient parce qu'ils affichent trop ouvertement leurs convictions.

Imtiaz aimerait me rencontrer à Izmir en compagnie d'une équipe de cinéma. Il veut parler de mon évasion. Mon histoire serait intégrée à un film documentaire. Il dit qu'elle donnerait du courage à beaucoup d'autres personnes. Je suis d'abord indécise : n'est-il pas trop dangereux de professer en public le genre de décision que je viens de prendre, avec toutes les conséquences qu'elle implique ? J'ai aussi peur que mon frère ne tombe par hasard sur ce documentaire et ne découvre où je suis. Mais la phrase qu'a prononcée Imtiaz résonne en moi. Si une femme, ne serait-ce qu'une seule, entend l'histoire de mon évasion et trouve le courage de faire ce que j'ai fait, alors cela vaut la peine. Peu importe que j'obtienne ou non un visa pour un pays européen : si j'ai le courage de partager ce que j'ai vécu, je n'aurai pas pris la fuite en vain. Si une autre personne se sauve car elle entend que j'ai pu m'évader, que même des situations prétendument aussi dépourvues d'issue que la mienne connaissent une fin heureuse, cela aura valu la peine de perdre tout ce que j'avais. Alors, j'aurai gagné, si difficile que soit encore le chemin qui me reste à parcourir. Je finis donc par accepter.

Imtiaz et la journaliste Poppy Begum me rendent visite avant même la fin du mois d'août. Il est bon de leur parler, d'avoir le sentiment d'être écoutée. Leur intérêt me montre que ce que j'ai à raconter n'est pas dénué d'intérêt. Après tout ce qui s'est passé, et compte tenu de l'éducation que j'ai reçue, il m'est parfois difficile d'y croire. Je leur raconte que j'ai vainement déposé des demandes de visa en Suède, aux États-Unis et aux Pays-Bas. Je leur dis que je pense à présent que l'unique possibilité, pour ce qui me concerne, est de commencer une nouvelle vie et d'entrer clandestinement dans un pays de l'Union européenne.

Poppy et Imtiaz me regardent avec effroi après que j'ai prononcé ces mots, mais n'osent pas tenter de me dissuader. Je crois qu'ils comprennent en m'entendant qu'eux-mêmes ne sauraient pas comment agir s'ils étaient dans une telle impasse. Ils restent deux jours et nous invitent à tous les repas, Amir et moi. Lorsqu'ils repartent, Poppy me remet une enveloppe contenant 300 dollars. Je commence par ne pas l'accepter, mais elle insiste : « C'est ton cachet. » Je finis par céder. J'ai trop besoin de cet argent pour avoir la fierté déplacée de le refuser.

Une fois que Poppy et Imtiaz sont repartis, j'ai définitivement compris que je n'obtiendrai pas de visa légal. Ma décision de tenter de passer clandestinement en Europe mûrit. Il y a beaucoup de Syriens qui vivent à Izmir et font des économies pour pouvoir payer un passeur. La ville est assez proche de la Grèce et de l'Europe. On entend presque quotidiennement parler de gens qui se noient en Méditerranée. Mais je sais que je ne peux pas continuer comme cela et que je ne veux en aucun cas rester en Turquie.

Amir et moi regroupons tout l'argent dont nous disposons. Il connaît, par un autre Syrien, un passeur qui jouit d'une bonne réputation à Izmir. Nous le rencontrons dans un café. Il a l'air parfaitement banal – il pourrait aussi bien être chauffeur de bus ou facteur. Nous lui posons une foule de questions : comment cela fonctionne-t-il exactement ? Qu'est-ce que cela coûte ? Combien de passagers par canot ? Quand arrivons-nous en Grèce ? Et, question sans cesse répétée : la filière est-elle sûre ?

Le passeur hoche la tête. Oui, elle est sûre. On dirait que cela l'ennuie profondément d'entendre toutes ces questions, comme si on les lui avait posées mille fois et qu'il ne comprenait pas notre inquiétude. Ses yeux fixent un point derrière nous. Pendant la conversation, je tente à plusieurs reprises de capter son regard, mais je n'y parviens pas. Je réfléchis. Nous sommes désormais à la mi-octobre. Il faut que nous nous dépêchions. La météo est de plus en plus mauvaise, le temps sera bientôt trop froid et trop tempétueux pour tenter de traverser la Méditerranée en canot. En réalité, la décision est prise. Et malgré tout j'aimerais que cet inconnu dont la profession éveille aussitôt la méfiance et auquel nous allons confier nos vies alors que le bon sens nous pousse à ne pas prendre un tel risque, j'aimerais, donc, que cet homme se donne un peu plus de mal pour dissiper mes doutes. Il ne le fait pas. À la fin, il nous indique l'endroit où nous devons nous rendre le lendemain, il paie nos boissons et se lève d'un seul coup. Je quitte le café avec une sensation désagréable. Mais je suis tellement habituée à ce genre d'impression que je ne la prends pas comme un signe susceptible de me faire renoncer à monter sur ce canot.

Il n'y a pas beaucoup de bagages à préparer ; ce ne sont en réalité que quelques vêtements de plus qu'au début de mon voyage, quand j'ai pris l'avion de Riyad à Istanbul. Nous quittons Izmir presque comme nous y sommes arrivés.

Nous rencontrons le passeur dès le lendemain en début de soirée. Nous lui remettons l'enveloppe contenant la quasi-totalité de nos économies. Trente autres personnes attendent en notre compagnie un bus censé nous conduire dans une ferme d'où nous partirons en direction de la côte à trois heures du matin. J'ai très peur que quelque chose n'aille de travers. Nous roulons quatre heures avant d'atteindre notre cachette nocturne. Dans le bus, nous sommes plongés dans le noir. Personne ne doit nourrir de soupçons sur notre présence à bord. Lorsque nous descendons, il fait si sombre que mes yeux ont besoin de quelques instants pour distinguer quelque chose. Nous dormons à l'extérieur. Le passeur nous demande de ne pas utiliser nos téléphones portables afin de rester indétectables. L'obscurité nous enveloppe. J'ai peur. Amir et moi sommes couchés tout près l'un de l'autre, nous nous tenons par la main, mais cela n'apaise pas mon angoisse.

À trois heures du matin arrive le bus suivant, celui qui doit nous conduire à la côte. Il ne faut pas beaucoup de temps pour rejoindre la mer, nous y sommes une heure plus tard et nous attendons le canot qui doit nous mener vers la liberté. Nous l'attendrons en vain.

Ce n'est pas lui que nous apercevons, mais les garde-côtes. Le passeur file en courant avant que nous ayons compris ce qui se passe. Notre argent est perdu, le passeur, introuvable.

Je n'arrive pas à y croire. Je me suis demandé pendant des heures comment se déroulait une telle traversée en haute mer, si nous allions nous noyer, combien de personnes le passeur allait entasser sur le canot pour réaliser le maximum de profits. Mais l'idée que nous ne verrions même pas le bateau et que l'argent que nous avions si laborieusement économisé se volatiliserait purement et simplement ne m'était pas venue à l'esprit.

Nous sommes abattus et furieux lorsque nous prenons le chemin du retour vers Izmir. Je trébuche en rejoignant l'arrêt du car, je me fais mal à la cheville. Je sens mon cœur abandonner tout espoir.

Peut-être n'aurais-je pas accepté l'offre que nous fait une relation d'Amir quelques jours plus tard si je n'avais pas dû digérer cette tentative de fuite ratée. Nora veut partir, elle aussi ; elle veut fuir des parents avec lesquels elle ne s'entend plus. Elle vit en Syrie et ne veut pas faire seule le chemin entre ce pays et l'Europe. Nora propose à Amir de payer le passeur pour nous si, en contrepartie, nous la laissons monter sur le canot avec nous. Amir et moi-même passons une soirée à tourner et retourner le problème dans tous les sens. Je n'ai pas envie de devoir autant d'argent à un tiers – sauf à Amir, que je connais si bien et à qui je peux faire confiance. Mais nos économies sont perdues, nous n'avons que cent dollars que nous avions mis de côté en cas d'urgence. Nora semble effectivement être notre dernier espoir.

À Izmir, nous prenons une chambre dans l'hôtel le moins cher que nous pouvons dénicher et nous attendons Nora. Elle vit avec ses parents dans l'une des zones sûres de Damas. Ses raisons de fuir ne tiennent pas à la guerre, mais au fait qu'elle s'est détournée de la foi et aux problèmes que cela a posés avec ses parents. Nora se met en route pour nous rejoindre, elle prend le bus pour le Liban puis un avion à destination d'Izmir. Elle arrive quelques jours plus tard et descend dans notre hôtel.

Quelques jours avant notre départ, nous allons prendre un verre tous les trois. Je remarque vite que son intérêt pour Amir n'est pas seulement amical. Elle boit tant d'alcool qu'à la fin de la soirée elle est complètement ivre. J'ai l'impression qu'elle essaie d'éveiller son instinct protecteur. Lorsque nous revenons à l'hôtel, elle prétend ne pas pouvoir dormir seule dans un état pareil. Elle sait combien Amir est bienveillant et qu'il va lui proposer de s'occuper d'elle.

C'est exactement ce qui se passe. Amir et Nora dorment cette nuit-là tous les deux dans une chambre, moi seule dans l'autre. Je sais que je peux avoir une confiance absolue en Amir, et pourtant cette histoire ne me plaît pas. Je tente de ne pas trop me demander pourquoi cette soirée m'a mise dans un état pareil. Dans trois jours, nous entreprendrons une deuxième tentative de fuite. Le moment est mal choisi pour se faire des idées idiotes.

Le lendemain matin, nous rencontrons un nouveau passeur, toujours dans un café. Cette fois, nous avons écouté encore plus fébrilement ce qui se disait et interrogé encore plus de réfugiés sur la réputation de ces hommes.

Cette rencontre-ci se déroule exactement comme la première, et ma certitude que, cette fois, cela va fonctionner, se dissipe relativement vite. Mais l'autre solution n'a rien de séduisant non plus : rester à Izmir en vivant de petits boulots, être exploités jusqu'à la limite de l'épuisement physique par des employeurs qui savent que nous, les réfugiés, sommes contraints d'accepter ce genre de travail.

Je décide donc de prendre à nouveau le risque. Cette fois, c'est un van aux fenêtres teintées de noir qui passe nous chercher. Il nous dépose à la mosquée Isar et nous partons en bus pour Foca. La nuit est encore noire quand nous montons dans le véhicule. Le passeur nous demande de ne pas faire de bruit.

Cette fois, nous nous rendons dans un parc sombre et isolé où nous devons nous cacher. Je me retrouve blottie dans les buissons avec Amir – cette fois, nous sommes trois. Je me sens tout aussi mal que lors de notre dernière tentative.

Nous restons huit heures dans le parc à attendre le passeur.

À cinq heures du matin, le moment est enfin venu. Nous devons monter en compagnie d'une quarantaine d'autres personnes dans un bus aux vitres teintées.

Il est trop tard à présent pour faire demi-tour.

Et pourtant, ma vie passe comme un film dans mon esprit : je pense à mon enfance, à ma scolarité, aux étés en Syrie, à mes noces et à mon mariage malheureux, à toutes ces heures où j'ai pleuré dans ma chambre, au chemin semé d'embûches qui m'a menée à la lumière et à la liberté. Et je pense à mon père.

La plage est déserte. Il n'y a que nous et les passeurs. Ils sont assis dans un conteneur, entre des cartons où sont pliés les canots dans lesquels ils lâchent les gens à la mer. Ils téléphonent. On dirait qu'ils cherchent à savoir si la voie est dégagée ou s'il faut craindre que les garde-côtes nous tombent dessus.

Puis l'un d'eux s'approche de nous et annonce qu'il est temps de passer nos gilets de sauvetage. Le passeur nous l'a clairement répété lors de notre première rencontre : il est très important que chacun apporte son propre gilet.

Une nouvelle heure s'écoule avant qu'ils ne mettent le canot à l'eau. Découvrir l'embarcation me donne un choc. Elle peut tout au plus contenir vingt personnes. Comment allons-nous pouvoir y tenir à quarante ? L'un des passeurs la retient pour que nous puissions y monter plus facilement. Les hommes doivent s'asseoir sur les bords, les femmes et les enfants au centre. Mais il n'y a pas suffisamment de place au milieu pour toutes les femmes, et nous nous retrouvons nous aussi, Nora et moi, sur le côté, près d'Amir. Je suis submergée par une tristesse abyssale au moment où je monte dans le canot. Ce n'est même pas de la peur : juste un chagrin mortel. Je ne peux pas croire qu'avoir eu la malchance de naître dans un pays où s'appliquent des lois inhumaines et cruelles justifie que je subisse cela.

On nous demande une nouvelle fois de ne faire aucun bruit. Je pleure en silence, je me sens tellement seule. Je ne peux pas parler, tant la peur s'est de nouveau emparée de moi. Je me dis que la plupart des autres tentent d'échapper à une guerre ; moi, je m'enfuis pour pouvoir enfin être libre.

Les vagues sont hautes, ce ne sera pas une journée calme en mer. À côté de nous, dans le canot, se trouvent des Syriens, des Irakiens, des Afghans, des Égyptiens. Je tiens la main d'Amir et de Nora. De tels instants ne laissent plus de place aux disputes. J'ai entendu parler de ces canots aux informations, chaque fois que l'un d'eux avait coulé et envoyé par le fond des dizaines, des centaines de personnes. De toutes celles-là, on ne voit jamais les photos que lorsque tout secours est devenu inutile.

Il nous faut une heure pour accoster en Grèce. Mais cette heure-là semble durer une année. Je suis persuadée que nous allons tous nous noyer.

Mais nous ne mourons pas.

Je suis prise de vertige lorsque nous débarquons sur une plage grecque. Je dis à Amir que je ne me sens pas bien et je m'appuie sur lui pour descendre du canot. Quelques instants plus tard, je perds connaissance. Lorsque je reviens à moi, un médecin est penché au-dessus de moi et me donne de petites claques. Il me tend un gobelet de sirop de glucose et me laisse me reposer pendant une heure sur une chaise longue. Je crois que je suis simplement en état de choc. L'épuisement et l'angoisse ont provoqué mon effondrement physique.

Amir propose que nous allions manger quelque chose. Nous trouvons sur la plage une baraque où l'on sert des sandwichs.

Un bus finit par nous conduire à Mithimna, une petite ville grecque sur l'île de Lesbos. Je suis incroyablement soulagée. Au point de ne pas remarquer l'état épouvantable du camp dans lequel on nous fait entrer. La puanteur est omniprésente, les toilettes débordent, le camp est rempli à craquer de gens qui ont risqué leur vie pour arriver ici. Ça sent la peur. Ça sent la sueur, les chaussettes sales, l'urine, les vêtements qui croupissent. Une femme relève notre identité, nous devons tous remplir un formulaire d'enregistrement. Tout se passe comme à la chaîne, la file semble ne jamais s'interrompre. Quand nous en avons terminé avec les formalités, nous courons vers la tente qu'on nous a attribuée. Nora, Amir et moi-même cherchons une place où nous coucher. Il n'y en a pratiquement plus. Mais nous finissons par trouver un endroit où nous pouvons nous allonger.

Nous sommes tellement épuisés, tous les trois, que nous nous endormons aussitôt.

Le lendemain nous reprenons la route, cette fois en direction d'Athènes. Par l'intermédiaire d'une relation à Riyad, elle aussi ex-musulmane et que j'ai rencontrée sur Internet, je connais un couple de médecins qui y habite. Elle m'a donné leurs coordonnées. « On ne sait jamais », a-t-elle ajouté. Le camp m'a paru tellement épouvantable que je leur ai envoyé un SMS le matin même pour leur demander si nous pouvions passer quelques nuits chez eux, et ce en dépit du mal que j'ai à m'adresser à de parfaits inconnus pour leur demander ce genre de service. Helena, répond immédiatement : « Bien sûr que vous pouvez venir chez nous ! »

Nous avons une chance incroyable. Nous prenons un ferry en direction d'Athènes. Nous restons en mer pendant cinq heures, mais cette fois-ci nous ne voyons pas le temps passer. Nous n'avons rien à craindre. Sur le bateau, on nous sert un sandwich au jambon. C'est la première fois qu'on me donne quelque chose de bon à manger depuis notre départ. Je le dévore : à cet instant précis, pour moi, c'est un festin.

Lorsque nous débarquons à Athènes, j'appelle Helena. Son mari, Kosta, a travaillé comme médecin voilà des années à Riyad, c'est ainsi qu'il a fait la connaissance de mon amie. La voix de Helena est claire et amicale : « Pas de problème, j'arrive tout de suite », dit-elle. Comme s'il était banal à ses yeux d'accueillir trois personnes dont elle ne sait rien et dont elle ignore combien de temps ils vont rester. Que nous ne connaissions pas, que je sois incapable de lui dire quels sont mes projets, semble ne la déranger en rien.

Je suis séduite par Helena dès le premier regard. Elle a des boucles brunes, le sourire a dessiné de petites rides sur son visage, elle a la peau hâlée et des dents d'un blanc éclatant. Elle nous serre tous les trois dans ses bras, ouvre le coffre de sa petite Mazda et nous lance : « Jetez vos affaires là-dedans, là où il y a encore de la place. » Elle roule vite dans les ruelles du port et du centre-ville, les rues s'élargissent peu à peu, les mailles de la cité se desserrent et nous arrivons dans une banlieue. C'est la première fois que je monte dans une voiture conduite par une femme. Incroyable ! À l'époque, il est encore tout simplement inconcevable d'assister à une scène pareille en Arabie saoudite, et je ne me doute pas du tout que cela pourrait bientôt changer. Je ne peux pas quitter Helena des yeux. Le soleil brille et le vent souffle sur mon visage par la vitre baissée. À ce moment précis, je suis heureuse. Je ne me demande pas ce qui peut encore m'arriver, quels nouveaux obstacles je vais devoir surmonter, je profite simplement de l'instant et je jouis de ce moment de calme.

Je pense à ce que j'ai laissé derrière moi. Un pays dans lequel les femmes n'ont pas le droit de prendre le volant et où personne n'y voit rien d'aberrant – parce qu'elles n'ont aucun droit. Un pays où les femmes ne saisissent pas la possibilité d'arracher leur liberté, constamment occupées qu'elles sont à se protéger contre la violence et les agressions verbales.

Nous ne sommes pas dans la voiture depuis cinq minutes que Helena demande : « Vous avez faim ? Vous avez sûrement faim ! » Nous lui répondons d'un regard un peu timide. Elle éclate de rire et s'exclame : « Pas tous à la fois ! Bon, nous commanderons des pizzas quand nous serons à la maison. »

Kosta et Helena habitent dans un joli pavillon des faubourgs d'Athènes. Une grande table en bois trône dans le séjour. D'un geste, Helena nous fait signe de nous asseoir. Elle nous demande si nous voulons du jambon et du salami sur notre pizza. Nous répondons d'un hochement de tête. Aucun de nous ne respecte plus l'interdiction de manger du porc. Face à une telle générosité, difficile de faire la fine bouche. Elle passe un coup de téléphone à un livreur tout en ouvrant le réfrigérateur d'où elle nous rapporte du Pepsi, du Sprite et du Fanta. Elle pose les bouteilles sur la table et, d'un mouvement de tête, nous invite à nous servir. Elle fait tout cela avec une telle simplicité qu'il nous paraît tout naturel d'être assis à la table de cette parfaite inconnue. Lorsque nous avons fini de manger, nous sommes unanimes : c'était la meilleure pizza du monde. Alors arrive la mère de Helena, portant une cafetière et un plateau rempli de tasses. C'est une dame d'un certain âge, aimable, touchante, aux cheveux gris et au visage ridé. Elle nous sourit comme si nous étions ses petits-enfants, ses yeux rayonnent de bonté et de chaleur humaine. Puis elle offre à chacun de nous un sachet de produits de soins, avec de mini-flacons de shampooing et de gel douche, une brosse à dents et un peigne. Je suis tellement bouleversée, tellement emplie de reconnaissance que les larmes me montent aux yeux. C'est la première fois depuis des mois que j'éprouve une telle empathie, une humanité aussi authentique – il est vrai que je n'ai jamais rencontré les gens qui avaient participé à la cagnotte. Je commence à me dire que, tout de même, me réfugier en Europe était peut-être une bonne idée. Ces inconnus me donnent une nouvelle confiance et de la force pour tout ce qui m'attend encore.

Une fois que nous avons bu notre café, nous allons prendre une douche chacun à son tour, d'abord Nora, puis moi, puis Amir. C'est tellement bon de ne plus avoir à se cacher, de ne plus être en concurrence avec d'autres, comme cela était le cas il y a quelques heures encore. Nous pouvons enfin dormir dans un lit comme des êtres humains, on nous traite en personnes, pas en migrants qu'on ne distingue pas les uns des autres, qui ne représentent qu'un poids et un désordre.

Les journées chez Helena et Kosta filent en un clin d'œil. Elle nous prépare des repas grecs, des soufflés aux aubergines, des salades de haricots ; elle nous sert du fromage de chèvre et du pain en galette. Ses plats maison me rappellent la cuisine de mon pays natal. Nous passons nos journées dans le séjour, nous lisons, nous jouons sur nos portables. Il m'arrive de m'installer devant la maison dans le seul but de laisser le soleil réchauffer mon visage. Nous essayons de ne pas penser à la longueur du chemin qu'il nous reste à parcourir.

Notre beau séjour idyllique s'arrête brutalement une semaine plus tard. C'est un vendredi soir, le 13 novembre. Les alertes actualités défilent sur l'écran de la télévision, puis le programme est interrompu. Des attentats ont eu lieu dans plusieurs lieux à Paris. D'abord près d'un stade où avait lieu un match de football, puis en pleine rue, dans des bars et des restaurants. Et dans une salle de concert pleine à craquer. Les informations se bousculent et se succèdent à une vitesse démentielle. On dit qu'un terroriste se serait fait exploser dans la rue. Un massacre s'est déroulé dans la salle de concert, les terroristes ont mitraillé la foule, lancé des grenades, et lorsque la police a abattu l'un d'entre eux, deux autres ont pris des otages et se sont barricadés. Ce soir-là, à Paris, les terroristes islamiques tuent plus de cent trente personnes et en blessent au moins trois cent cinquante.

Nous restons assis devant le téléviseur, incrédules, tentant de comprendre ce qui est en train de se dérouler sous nos yeux. C'est la première fois que nous vivons une attaque terroriste de ce type dans la perspective du monde occidental, la première fois que je ne suis pas en Arabie saoudite au moment où cela se produit. Lorsque avaient eu lieu les attentats du 11 Septembre, on avait poussé des cris de joie dans notre école, on y avait vu une bonne nouvelle : nous avions fait du mal aux mécréants parce qu'ils le méritaient. Je découvre à présent comment on parle du terrorisme en Occident. Je suis ahurie et furieuse que quelques extrémistes tuent des gens innocents au nom de l'islam. Scandalisée par leur obéissance aveugle, par l'arrogance avec laquelle ils jugent d'autres personnes.

J'ai peur de ce que l'on appelle Daech ; je sais combien ses adeptes sont extrémistes et impitoyables, avec quel degré d'arbitraire ils s'en prennent indistinctement à tous, et à quel point il est difficile de se protéger contre ce type de terreur. Lorsque quelqu'un est prêt à se faire sauter pour une cause, à sacrifier sa vie pour une idéologie, il est pratiquement impossible d'en venir à bout. Il me semble que, face à ces êtres irrationnels, il n'y a pas d'autres moyens à opposer que l'intelligence, la raison et la volonté de ne pas les laisser nous pousser à des réactions impulsives ou nous inciter à restreindre notre propre liberté.

Pour nous trois, à Athènes, ces attentats signifient que nous devons faire vite. Nous craignons que l'Europe ne ferme bientôt ses frontières. Helena abonde dans notre sens : nous devons partir avant qu'il ne soit trop tard. Mais elle aimerait nous faire des adieux dignes de ce nom et nous demande par conséquent de rester deux jours de plus. « Il faut que nous soyons joyeux ensemble une dernière fois », dit-elle. Le lendemain soir, elle invite ses voisins à venir prendre congé de nous dans un bistrot, au coin de la rue. Le quartier où habitent Helena et Kosta est comme un village, tout le monde se connaît et s'estime.

Lorsque nous entrons dans le bar, un buffet de plats grecs a été dressé. Leurs voisins sont venus nombreux pour nous souhaiter bonne chance et passer avec nous une soirée insouciante. C'est maintenant, alors que tout paraît tellement désespéré et que cette manière de vivre occidentale, avec son amour de la vie, est littéralement prise sous le feu terroriste, qu'ils jugent important de faire la fête. Je bois trois vodkas mélangées à du Red Bull – à la fin de la soirée, je suis complètement ivre. Cela fait du bien d'être aussi détendue et déraisonnable. Amir rit beaucoup, même Nora et moi nous entendons très bien ce soir-là. Nous faisons la fête comme on le fait seulement quand on devine que ce sera la dernière fois avant longtemps. À la fin de la soirée, chacun des invités vient nous serrer dans ses bras et nous souhaiter bonne chance. Amir et moi rentrons à la maison bras dessus, bras dessous, Nora s'accroche à Helena. Kosta a dû partir plus tôt, il prend son service à l'hôpital dès six heures le lendemain matin.

Je suis heureux que l'alcool me plonge immédiatement dans le sommeil, sans devoir passer des heures à me ronger les sangs. Car ni Amir, ni Nora, ni moi-même ne voulons réellement quitter cette maison et reprendre notre route. Mais nous savons aussi que nous ne pouvons pas rester éternellement chez Helena et Kosta.

Le lendemain matin, nous emballons rapidement les quelques affaires que nous avons apportées. Helena nous a préparé des sandwichs et nous a acheté des friandises, dans une telle quantité qu'ils ne tiennent pas tous dans nos poches – c'est bien plus qu'un peu de nourriture pour la route. J'aurai encore souvent l'occasion de le constater lors de cette longue fuite : c'est la bonté des gens ordinaires qui nous permet d'avancer. Et ils sont nombreux. Sans eux, notre évasion n'aurait pas été possible. Aujourd'hui encore, je ne peux pas exprimer la gratitude et l'admiration que m'inspire leur générosité.

Au début de l'après-midi, Helena nous conduit à la gare routière. Nous nous embrassons, les larmes aux yeux. Le bus doit nous conduire à la frontière de la Macédoine, la première des sept frontières que nous comptons franchir. Nous nous sentons bien préparés, avec les provisions de Helena dans les poches et toutes les paroles chaleureuses de ses voisins à l'oreille.

Il faut rouler longtemps pour atteindre la frontière. À cinq heures du matin, le bus s'arrête. La cohorte des réfugiés se dirige spontanément vers la ville de toile gérée par l'ONU. C'est un trajet pour lequel on n'a pas à chercher son chemin, tant ils sont nombreux à suivre la même direction. Dans le camp, on nous sert des pommes et des toasts. Que nous devions dormir sur le sol et dans le froid nous est presque indifférent. Nous sommes habités par un tout autre sentiment que la nuit où nous avons dû nous cacher dans des buissons pour attendre les passeurs. Nous sommes quelques individus appartenant à un grand essaim humain, nous suivons un corridor, l'ONU nous approvisionne. Cela me donne une sensation de sécurité : le chemin que nous parcourons est organisé et placé sous surveillance.

Dans le camp, en Macédoine, nous avons la grande joie de retrouver Omar. Il nous raconte que, peu de temps après nous, il a décidé de tenter l'aventure en prenant la voie menant d'Izmir à la Grèce. Nous comparons nos expériences en haute mer – lui aussi a affronté la peur de mourir – et en Grèce. Il est triste de ne pas être parti tout de suite avec nous, surtout quand nous lui parlons de l'hospitalité que nous ont accordée Helena et Kosta. Mais nous sommes heureux de nous retrouver au milieu de ce chaos et de cette foule ; nous décidons de poursuivre désormais notre chemin à quatre.

Nous n'avons pas encore tout vu. Le passage en Serbie est effroyable, on ne nous traite pas comme des êtres humains. Les gardes-frontières nous crient dessus et nous surveillent avec une grande sévérité. Chaque fibre de mon corps ressent à quel point nous sommes indésirables. Ils nous ont encerclés, ne nous laissent pas sortir de cette cuvette et ne nous quittent pas des yeux. Les seuls à être gentils avec nous sont les humanitaires qui travaillent dans le camp : ce sont des membres de la Croix-Rouge, qui nous distribuent de petites boîtes contenant du pain, du thon, du fromage et des pommes. Nous sommes très heureux de recevoir ces repas, que nous pouvons même emporter avec nous. Mais nous avons les nerfs à vif. Et ici aussi, nous dormons de nouveau à même le sol.

En Croatie, nous sommes accueillis par les hurlements des policiers des frontières, qui nous rabattent littéralement vers les bus. Je suis lasse, épuisée. Avancer au pas de course m'oblige à un immense effort. Nous sommes parqués. C'est un de ces instants, comme j'en ai vécu quelques-uns au cours de cette fuite, où je ne peux plus qu'espérer une chose : que ce soit bientôt fini. C'est l'unique pensée qui m'apporte une consolation. Et, dans le même temps, mon imagination ne parvient pas à se projeter au-delà d'une journée.

Nora fait sans arrêt des histoires pour un rien. Je crois qu'elle aimerait qu'Amir lui accorde plus d'attention qu'à moi. Chaque fois qu'elle le peut, elle joue la jeune fille qui souffre afin qu'il lui apporte son secours. Elle prétend être trop faible pour courir jusqu'au bus ; nous le ratons et nous devons attendre le suivant pendant des heures, ce qui met mon système nerveux à rude épreuve.

De nombreux enfants font le voyage avec nous. Ils sont tellement fatigués, ils se traînent avec leurs dernières forces à la suite de leurs parents – difficile d'imaginer plus triste spectacle. Beaucoup se sont résignés et ne pleurnichent même plus, d'autres fondent constamment en larmes. Je les comprends aussi bien les uns que les autres.

De nombreuses personnes tombent malades pendant ce périple. Rien d'étonnant : nous dormons à même le sol dans des tentes glaciales. Nous parcourons de longs trajets avant d'atteindre le camp suivant, et lorsque nous y sommes, tout recommence à zéro, nous repartons à pied jusqu'au bus, tout cela en mangeant de maigres rations, dans des vêtements inadaptés au temps froid et souvent humide.

En Slovénie, nous attendons un autocar pendant deux heures, ce dont les policiers profitent pour contrôler nos sacs. Puis nous roulons vers la frontière autrichienne, que nous franchissons à pied. C'est la première fois que la police se montre aimable avec nous. Je me sens mieux, ici, j'ai le sentiment que nous venons enfin d'arriver en Europe. Nous attendons cinq ou six heures avant de monter de nouveau dans un bus. Celui-ci va nous conduire en Allemagne.

10

ZONES DE TRANSIT

Je ne sais pas grand-chose de ce pays vers lequel je me dirige. Et, surtout, j'ignore encore que ce ne sera pas une simple étape de ma fuite, qu'il deviendra ma nouvelle patrie. Ce que je sais, ou crois savoir, de l'Allemagne, au moment où nous nous trouvons dans le bus qui nous y conduit, c'est que les Allemands sont des gens sérieux et pas particulièrement aimables. Ils sont rigoureux, organisés jusque dans le moindre détail et peu souriants. C'est un pays où il fait très froid et où il faut toujours être à l'heure. Beaucoup de scientifiques que j'admire viennent d'Allemagne, par exemple Albert Einstein et Werner Heisenberg. C'est certainement un pays où l'on travaille dur.

Nous nous arrêtons à la frontière, dans un camp provisoire plein de tentes qui ont été dressées pour les nombreux réfugiés qui arrivent en Allemagne cet automne-là, en provenance de la Syrie et de tant d'autres pays. Il fait froid, mais les tentes sont équipées de chauffages soufflants et de couvertures en laine chaudes. Je m'endors en quelques secondes.

Notre bus atteint sa destination un mardi de novembre. Je ne tarderai pas à connaître cette date par cœur : je dois la répéter sans cesse, aux autorités chargées de l'immigration, aux agences pour l'emploi, à la Sécurité sociale. C'est comme des coordonnées, un point fixe, une localisation.

Nous nous arrêtons à l'aube dans une petite ville de la région de Münster. Par les vitres de l'autocar, elle paraît propre et paisible, très verte. Mais j'ai l'estomac noué. Je n'arrive pas encore à croire que notre voyage est terminé. Que tout va bien finir ! Le bus s'arrête devant un bâtiment qui ressemble à une école. Des gens nous sourient et nous saluent. Je ne comprends pas un mot de ce qu'ils disent, mais c'est la première fois que nous sommes si gentiment accueillis en descendant de notre véhicule. Les gens d'ici n'ont rien à voir avec ce que j'imaginais. Certains d'entre eux nous conduisent dans le hall de gymnastique de l'ancien bâtiment scolaire. Nous nous asseyons à une table, dans une grande salle. On nous sert de la nourriture chaude, cuite à l'instant : du poulet aux nouilles, avec une sauce crémeuse. Et puis, pour chacun de nous, une petite tablette de chocolat. C'est le premier repas chaud que je mange depuis que nous nous sommes mis en route, depuis Athènes, il y a une éternité de cela. Et ce repas est délicieux. Je commence à me détendre, pleine de reconnaissance pour l'amabilité et l'hospitalité des gens qui s'occupent de nous ici. Certains d'entre eux se tiennent debout derrière de grandes tables de tapissier où ils nous servent le repas. D'autres se promènent entre les tables devant lesquelles nous nous penchons, heureux, sur nos assiettes, et discutent avec ceux d'entre nous qui parlent anglais. Quand mon assiette est vide, on me sert même une deuxième part – et c'est trop bon pour que j'y résiste. Quel sentiment incroyablement agréable d'avoir enfin de nouveau quelque chose de chaud dans l'estomac ! Je suis soulagée : je me dis qu'un pays qui prépare des repas chauds à des réfugiés ne peut être qu'un bon pays.

Après manger, je vais voir la directrice du centre. Elle parle anglais. Il est important, pour moi, de lui annoncer que ni Amir ni moi-même ne voulons partager notre chambre avec des musulmans. Je lui explique que nous sommes des réfugiés athées. Que nous préférerions être logés avec des chrétiens ! Elle a d'abord l'air un peu sceptique, mais elle semble tout de même finir par comprendre mes objections. Elle me répond en hochant lentement la tête : « *It's no problem, Rana. I will try to help you.* » Je suis surprise de la voir respecter mon souhait si vite et si simplement sans poser plus de questions sur mes motivations.

Dans le camp de premier accueil, il y a une partie dans laquelle on ne loge que des hommes ayant fait le voyage seuls, une autre habitée par des familles et des couples. On nous attribue une chambre que nous partageons avec une famille venue d'Irak. Nora et Omar se font eux aussi passer pour un couple afin d'être installés dans une même chambre.

La famille Mahmud a fui le prétendu État islamique, qui a conquis un nombre important de villes et placé leurs habitants non musulmans devant le choix entre la conversion à l'islam ou la décapitation. Beaucoup de chrétiens ont donc quitté leur patrie cette année-là. Mariam et Jamil sont eux aussi arrivés tout récemment, avec leurs quatre enfants, dans un camp de réfugiés. Ils nous saluent très chaleureusement, Amir et moi. Nous sommes tous les deux fatigués. Ils nous laissent poser tranquillement nos affaires. Je voudrais prendre une douche aussi vite que possible. Cela fait huit jours que nous ne nous sommes pas lavés. Je me sens plus poisseuse et négligée que je ne l'ai jamais été dans ma vie.

La tension se dissipe lentement quand je passe sous la douche. L'eau chaude est tellement agréable que j'aimerais la laisser couler sans fin sur ma peau. Mais je suis aussi profondément épuisée. C'est également le cas d'Amir. Il a un sourire las aux lèvres lorsqu'il revient de la salle de bains dans notre chambre délimitée par une simple paroi. Je suis soulagée, exténuée et un peu triste. Je regarde autour de moi. Le gymnase paraît légèrement délabré. Le lit sur lequel je suis allongée tient plutôt de la couchette et il est beaucoup plus inconfortable que celui dans lequel je dormais à la maison. Je pense avec nostalgie à ma chambre et à tous mes livres, à mes animaux en peluche et à mes oreillers. À mon père qui, chaque matin, m'attendait pour me conduire au travail. Je me dis que tout cela est bien loin à présent et ne reviendra plus jamais. À cet instant précis, l'idée que, chez moi, j'aurais dû passer abaya et niqab pour quitter la maison ne me vient même pas à l'esprit. Je ne me rappelle pas non plus que je n'aurais pas eu le droit de sortir toute seule. Non, je pense à l'odeur de l'*al kabsa* qui, les meilleurs jours, se répandait dans la maison, je pense au sourire profond de mon père quand j'avais eu un trait d'esprit particulièrement réussi. Je me sens submergée par une vague de nostalgie, par le mauvais sentiment d'avoir commis une erreur sur laquelle je ne peux plus revenir. Je laisse mes larmes m'emporter dans le sommeil.

Nous resterons sept semaines dans ce camp de premier accueil. Du début à la fin, nous nous entendrons bien avec les Mahmud. Leur fille cadette, Ashtar, n'a que huit mois et c'est un bébé ravissant. Elle rit presque tout le temps ; elle ne pleure qu'une nuit, parce qu'elle a eu un refroidissement.

Le fils aîné s'appelle Haias. Il a quatorze ans, c'est un garçon très calme, intelligent et consciencieux. Au bout de quelques jours en Allemagne, il maîtrise déjà des formules de salutation comme *bonjour* et *bonsoir* et les utilise tout naturellement.

Haias passe le plus clair de son temps avec ses livres et joue tout seul. Il ne pose pas de problèmes et est aussi autonome qu'on le souhaite sans doute quand on a trois autres enfants et qu'on partage la chambre avec deux inconnus, quand on vit loin de son pays, quand on a perdu son domicile et qu'on ne sait pas si l'on y reviendra un jour. Les Mahmud ont dû fuir parce que, dans leur pays natal, ces dernières années, leur foi était devenue d'abord un problème, puis un danger mortel. Le christianisme n'existe plus en Irak, du moins dans la ville d'où ils viennent. Mon pays d'origine, en revanche, n'a pas changé. Le Riyad que j'ai quitté est toujours là. Exactement comme autrefois. Mais je ne peux pas revenir en arrière non plus : moi aussi, j'ai dû quitter mon pays pour toujours. D'eux ou de moi, j'ignore pour qui la situation est la plus simple. Je crois que les raisons si différentes et si complexes qui vous poussent à faire le grand pas que nous avons tous accompli ne sont pas comparables. Et pourtant elles ne sont pas si éloignées que cela : si nous avons dû fuir, Amir et moi, tout comme Mariam et Jamil, c'est qu'il y a des gens qui se vouent entièrement à leur religion et élèvent leur Dieu au-dessus de tout et de chacun au point d'oublier par quoi commence la piété : l'humanité. La miséricorde. L'amour de son prochain.

Je raconte un jour à Mariam mon histoire telle que je l'ai vécue, je lui explique pourquoi j'ai décidé de faire une croix sur cette vie-là. Je suis émue, comme chaque fois que je parle de moi à une personne pour qui la foi est importante. Je suis tendue, presque anxieuse, je crains sa réaction. Mais au cours de ces journées, je me sens tellement mal qu'il m'est presque indifférent de savoir s'il existe encore une personne qui me hait parce que je ne crois pas en Dieu. Mariam m'écoute, sans cesser de me regarder dans les yeux. Quand j'ai fini, elle garde le silence un bref instant avant de commenter : « Quand quelqu'un se détache du christianisme, nous ne le tuons pas. Nous le laissons partir. »

Ce ne sont que deux brèves phrases. Mais, à ce moment-là, pour moi, elles représentent le monde. Au cœur de ces heures sombres où ma fuite paraît parfois tellement déplacée, elles m'apportent une précieuse consolation et me prouvent qu'abandonner mon ancienne vie n'a pas été inutile. Je comprends certes aussi quel mal je vais devoir me donner pour rebâtir ici tout ce que j'avais chez moi : trouver un travail, louer un appartement ou même une simple chambre à moi, apprendre la langue, avoir une vie quotidienne qui soit plus riche que la seule attente que les choses avancent et aillent mieux. À Riyad, je n'étais pas libre, mais j'avais les mêmes possibilités que de nombreuses femmes de mon entourage, abstraction faite des classes supérieures. Ici, en Allemagne, je suis libre sans l'être. Beaucoup de voies me restent inaccessibles parce que je suis une réfugiée. Je n'ai pas grandi ici. Je dois commencer par faire de ce pays ma patrie. Et par acquérir la véritable liberté. Je devine les efforts que cela va me demander, mais, depuis ma discussion avec Mariam, lorsque j'ai senti qu'elle m'acceptait en dépit de nos points de vue différents, je sais aussi que ce chemin vaut la peine qu'on se donne pour le parcourir – je ne peux m'empêcher de penser à ma professeure d'anglais, au dernier conseil qu'elle m'a donné pour la suite de ma route et que je n'avais pas vraiment compris à l'époque. Le chemin qui vaut la peine qu'on l'emprunte est le plus difficile – ce conseil, à présent, je le comprends.

Le fils cadet de la famille Mahmud, Lait, est le contraire de son frère Haias. Il aime bien jouer au football sur le terrain de sport, une bénédiction pour les nombreux enfants bourrés d'énergie qui, autrement, n'auraient ici presque aucune possibilité de se dépenser et de se divertir. Mariam n'arrête pas de le gronder, mais cela ne sert à rien. Il est bruyant, insolent, mal élevé, mais plein de charme. On lui pardonne tout, surtout quand on se dit que ce garçon encore tout jeune et qui joue avec une telle insouciance apparente a déjà dû tout voir.

Et puis il y a l'aînée des filles, Ninive, une rêveuse qui passe ses heures perdues dans son carnet à dessin. Une petite fille tendre qui ne dit pas grand-chose, mais n'arrête pas de sourire et vous regarde avec attention quand elle s'adresse à vous.

Nous n'aurons qu'un seul incident avec les Mahmud : la fois où je suis sortie de la douche avec une serviette éponge pour tout vêtement, Mariam est allée se plaindre de moi auprès de la directrice du foyer. Je commence par y voir un acte déloyal : depuis que je ne suis plus obligée de me voiler, je monte vite sur mes grands chevaux lorsque quelqu'un me donne des instructions sur la manière dont je dois m'habiller. Mais je finis par renoncer à m'expliquer avec elle : je sais qu'elle n'a pas fait cela par méchanceté, qu'elle s'est simplement sentie mal parce qu'elle ne connaît pas ce genre de liberté.

La gentillesse des gens du foyer ne cesse de nous émouvoir, tout comme les efforts qu'ils déploient pour rendre le séjour aussi agréable que possible dans ces lieux sinistres et surpeuplés. Parfois ils achètent du *chawarma* pour tous les réfugiés, sans doute parce que c'est le produit qui se rapproche le plus de la nourriture de notre pays. Ils en font plus, beaucoup plus, pour nous aider que ne l'exige leur devoir.

Tous les deux ou trois jours, un professeur vient nous enseigner quelques mots et phrases simples en allemand. Mais le cours ne dure jamais plus d'une heure et le foyer ne possède pas de lieu où l'on puisse réellement étudier. On nous donne chaque semaine un pécule de trente euros. Je m'achète du shampooing et de la crème pour le visage, avant de m'apercevoir avec effroi qu'il ne me reste presque plus rien pour manger. Je n'ai rien emporté dans ma fuite, je dois donc tout racheter ici, un peigne, une brosse à dents, de la lessive.

Les journées sont longues. On dirait qu'après ces mois au cours desquels, régulièrement, j'avais un nouvel objectif à atteindre et où ma vie allait constamment de l'avant, tout s'est arrêté d'un seul coup. Alors que tout en moi me pousse à continuer, à avancer sans arrêt sur ce chemin de la liberté et de l'autodétermination. Ce qui m'affecte le plus, c'est que, pour l'instant, j'ai les mains liées et que je ne sais même pas combien de temps durera cette immobilité forcée. Il n'y a hélas aucune distraction, aucune vie normale, aucun quotidien dans lesquels on pourrait se perdre un peu. De ce point de vue, Amir s'en sort mieux que moi. Alors je lis, j'écoute de la musique. Il m'arrive d'aller me promener. Mais, lorsque je le fais, je suis de nouveau parmi les musulmans, et cela me préoccupe. D'une certaine manière, devoir vivre avec eux dans ce foyer me fait l'effet d'une punition. Je me demande s'il ne serait pas possible d'ouvrir un centre d'accueil spécial pour les réfugiés athées qui ont fui leur pays pour cette raison même. Sur les réseaux au sein desquels je discute avec d'autres ex-musulmans, je n'ai encore jamais entendu parler d'un foyer de ce type – en revanche, j'ai lu beaucoup de choses sur la discrimination que subissent les athées qui sont logés dans des institutions qui accueillent uniquement des musulmans et dans lesquelles les bénévoles sont eux aussi des musulmans pratiquants. Si je devais

241

parvenir un jour à m'en sortir correctement en Allemagne, alors je tenterais d'aider des femmes qui affrontent la situation où je me trouve aujourd'hui.

Il m'arrive de me rendre avec Amir à la baraque turque, où nous nous offrons le luxe de manger « dehors ». Parfois nous nous disputons parce que la vie au foyer ne lui pèse pas autant qu'à moi. Le plus insupportable, dans notre situation, n'est pas ce que nous vivons – nous avons réussi, nous sommes en Allemagne, en sécurité –, non, le plus insupportable, c'est de ne pas savoir combien de temps nous resterons dans ce foyer, combien de temps nous serons condamnés à l'inactivité sans rien pouvoir entreprendre pour nous créer un avenir. Dans notre patrie, nous avons pris la décision de risquer notre vie pour qu'elle change. Nous nous sommes battus, nous avons suivi un chemin dangereux dont nous ignorions tout, nous n'avons jusqu'ici pas cessé d'avancer. Et bien que nous soyons désormais en sûreté, nous avons parfois l'impression que l'on nous empêche d'accéder à ce qui a motivé notre présence dans ce pays : la possibilité de décider librement de notre vie et de nos gestes. Je me sens comme paralysée. Allons-nous devoir passer nos journées dans ce foyer pendant des mois, pendant des années ? Sommes-nous condamnés à ne faire que rêver au jour où la vraie vie commencera enfin ?

Peu avant Noël, le ciel se dégage : Poppy, la journaliste qui m'avait interviewée lorsque j'étais en Turquie, prend contact avec moi. Elle voudrait réaliser un deuxième entretien, maintenant que je suis arrivée en Allemagne. Poppy m'écrit à quel point elle est heureuse que j'aie réussi à m'enfuir. Elle tient à avoir un nouvel entretien avec moi pour son documentaire sur les ex-musulmans, elle veut que je lui dise comment je me sens, ce qui me préoccupe, à quoi ressemble ma vie en liberté. Je me réjouis beaucoup de cette possibilité de parler à quelqu'un des choses qui me trottent dans la tête et j'accepte immédiatement. Dès l'instant où nous sommes convenues d'une date, j'ai une perspective qui me rend fébrile et me distrait du triste quotidien du foyer. Nous nous donnons rendez-vous pour la Saint-Sylvestre à Cologne : nous comptons passer la fin de l'année ensemble. Cette rencontre est un point de lumière à l'horizon, surtout au cours de ce premier hiver allemand qui me paraît si sombre et si gris.

Dans le train, je suis tout excitée à l'idée de découvrir Cologne. C'est la première fois, depuis Istanbul, que je me rends dans une grande ville et celle-ci me plaît tout de suite beaucoup. Lorsque je sors de la gare, je découvre la cathédrale, qui se dresse dans le ciel comme un puissant colosse gris. Poppy et son collègue Andrew, le caméraman, m'attendent sur le parvis. Je les rejoins, je les serre dans mes bras. Ils sont à Cologne depuis quelques heures et ont trouvé le lieu idéal pour le tournage. Nous nous rendons ensemble sur une grande place qui, m'expliquent-ils, accueille un marché de Noël au mois de décembre. Il y a des décorations partout. Au milieu de la place, on a monté une patinoire ; un monument baigne dans une lumière bleu pâle, le blanc de la glace reflète les nombreuses lumières multicolores accrochées aux arbres autour de la place. Tout est brillant et scintillant. J'ai beau ne pas connaître Noël et ne l'avoir jamais célébré, ce sentiment de fête m'envahit. Après ces mois passés au foyer, j'éprouve un sentiment d'élévation en voyant quelque chose de beau, quelque chose dont l'objet premier n'est pas d'être utile et fonctionnel, mais simplement joli à voir.

J'observe les enfants qui tournent sur la patinoire, je pense à Fatima et Hamza, les jumeaux de mon frère. Je me rappelle leur insouciance. Depuis ce temps-là, j'ai vu beaucoup d'enfants auxquels il est arrivé de terribles choses, au-dessus desquels planait un nuage noir. Je me demande ce qu'aurait été ma vie de petite fille si j'avais grandi en Allemagne.

Nous enregistrons notre entretien à l'une des tables hautes qui se trouvent à proximité. Poppy me demande comment je me sens. Je dis : « Comme dans un rêve ! » – et à cet instant précis, c'est la pure vérité. La frustration que m'inspire ma vie au foyer semble avoir été dissipée par le vent au moment où je découvre à quoi pourrait ressembler ma vie quotidienne dans ce nouveau pays, le jour où je serai enfin installée pour de bon. Je pourrais être l'une de ces femmes qui se promènent sur le marché sans avoir la moindre idée noire en tête. Elle me demande si je ne regrette toujours pas de m'être enfuie, si je pense avoir pris la bonne décision.

Je suis tellement sûre de moi que je lui coupe presque la parole pour lui répondre. Non je ne regrette rien. Pas une seule seconde. Être ici me fait toujours l'effet d'un rêve, même si toutes les journées ne sont pas simples ! Même si je ne suis toujours pas au bout de la liberté. Après l'interview, nous nous rendons avec Andrew dans un restaurant chic. C'est la dernière soirée de l'année. Et quelle année ! En janvier je vivais encore dans un mensonge, en mai j'ai tout abandonné et maintenant, à la veille de l'an neuf, me voilà ici. Tout est encore incertain, mais je suis arrivée. Le moindre détail prend tout à coup un sens profond.

Je commande des tagliatelles au saumon et à la sauce au homard, avec un verre de vin blanc. Tout est si bon, si frais que j'en oublie pour quelques heures que je vis dans un foyer et que je devrai de nouveau faire attention, le lendemain, à ne pas dépenser trop d'argent au supermarché discount. Qu'il est agréable d'échapper brièvement à la grisaille de mon quotidien. Poppy me pose une foule de questions. Elle veut savoir comment j'imagine ma nouvelle vie. Cela fait du bien d'évoquer mes rêves en sa compagnie. Cela les rend plus concrets, même si cette illusion ne durera que le temps de ce dîner.

Le soir nous retournons à la cathédrale pour assister au grand feu d'artifice de la Saint-Sylvestre. L'édifice est illuminé. La grande maison de Dieu, enveloppée dans une lumière intense, se découpe sur le ciel sombre du soir et paraît encore plus impressionnante que pendant la journée. Elle en est presque menaçante. Il est vingt-trois heures. On tire quelques fusées aux couleurs vives, des gens jettent des pétards qui me font peur. Le bruit est démentiel.

244

Je connais ce rite pour l'avoir vu à la télévision. En Syrie et au Liban aussi, les chrétiens tirent des feux d'artifice. En Arabie saoudite, le gouvernement n'autorise la population à le faire que dans des aires rigoureusement délimitées et pour des occasions précises, l'Aïd al-Fitr, la rupture du jeûne, et pour la fête du sacrifice, l'Aïd al-Adha, à la fin du *hadj*. En Arabie saoudite, on en est persuadé : tirer des fusées pour la Saint-Sylvestre est réservé à ces mécréants que nous regardons avec dédain. Me voici à présent parmi eux. J'observe les fêtards avec un mélange de curiosité et de scepticisme.

Une pluie d'étincelles tombe du ciel sans interruption. Mais plus les gens se pressent sur le parvis de la cathédrale, plus je me sens mal.

Il y règne une étrange ambiance, marquée par une certaine agressivité. Un homme dans la foule me touche par-derrière. Dans un premier temps je n'y vois rien de mal, il y a tellement de monde qu'il est vraiment difficile de se frayer un chemin dans la masse sans bousculer des gens involontairement. Mais voilà qu'un homme, un parfait inconnu, fonce brusquement vers Poppy et veut la prendre dans ses bras. Elle lui fait comprendre qu'elle n'y tient pas du tout, mais il essaie tout de même. Poppy exprime d'une voix forte et claire qu'elle ne veut pas qu'il la touche. Il disparaît, peut-être parce que son accent britannique tellement élégant laisse immédiatement penser qu'elle est très riche et cultivée. Sans doute que se retrouver face à une femme qui ne se laisse pas faire par un type comme lui suffit-il à le décourager.

C'est dans cette gigantesque mêlée que sonnent les douze coups de minuit. Poppy s'est procuré une petite bouteille de champagne pour Andrew et pour moi. Nous trinquons. Autour de nous tout le monde s'embrasse en poussant des cris de joie. Nous sommes en 2016. Une nouvelle année commence. J'attends avec impatience de savoir si mes rêves, ou du moins certains d'entre eux, deviendront réalité. Je souris à Poppy. Elle me sourit en retour. Je sais qu'elle peut lire dans mes pensées.

Nous voyons des policiers, de plus en plus nombreux, arriver sur le parvis. L'ambiance semble dégénérer. Même Andrew, le caméraman, se sent mal à l'aise et nous suggère de rentrer à l'hôtel. Sur le chemin du retour, Poppy me confie qu'elle n'a jamais vécu une chose pareille. Que l'atmosphère était menaçante et hostile. « Ça n'était pas une Saint-Sylvestre normale », ajoute-t-elle avant que nous ne nous séparions dans le hall de l'hôtel et que chacun regagne sa chambre. J'ai l'esprit confus ce soir-là, et je suis heureuse que Poppy ait eu la même sensation de bizarrerie que moi – car, dans ce pays qui me reste étranger, il m'arrive de me demander si je ne perçois pas certaines situations de travers, en raison de l'éducation que j'ai reçue, bien différente de celle des enfants occidentaux. J'admire beaucoup de gens ici, mais il m'arrive aussi d'en avoir peur ou d'être déstabilisée par leur comportement, comme cette nuit. Je ne comprends pas qu'ici aussi des hommes puissent traiter les femmes comme s'ils avaient le droit de décider de leur sort, comme si elles étaient des marchandises.

Lorsque je lis sur Internet, quelques jours plus tard, des articles de presse sur les agressions qui ont eu lieu sur le parvis de la cathédrale, je comprends d'où venait notre malaise.

Cette journée du Nouvel An me laisse songeuse. Avant de nous séparer, Poppy et moi enregistrons un dernier entretien. Puis je monte dans le train. J'ignore encore ce que pourra bien m'apporter l'année 2016. Je me demande où je me trouverai dans douze mois : toujours dans ce foyer ou ailleurs ?

À la gare, en attendant le train, je pense à Amir, qui n'était pas enthousiaste quand je lui ai parlé de l'interview. Il a presque fondu en larmes et s'est plaint : « Ce serait notre première Saint-Sylvestre ensemble, et tu la passes sans moi. » Je fouine dans les boutiques de cadeaux et souvenirs, je lui choisis un tee-shirt. Puis je lui trouve une boîte à musique qui joue la *Petite Musique de nuit*. Mozart est son compositeur préféré.

Lorsque j'arrive au foyer de réfugiés, je lui donne les cadeaux et je tente de lui remonter le moral. Il se montre d'abord hostile et ne me laisse pas l'approcher, mais il finit par se détendre et m'autorise, en fin de compte, à le serrer dans mes bras. Nous avons traversé tant de choses ensemble, cette Saint-Sylvestre était le premier jour passé loin l'un de l'autre depuis le début de notre fuite, et nous sommes heureux d'être à nouveau réunis. Je commence pourtant à sentir que ma compagnie ne fait pas que du bien à Amir. Il m'arrive de penser qu'il lui faudrait une amie qui lui accorderait plus de temps que moi et plus d'attention que je ne peux le faire. Mais, après le si long chemin que nous avons parcouru, pouvons-nous emprunter deux voies séparées ? Nous sommes plus qu'un couple ordinaire. Nous sommes des partenaires, des alliés.

11

LA FORCE DES LIVRES

Quelques jours plus tard, on nous annonce que nous allons être transférés dans un autre foyer. Je suis folle de joie lorsque j'apprends qu'il se trouve à Cologne. Enfin, nous remontons la pente. Quand nous allons en ville, le lendemain matin, le soleil brille. J'y vois un bon signe. Je découvre par la fenêtre du bus l'animation de la première grande ville allemande dans laquelle je vais vivre. Il y a beaucoup plus d'activité que dans la localité où nous avons été accueillis jusqu'alors. Bien que nous ne soyons pas logés dans le centre, mais dans un quartier en périphérie de la ville, on y trouve de nombreux supermarchés aux diverses enseignes, et un grand magasin de bricolage. Dans les rues les piétons paraissent pressés et traversent au rouge.

Pour avoir quelque chose à opposer à l'immobilité, je me mets, aussi souvent que possible, à prendre un bus pour rejoindre le centre-ville et une bibliothèque qui exerce sur moi un attrait magique. Poppy, qui sait à quel point je m'intéresse aux sciences, m'a offert un livre d'algèbre après notre tournage. Cela peut paraître étrange, mais c'est l'un des plus beaux cadeaux que j'aie jamais reçus

Les exercices qu'on y propose sont de ceux que je peux résoudre par la réflexion ; ils me distraient des nombreux autres problèmes pour lesquels je ne trouve, pour l'instant, aucune solution, et de l'oisiveté qu'entraîne inéluctablement cette vie de demandeuse d'asile. Presque chaque matin, je m'installe dans l'une des salles de lecture et je me plonge dans le livre. Les mathématiques sont logiques : il y a des solutions justes ou fausses, pas de zone de flou. Les sciences ont une structure bien définie. C'est ce qui manque à mes journées, et c'est peut-être pour cette raison que les mathématiques sont un bon remède à mon sentiment d'errance, d'être sans ancrage et sans perspective.

Je repense à l'époque où, à Riyad, j'absorbais comme une éponge toute information sur la théorie de l'évolution et sur les sujets scientifiques en général. Autrefois, sur Twitter, quelqu'un m'avait renvoyée à un grand philosophe, Friedrich Nietzsche. Mon correspondant faisait un tel éloge de Nietzsche et d'*Ainsi parlait Zarathoustra* que je voulais le lire à tout prix. J'avais fini par lui demander où je pourrais trouver ce livre en Arabie saoudite : il y était à l'index. Il avait répondu qu'il me l'offrirait quand nous nous rencontrerions. Je m'étais laissé séduire par cette idée démentielle et, un après-midi, je m'étais faufilée hors de l'école spécialisée pour retrouver un parfait inconnu afin qu'il me remette ce livre interdit. C'était tellement dangereux ! Si la police religieuse nous avait pris sur le fait, ou si cet homme avait été un mouchard, je me trouverais sans doute à présent dans une prison de Riyad et non dans une librairie au cœur de l'Allemagne. Au cours des journées suivantes, j'avais lu cette œuvre en secret en la cachant dans mon manuel d'anglais, au cas où ma mère ferait irruption dans ma chambre comme elle en avait pris l'habitude. Je l'ai laissée sur place en m'enfuyant, comme tous mes autres livres. Y penser me rend mélancolique.

Je me demande si ce livre est disponible dans cette bibliothèque. Après tout, Nietzsche est un philosophe allemand. Mais je n'ose pas m'adresser à la bibliothécaire. Je ne parle pas l'allemand – parle-t-elle l'anglais ? Et puis je n'ai pas de carte de bibliothèque, peut-être me ficherait-elle dehors si elle savait que je m'assois ici tous les jours sans m'être acquittée des droits d'inscription.

Ce mardi-là, au mois de mars, alors que je suis une fois de plus assise à ma place habituelle, près de la fenêtre, je remarque une femme blonde qui doit avoir quarante-cinq ans et rayonne de chaleur humaine et d'amabilité. J'entrevois soudain une manière d'accéder à mon livre. Je l'aborde et lui demande si elle parle anglais. Quand elle hoche la tête et répond : « Yes, a little bit », j'ose lui demander si elle sait où l'ouvrage de Nietzsche pourrait se trouver. Elle m'adresse un regard franc et amical. Elle est étonnée. Je hausse les épaules et je souris, embarrassée. Puis nous éclatons de rire toutes les deux et nous partons à la recherche de *Zarathoustra*. Nous nous rendons dans une petite salle qui donne sur la salle de lecture et nous avançons le long des étagères jusqu'à la lettre « N ». Claudia, c'est son prénom, fait glisser son doigt jusqu'à l'emplacement où le livre de Nietzsche devrait avoir été classé. Mais pas de *Zarathoustra*. « Normalement, dit-elle, on le trouve dans n'importe quelle bibliothèque allemande. » Quelqu'un a dû l'emprunter.

Puis nous commençons à discuter. J'apprends qu'elle est née et a grandi à Cologne, qu'elle travaille pour la municipalité, qu'elle n'a pas d'enfants et qu'elle est mariée à un homme répondant au nom d'Uwe. Elle me demande ce qui m'a amenée en Allemagne et ses yeux s'écarquillent peu à peu lorsque je lui raconte la version courte de mon histoire. « Tu viens d'Arabie saoudite ? demande-t-elle. En voilà une affaire. » Au bout d'un quart d'heure, je bavarde avec elle aussi familièrement que si nous nous connaissions depuis des lustres. Elle est la première à me dire qu'il doit être incroyablement difficile, pour moi, d'avoir laissé ma famille là-bas, la première à comprendre combien ma situation n'est pas facile, même si je suis libre à présent et que mon évasion semble avoir définitivement réussi. Le sentiment d'être comprise, le sentiment qu'il n'est pas déplacé de n'être pas heureuse bien qu'on ait trouvé asile dans un pays riche, me donne de la force et m'apporte une grande consolation lors de cette journée passée à la bibliothèque. Lui parler m'aide à constater ce que j'ai perdu et à en faire mon deuil.

On accorde beaucoup d'importance à l'amour. Tout le monde se demande de quoi dépend le fait qu'on tombe amoureux d'une personne ou qu'on ne la remarque pas. Mais les véritables amitiés sont tout aussi énigmatiques qu'une relation amoureuse. Il y a des gens avec qui nous avons envie de faire plus ample connaissance dès que nous les rencontrons, des gens qui nous attirent et auxquels nous faisons confiance. C'est le cas de Claudia. Elle me raconte qu'elle est bénévole dans une école de langues où on enseigne l'allemand, située à côté de la bibliothèque. Il lui arrive de venir ici emprunter un livre ou un DVD après les cours. Elle m'explique que le cours est gratuit et me conseille de venir y faire un tour si j'ai envie d'apprendre l'allemand. On n'y a pas besoin d'une autorisation des services de l'immigration, puisque cela ne coûte rien.

J'y vais dès la semaine suivante. Me voici tout à coup émue et euphorique. L'allemand est la langue de nombreux scientifiques que j'admire. Je pense aux soirées passées à surfer en secret dans ma chambre à Riyad, à découvrir un monde qui m'avait jusqu'alors été interdit. Je me rappelle encore très bien le sentiment que j'ai éprouvé lorsque j'ai lu pour la première fois des textes sur Albert Einstein et la théorie de la relativité, et lorsque j'ai compris quelle portée cette découverte avait eu pour l'humanité. J'approchais la trentaine quand j'ai compris que la physique était ma passion, que je pouvais y consacrer des heures sans m'en lasser, poussée bien au contraire par une curiosité toujours plus vive. Max Planck et ses recherches sur la mécanique quantique, Werner Heisenberg et son principe d'incertitude, Erwin Schrödinger et son chat, Carl Friedrich Gauss, Johannes Kepler... Je prends conscience avec étonnement du fait qu'ils viennent tous d'Allemagne – je n'y avais encore jamais fait attention – et j'imagine combien il doit être stimulant d'étudier la physique dans ce pays – mon grand rêve – et de pouvoir discuter dans la langue de ces scientifiques. Car c'est à cette langue-là que je crois depuis que j'ai cessé de croire en Dieu : je pense que les sciences constituent un langage universel. Et si je veux comprendre un peu mieux le monde, alors il faut que je l'apprenne. Je me rappelle mon enfance, lorsque je dévorais les livres dans ma petite chambre, et je sens que ma soif de savoir se réveille. J'éprouve de nouveau un picotement dans le ventre, j'ai l'impression d'être arrachée à un long sommeil.

La première heure de cours chez Claudia me distrait fabuleusement de mon quotidien monotone − je suis vraiment triste d'apprendre que ces séances n'ont lieu qu'une fois par semaine. Claudia est fantastique. Tous ceux qui viennent au cours l'écoutent, captivés, alors même que nous ne comprenons presque aucun mot de cette langue.

Il m'arrive de rester un peu après le cours et de bavarder avec Claudia. Elle me parle de sa foi. Claudia est chrétienne, mais elle ne me donne pas une seule seconde le sentiment qu'elle me respecte moins parce que j'ai rompu avec la religion. Ce que les gens entendent ici par « liberté religieuse » me fascine. C'est une manière de vivre sa propre foi, mais aussi d'accepter toutes les autres, et de ne forcer personne à croire ou ne pas croire. Elle me donne son numéro de portable et me dit de solliciter son aide quand j'en aurai besoin.

Ce qui arrive bien vite. Je l'appelle un jour où je reçois du Bureau d'aide sociale une lettre dont je ne comprends pas vraiment le contenu. Nous prenons rendez-vous pour le lendemain à la bibliothèque. Elle m'explique ce que je dois faire et me demande si j'aimerais déjeuner avec elle. J'ai beau être totalement perplexe, cette invitation me réjouit. Nous nous rendons dans un restaurant au coin de la rue. Cela fait du bien d'avoir quelqu'un à qui parler de mes problèmes et de mes rêves. Au cours des semaines suivantes, nous ne cessons de nous rapprocher. Claudia n'a pas d'enfants, c'est peut-être pour cela qu'elle se comporte un peu comme une mère avec moi. En avril, je tombe malade.

J'attrape une grippe et je me sens épouvantablement mal. Elle nous loue un appartement de vacances, à moi et à Amir, pour que je puisse guérir un peu plus rapidement qu'au foyer où je vis avec tant d'autres personnes dans un espace réduit. Claudia nous prépare même le petit-déjeuner. Elle nous sert du jus d'orange et des croissants, et j'ai beau n'avoir aucun appétit, je tente de manger quelques bouchées pour ne pas la décevoir. C'est la première fois depuis Athènes que je me sens de nouveau bienvenue et en sécurité, presque comme dans une vraie famille.

Il m'est d'autant plus difficile de rentrer au foyer. Nous sommes installés avec trente autres personnes dans une salle de gymnastique beaucoup trop petite pour tout ce monde. Les lits sont au milieu de la salle, il n'existe pratiquement aucune sphère privée. Bien que je ne vive plus selon les règles de l'islam, les femmes musulmanes qui doivent dormir ici me font de la peine. Comme il n'y a pas de salle séparée pour elles, elles prennent beaucoup de temps pour s'enrouler dans leurs couvertures lorsqu'elles vont dormir et veulent ôter leur foulard. Ou bien elles le gardent en permanence. Elles se sentiraient mal si des inconnus les voyaient tête nue, et je suis blessée de voir les problèmes que leur pose la vie dans ce centre d'hébergement. Je rencontre la directrice et lui demande si l'on peut faire quelque chose pour faciliter leur existence. Mais elle se contente de me regarder avec un air de regret et de hocher la tête comme si elle m'approuvait ; puis elle m'explique qu'elle n'a aucun moyen de créer un espace séparé, et qu'elle en est désolée.

Ce foyer me déplaît encore plus que le précédent, en raison du manque d'espace privé, mais aussi parce que nous ne sommes pas séparés des musulmans célibataires et que je les entends prier toute la journée. J'en suis d'autant plus exaspérée que je ne peux pas les ignorer. Ce bourdonnement permanent autour de moi me donne l'impression d'avoir fui en pure perte. Je les soupçonne de pouvoir lire sur mon visage que je viens de Syrie, et j'espère vivement qu'ils voient en moi une chrétienne, et pas une athée.

Car, dans le cas contraire, cela pourrait devenir dangereux pour moi. C'est comme si j'avais parcouru près de six mille kilomètres et vécu huit mois de douleur et d'incertitude pour revenir exactement à mon point de départ. Il m'arrive d'avoir le sentiment que je ne pourrais pas me défendre si c'était nécessaire : ici aussi, les hommes musulmans sont les plus nombreux. Il y en a un qui m'agace singulièrement. Quand on fait sa prière, on cherche l'endroit le plus isolé possible. Or, pour cet homme, cet endroit isolé se trouve juste à côté de mon lit. Il vient cinq fois par jour prier à côté de moi. Dès son réveil, il se met à réciter le Coran. Lorsque je m'en rends compte, je me mets des écouteurs et je passe de la musique, mais il m'est tout de même difficile de faire comme s'il n'existait pas. Lui et sa prière ont trop de rapports avec mon passé pour que je puisse avoir une réaction rationnelle. Il réveille en moi des souvenirs et des angoisses que je ne peux pas contrôler : j'ai beau tenter de résister à ces sentiments et de me persuader que je suis en sécurité, je l'enverrais volontiers paître tant sa présence m'importune. Je retourne donc voir la directrice et lui demande si l'on ne pourrait pas au moins installer quelque part une petite salle de prière. Encore une fois, elle me répond qu'il n'y a pas assez de place pour cela.

Quelques jours plus tard, je finis par lancer une puérile opération de représailles. Sur une feuille de papier, je dessine le Coran et un doigt d'honneur. Puis je me faufile jusqu'au lit de l'homme pendant qu'il a le dos tourné et je pose le dessin sur son matelas. Il ne faut pas attendre longtemps pour qu'il aille se plaindre à la directrice du foyer – je le vois même courir vers elle, l'air indigné. Elle devine très vite qui est l'auteur de ce blasphème.

Le lendemain, une travailleuse sociale vient me faire la leçon. Je dois me ressaisir et ne pas mettre en colère cet homme profondément religieux. Nous savons tous ce qui pourrait se passer si je continuais à le provoquer ! On dirait presque qu'elle a peur de lui. J'en reste ahurie. Je ne crois pas que cet homme représente une menace sérieuse. Ce qui me met vraiment hors de moi, c'est que cette femme pense que nous devons vivre dans la peur des croyants et leur céder même si nous ne sommes pas d'accord avec ce qu'ils font. L'Allemagne est un pays de liberté religieuse. Cela signifie donc que cet homme doit accepter que je ne partage pas sa foi.

Tant de choses sont nouvelles pour moi, ici. Je trouve, par exemple, étrange de devoir payer les sacs plastique au supermarché. À Riyad, on nous en donnait autant qu'il nous était nécessaire, et un employé du supermarché emballait même les courses des clients. Je n'ai pas beaucoup d'argent, je dois faire attention à chaque cent que je dépense. Un jour, j'achète du pain de mie et du salami, je veux savoir quel goût ça a. J'ai si souvent entendu dire que la viande de porc était d'une saleté épouvantable. Je détache précautionneusement de petites bouchées et que je mâche très longtemps. Je n'arrive pas à y prendre du plaisir. À ce propos, j'ai cru au début de mon séjour ici que ce qu'on nous servait au foyer était typiquement germanique et il a fallu que je mange pour la première fois dans un restaurant pour comprendre à quel point je m'étais trompée : cela n'avait rien à voir. Pour en finir avec cette histoire de porc, mon appréciation a complètement changé le jour où un ami nous a fait manger des œufs au lard, à Amir et à moi : c'était absolument délicieux.

Il m'arrive d'avoir la nostalgie des plats syriens qui ont accompagné mon enfance. Beaucoup d'ingrédients entrant dans la préparation des mets de mon pays natal étaient introuvables ici jusqu'au jour où un autre résident du foyer nous a conseillé d'aller au supermarché turc. J'y ai découvert un pays de cocagne, où je n'avais que l'embarras du choix : du pain en galette, de la pâte d'aubergine, du houmous ou des olives.

Ce dont je ne me lasse pas, c'est de regarder les gens passer dans la rue : les hommes, les femmes, les enfants, librement et sans voile. Lorsque je vois pour la première fois une femme faire son jogging sans afficher la moindre peur, je reste un long moment fascinée. Et puis je prends de plus en plus de plaisir à cette habitude très allemande de la promenade, qui m'était totalement étrangère jusqu'à ce que Claudia m'en explique le concept.

Ce qui continue à me peser lourdement, en revanche, c'est de ne pas être autorisée à quitter le foyer, d'être restreinte à une telle dépendance, de ne pouvoir ni me chercher un logement ni travailler. Faute de titre de séjour, je ne peux pas non plus suivre un cours de langue quotidien. Ce document, qui ressemble à une carte d'identité, est indispensable à une véritable vie en Allemagne. Tant que je ne l'aurai pas obtenu, je ne pourrai pas faire ce que je veux dans ma nouvelle patrie. Amir a moins de mal à s'habituer à la vie au foyer. Il trouve rapidement quelques amis masculins et peut se changer les idées plus facilement que moi. Je pense que vivre dans ces lieux d'hébergement est plus compliqué pour les femmes, parce qu'elles y sont en minorité.

Je réfléchis beaucoup au cours de ces semaines. C'est peut-être cela, le pire : avoir tellement de temps pour méditer sur ce qui s'est passé, sur ce que j'ai abandonné et sur le peu d'avantages que j'en ai tirés jusqu'ici. Je suis parfois très triste, je me recroqueville de plus en plus sur moi-même. Amir tente de me redonner le moral. Il déploie de tels efforts, j'ai presque honte qu'il prenne autant soin de moi. Parfois nous nous enlaçons ; durant ces moments-là, je me sens aimée et j'ai de nouveau un peu confiance, je recommence à croire que tout ira pour le mieux.

Mon amitié avec Claudia nous a permis de trouver quelques points d'attache, et cela nous aide. Je présente Amir à Claudia et à son mari, Uwe. Ils comprennent tout de suite le bien que cela nous fait de pouvoir échapper de temps en temps au quotidien du foyer, et nous invitent régulièrement chez eux. Au début de l'année, nous partons même pour une promenade dont le but est un restaurant à l'extérieur de Cologne. C'est l'une des premières belles journées ensoleillées de ces années-là. J'exulte quand je me retrouve sur la banquette arrière du cabriolet de Claudia et Uwe et que le vent me souffle dans les cheveux. Je regarde Amir. Il sourit.

257

Un jour, Uwe vient nous rendre visite dans notre foyer et nous apporte un grand sac plein de chocolats, de chips et de fruits – des produits que nous remettons d'ordinaire en rayon au supermarché parce qu'ils sont trop chers. Ce sont ces petits gestes qui font grandir notre monde, qui l'élargissent, qui le rendent plus ouvert. Je crois que tous les êtres humains possèdent ce noyau de bonté dont Claudia et son époux font preuve à notre égard. On le réduit trop souvent à néant en accordant une foi aveugle à une religion, une idéologie, une nation… Quand les déceptions, la souffrance, les injustices et la douleur ne se déposent pas sur lui comme des strates successives jusqu'à l'étouffer complètement.

L'été, le bureau de l'emploi me délivre enfin le bon qui me donne droit à une formation : je peux suivre un cours d'allemand. Nous sommes nombreux, dans notre classe, à être venus de Syrie. Nous nous battons ensemble contre les déclinaisons allemandes et nous rions des fautes que nous commettons. Chaque jour, après le cours, je fais mes devoirs pour le lendemain. Je sais que je ne pourrai pas avancer si je ne maîtrise pas la langue. Mais la nécessité où je suis de l'apprendre me contraint aussi à une plus grande patience : ce n'est pas demain la veille que je pourrai mener une conversation fluide en allemand.

Un après-midi brûlant du mois d'août, en farfouillant dans une librairie, non loin de la bibliothèque où j'ai rencontré Claudia, je déniche enfin *Ainsi parlait Zarathoustra* de Friedrich Nietzsche. Mon cœur bat la chamade au moment où je le prends dans mes mains et où je feuillette, dans une langue pour moi nouvelle, les chapitres qui me sont déjà familiers. Je l'achète, impossible de laisser passer une telle occasion. Lorsque je quitte la boutique, je porte dans mon sac à main un précieux secret. Je n'arrête pas d'ouvrir mon sac et de passer le bout du doigt sur le dos de mon livre que les lectures n'ont pas encore cassé. Dans le tramway qui me reconduit au foyer, je l'expose à la vue de tous les usagers sans la moindre crainte : n'importe qui peut lire le titre mais personne ne m'injuriera à cause de lui. J'ai beaucoup de mal à avancer dans le texte allemand et je n'y comprends pas grand-chose. Mais j'en lis chaque jour un paragraphe en vérifiant presque tous les mots dans le dictionnaire. Je suis heureuse de vivre dans le pays d'où viennent ces magnifiques chercheurs et penseurs, heureuse de pouvoir me rapprocher d'eux un peu plus à chaque cours de langue.

12

UN ÉTÉ LUMINEUX

Mon premier été en Allemagne est aussi pour moi le cadre d'un grand nombre d'expériences inédites. Pendant cette période, je respire l'existence à pleins poumons. La vie de femme que je mène ici est une révélation. Dans mon pays natal, on ne nous appelle pas par notre prénom : quand une jeune fille n'est pas encore mariée, on l'appelle « fille de » ou « sœur de », puis on donne le nom de son père ou de son frère. Quand elle a un époux, on l'appelle « la femme de ». D'une certaine manière, on dénie ainsi à chaque femme une identité propre, elle n'existe que par rapport aux hommes de sa famille, et non comme une personne autonome. Je pense parfois que j'ai dû attendre mon arrivée en Allemagne pour devenir adulte. Je me rends dans les administrations sans avoir besoin de la présence d'Amir, j'ouvre mon propre compte en banque, je prends mes propres décisions. Pour la première fois de ma vie, je me sens responsable de tout ce que je fais.

C'est l'été que j'apprécie le plus de ne pas porter de voile. Même si je parcours le monde sans lui depuis près d'un an désormais, je ne me suis pas encore vraiment habituée à son absence. Chaque fois, j'éprouve la même joie quand je sens le vent et le soleil sur ma peau. Si je suis toujours aussi sensible à cette sensation, c'est peut-être parce que ce morceau de tissu ne se contentait pas de me dissimuler : il m'empêchait aussi de voir le monde correctement, mon champ de vision était toujours limité.

J'aime rester assise à la terrasse des cafés, entourée d'hommes et de femmes qui entrent dans l'établissement par la même porte et s'assoient dans la même salle. Lorsque le temps se réchauffe, je m'achète quelques bermudas, des tee-shirts à manches courtes et des robes. Aucune nécessité, ici, de cacher mes tenues estivales sous une abaya qui descend jusqu'au sol : je peux m'habiller comme j'en ai envie. Il est tellement agréable de franchir le seuil de ma porte aux premières journées chaudes de l'année pour aller me promener dans la rue. Je sens le soleil sur mon visage et j'ai le sentiment d'avoir enfin trouvé ma place dans le monde.

Mon amitié avec Claudia met du mouvement dans ma vie. Je constate que, en dépit des nombreuses restrictions qui me sont imposées, je peux agir pour améliorer l'existence que je mène ici. J'ai des options, des perspectives. Je me rappelle Poppy, Imtiaz, toutes ces personnes que je connais par les réseaux qui se sont tissés entre ex-musulmans dans le monde entier. Je finis par adresser un mail à l'un de ces réseaux, baptisé Ex-Muslims Britain, dans lequel je décris ma situation. J'y raconte combien m'est pesante l'obligation de vivre dans un foyer de réfugiés où je suis entourée de musulmans à la pratique religieuse rigoriste. Je reçois rapidement une réponse et les coordonnées d'une militante iranienne, Mina Ahadi, présidente du Conseil central des ex-musulmans. Cette association défend les gens qui se sont détournés de l'islam. Et il se trouve qu'elle a son siège à Cologne.

J'écris un mail à Mina et, moins de deux heures plus tard, elle me téléphone. Mina semble avoir ressenti le désespoir que j'exprimais dans mon message. Elle me propose de me rencontrer et nous nous retrouvons dans un café, à proximité du foyer. Mina me comprend, elle sait ce que signifie avoir été musulmane et ce que vit une femme qui a rompu avec l'islam, pour quelque raison que ce soit. Mina dit qu'il serait bon que je rende publique mon histoire d'une manière ou d'une autre. « Si personne ne sait que tu as besoin d'aide, personne ne t'aidera, dit-elle. Si tu parles, si tu dis ce dont tu as besoin, alors les choses vont se mettre à bouger. » Je suis prête à faire tout ce qui pourra être utile. Je lui raconte ce que je n'ai dit à personne jusque-là parce que je ne veux même pas penser que ce soit envisageable : ma grande peur d'être renvoyée à mon point de départ. Mina me prend aussitôt un rendez-vous auprès de son avocat et me dit de ne pas m'inquiéter pour les frais.

Un peu plus tard, je fais un speech lors d'une réunion à laquelle assistent quarante ou cinquante personnes. Dans l'auditoire se trouve, hélas, un homme proche d'un parti populiste. Il filme mon intervention, la diffuse sur YouTube et tente de s'en servir pour alimenter la propagande de l'extrême droite. Je ne connais pas encore suffisamment l'Allemagne, à ce moment-là, pour savoir à quel point ces gens-là s'y entendent pour détourner à leur profit toute critique de l'islam. Lorsque je comprends ce qui s'est passé, je demande à cet homme de supprimer la vidéo. Je défends la liberté et la tolérance, et je rejette tout ce qui entretient la haine et génère l'angoisse. Il faut désigner clairement les dangers que fait courir l'islam radical et en discuter objectivement. La majorité écrasante des musulmans, des centaines de millions de personnes vivant dans le monde entier, ne partage aucun des idéaux des terroristes. Les musulmans ne sont pas tous des violeurs. Même si je condamne le sexisme et l'oppression que subissent les femmes en Arabie saoudite, je sais aussi que cette foi n'exclut pas nécessairement le respect des femmes.

La vidéo aura pourtant un effet collatéral positif : un habitant de Cologne a été touché par ce que j'ai dit du lieu dans lequel je vis et de la situation dans laquelle je me trouve. Il passe par le Conseil central des ex-musulmans pour entrer en contact avec moi. Un peu plus tard, il m'envoie un message : « Chère Rana,

263

je m'appelle Stefan. Je suis moi aussi athée et j'aurais peut-être un logement pour toi. Fais-moi signe si cela t'intéresse. »

Deux jours plus tard, Amir et moi visitons un deux-pièces à Cologne-Kalk et tombons d'accord tout de suite : rien ne nous plairait plus que d'emménager dans cet appartement.

Stefan s'occupe du monceau de formulaires à remplir et à soumettre aux autorités en charge de l'immigration pour que nous puissions nous installer dans cet appartement avec le statut de réfugiés. Puis nous signons le bail de notre nouveau logement au mois de mai. En juin, nous en prenons possession. Les choses sont enfin reparties de l'avant.

Stefan devient mon meilleur ami. Il passe des heures au Bureau des étrangers pour m'aider à remplir les questionnaires et préparer mes entretiens. Il a un métier et deux enfants, je me sens un peu coupable de lui prendre autant de temps. Mais à aucun moment il ne me donne l'impression d'être une charge pour lui. Au contraire : nous bavardons et nous rions en attendant qu'on appelle enfin mon numéro. Stefan devient ce genre d'ami qui passe aussi un coup de fil quand rien ne l'oblige à le faire. Qui me prépare un chocolat chaud quand je n'ai pas le moral. Il m'emmène à une réunion de la Fondation Giordano Bruno, une institution créée par des personnes sans confession et dont il est membre. C'est là que je fais la connaissance de Dittmar, qui deviendra plus tard l'un de mes plus proches amis. Je noue peu à peu un tissu amical de personnes qui me soutiennent quand je suis triste, quand j'ai le mal du pays ou quand je suis frustrée de voir que les rouages de la bureaucratie tournent avec une lenteur désespérante.

En juin, Stefan me demande si j'ai envie d'aller nager avec lui. Cette proposition me laisse perplexe. Je l'ai parfois fait en Syrie lorsque j'étais enfant, mais en Arabie saoudite il est totalement interdit de se baigner en public quand on est une femme adulte. Lorsqu'une famille fait une sortie à la plage, les femmes restent assises en abaya à côté de l'eau tandis que les hommes plongent dans la mer. Je ne possède même pas de maillot de bain. J'hésite. Stefan finit par me convaincre. Et, pour la première fois de ma vie, je vais acheter un maillot. Alors que je me trouve dans une cabine, en train d'essayer un bikini couleur pêche, les larmes me submergent brutalement. Est-ce vraiment moi ? La femme que je vois dans le miroir a les traits d'une Européenne sûre d'elle. Je finis par éclater de rire en découvrant mon visage trempé de pleurs, et j'achète le bikini. Trois jours plus tard – c'est un jeudi –, je me rends avec Stefan à l'Agrippabad, le centre aquatique de Cologne. Lorsque nous nous retrouvons devant l'entrée, mille pensées m'assaillent subitement. Suis-je vraiment sur le point d'aller nager avec un homme ? Vais-je seulement oser me montrer à demi nue devant les autres baigneurs ?

Quelques minutes plus tard, mes doutes sont totalement dissipés. Je me retrouve à côté de Stefan dans la grande installation extérieure, avec ses toboggans aquatiques et ses nombreux bassins. Je découvre avec étonnement l'eau turquoise dans laquelle les femmes, les hommes et les enfants se baignent ensemble comme si c'était la chose la plus normale qui soit. Le soleil brille, les cris et les rires des enfants composent un fond sonore auquel se mêlent ceux des corps que les toboggans projettent dans l'eau, les gazouillis des oiseaux et les bruits de barbotage.

Brusquement, je n'ai plus peur de rien et je saute dans l'eau. Je retrouve d'un seul coup mes douze ans. Je suis comme une enfant incapable de décider à quoi elle va jouer en premier : je nage quelques brassées, me retourne vers Stefan, je piaille et je plonge la tête dans l'eau – il ne faut pas longtemps pour que mon maquillage coule sur mon visage. Les gens autour de nous doivent penser que je suis devenue folle. Stefan, lui, se met à rire. Un peu plus tard, il parvient à me convaincre d'essayer le toboggan. Nous nous laissons glisser dix, vingt fois de suite. Quand je reviens à l'appartement, je suis morte de fatigue et de bonheur.

Il y a une autre chose que je fais aussi cet été pour la première fois : je vais assister à un vrai concert ! Dittmar m'offre des billets pour celui de Rihanna. L'ambiance qui règne dans l'Arena de Cologne, où des dizaines de milliers de personnes dansent au rythme de la musique à plein volume, est stupéfiante. Je me laisse emporter par la performance à laquelle ma grande idole se livre sur scène, devant mes yeux. Mes sentiments tourbillonnent comme un manège autour de moi. J'oscille entre un bonheur immense, l'incrédulité, la tristesse à l'idée d'avoir dû attendre si longtemps pour vivre cela et d'être passée à côté de tant de choses dans ma vie parce que la religion m'interdisait le plaisir. Des sensations similaires s'emparent de moi quand je vais au cinéma pour la première fois, en compagnie de Stefan et Dittmar.

Cette année-là, mes amis si bienveillants et si pleins d'abnégation font de l'Allemagne mon pays. Leur aide est capitale. Des gestes en apparence anodins produisent un effet gigantesque. Fournir à quelqu'un, au bon moment, une adresse où il trouvera du secours, le numéro de téléphone d'une personne qui lui veut du bien peut être suffisant. Je crois que beaucoup de gens ne comprennent pas à quel point il est difficile de fuir sa patrie et de se recréer des repères dans un nouveau pays. Ce n'est facile pour personne.

Pour moi, et pour beaucoup d'autres réfugiés en provenance de pays qui ne sont pas en guerre, mais où la situation leur fait courir un danger mortel pour des raisons religieuses, l'attente d'une réponse à la demande d'asile est particulièrement éprouvante. Car si la démarche échoue, ce qui est plus probable dans notre cas que dans d'autres, il nous faudra repartir vers une mort certaine, ou se réfugier dans la clandestinité.

Quand il n'y a pas de retour possible, l'espoir d'un meilleur avenir devient la seule chose à laquelle on puisse se raccrocher pour avoir le courage de continuer à lutter.

Grâce à mes amis, grâce à toutes les nouvelles rencontres que j'ai faites dans ce pays étranger, je recommence à vivre. Je peux de nouveau regarder le futur avec confiance.

13

LE PRIX DE LA LIBERTÉ

Aujourd'hui, je suis de nouveau propriétaire d'un vélo. C'est un cadeau de mon amie Andrea. Nous étions invitées toutes les deux à un dîner lorsque j'ai évoqué mon désir de m'acheter une bicyclette, ce qui me permettrait de me déplacer facilement. Elle m'a alors annoncé qu'elle allait m'en offrir une. J'ai voulu refuser, mais je n'avais pas mon mot à dire.

Quelques jours plus tard, nous nous sommes retrouvées devant la boutique dont elle m'avait parlé. Peu après avoir choisi un vélo, je suis montée dessus, dans la cour, et j'ai été submergée par une joie d'enfant. Je me revoyais filer comme une fusée dans les ruelles de Jobar. J'étais à nouveau une petite fille insolente qui faisait les courses les couettes au vent pour sa grand-mère bien-aimée pendant ses vacances d'été. Nous avons acheté la bicyclette et l'antivol qui allait avec. Pour qu'elle ne rouille pas pendant l'hiver, j'ai aussi pris une housse. « Presque comme une abaya », a commenté Andrea, et nous avons éclaté de rire toutes les deux.

Un peu plus tard, quand les températures sont remontées, je vais faire une longue promenade sur mon vélo. Je traverse le pont qui enjambe le Rhin, si haut au-dessus de l'eau, les lumières de la ville brillant autour de moi. J'en ai chaque fois le souffle coupé. Lorsque le soir tombe, l'eau brille de reflets bleu-noir à la lueur des réverbères. À cet instant, tous les possibles s'ouvrent devant moi comme une enfilade de portes ouvertes. Je m'imagine rouler en voiture dans la ville, ou en sortir pour aller à la campagne. Savoir que je pourrai vraiment le faire un jour, que ce n'est plus seulement un rêve sans espoir, me comble de bonheur. Je me promets de passer le permis de conduire. Je me promets d'apprendre si bien l'allemand que je pourrai poursuivre mes études dans ce pays. Je me promets de faire mon possible, d'une manière générale, pour savourer tout ce que cette nouvelle liberté m'offrira.

Je continue à parcourir la ville, je passe devant la cathédrale, devant des musées, des cafés, des restaurants, des gens assis en terrasse bien qu'il fasse déjà assez frais. Je n'ai d'autre but que celui de me perdre dans la nuit et l'anonymat.

Quand je reviens à l'appartement, Amir dort déjà. Je m'allonge à côté de lui. Il faut que je sois près de son corps tout chaud pour me rendre compte que je suis transie de froid. Je me serre contre lui. Cela l'éveille un bref instant. Il s'ébroue et me demande, ivre de sommeil, pourquoi j'ai fait entrer ce froid dans le lit. Je ris, je lui dis que je suis désolée. Cela fait du bien de l'avoir à côté de moi. Amir est comme un pont avec mon ancienne vie. Il est le seul à m'avoir connue quand je portais encore un voile et que j'habitais à Riyad avec mes parents.

Et pourtant, certains jours, je me sens terriblement seule. Ces jours-là, ma nouvelle liberté n'est qu'une promesse creuse dont j'attends l'accomplissement, et ma solitude est une certitude qui pèse lourdement sur mes épaules. Alors tout ce que j'ai abandonné s'empare de nouveau de moi.

C'est par l'un de ces après-midi pluvieux et tristes que je finis par rassembler tout mon courage et que j'ouvre mon ancienne boîte mail, pour la première fois depuis que j'ai quitté l'Arabie saoudite. J'ai évité de le faire par peur de lire des messages de mon père, par peur qu'il ne me considère plus comme sa fille.

Je jette un rapide coup d'œil aux messages qui se sont accumulés dans ma boîte de réception. Ils sont tous de mon père.

Le premier que j'ouvre ne date que de deux jours. « Tu me manques, ma fille. Peux-tu me dire que tu vas bien ? » Je fais défiler la liste. La veille, il m'a écrit : « Tu me manques. Je ne peux pas oublier ma fille. J'espère que tu vas bien. » Mes yeux sont baignés de larmes quand je reprends la lecture de mes messages. Je ne peux pas les lire tous. Mon père m'a écrit presque chaque jour depuis que je me suis enfuie. Je cherche des phrases comme « Tu n'es plus ma fille », mais je ne trouve rien de tel. Chacun de ses messages déborde d'amour et d'inquiétude.

J'ai du mal à décrire ce que je ressens. Tout se passe comme si j'avais abandonné quelque chose et que je me rendais seulement compte après coup combien ce que j'ai laissé derrière moi était important, bon et grand. Penser à mon père déclenche en moi une tristesse qui pèse tant sur ma poitrine que j'ai du mal à respirer. Mon cœur me fait mal. La nostalgie s'infiltre jusque dans mes côtes. Mille souvenirs me passent par la tête. Je me revois petite fille, courant vers la porte d'entrée au moment où il revient du travail. Je me revois me promener avec lui dans les rayons du supermarché. Je sens sa main me caresser la tête au moment où il me demande : « Loulou, ma chérie, comment ça s'est passé à l'école ? »

Que mon père ne m'ait pas reniée est tellement difficile à croire... Ce que j'ai fait est la pire chose qu'une fille puisse infliger à son père dans notre culture. J'ai souillé l'honneur de ma famille. J'ai porté la honte sur mon père. Et pourtant il ne me hait pas ni ne m'écrit ne serait-ce qu'un message teinté de ressentiment. Je me sens aimée, reconnue par lui. Je sens qu'il me considère comme une personne, pas seulement comme une fille qu'il s'agit de marier et qui doit poser le moins de problèmes possible à sa famille. C'est la confirmation de ce que j'ai toujours pressenti : mon père m'aime, moi, Rana, de manière inconditionnelle, telle que je suis. Ce cadeau m'est parvenu après avoir parcouru les six mille kilomètres qui nous séparent. Il m'a attendu tout ce temps dans cette boîte mail que j'ai redouté si longtemps de rouvrir.

271

Je pleure pendant une heure, peut-être deux. Je finis par être trop faible pour pouvoir continuer à sangloter. Je décide d'aller acheter une bouteille de vodka au kiosque. Je veux anesthésier la douleur qui me déchire. J'achète aussi une barre Mars, en souvenir de mon père qui a toujours eu un goût prononcé pour cette friandise.

Quand je reviens chez moi, je suis soulagée de constater qu'Amir est sorti. Dans le cas contraire, il parviendrait certainement à me dissuader de me soûler pour oublier mon chagrin. Il s'inquiéterait pour moi. Je dévore la barre chocolatée. C'est mon premier repas de la journée. Mes mains tremblent quand j'ouvre la bouteille de vodka. Je dois toujours me faire violence pour boire de l'alcool. Je bois aussi vite que je peux. Le goût me répugne, mais au bout de quelques minutes je me sens enfin plus lasse et plus faible.

Au cours des jours suivants, je lis tous les anciens messages de mon père, et les nouveaux qu'il m'envoie presque quotidiennement. Je n'ai pas encore trouvé la force de lui répondre. En me fondant sur les heures d'envoi de ses messages, je constate qu'il ne m'écrit jamais quand il est à la maison, sans doute pour éviter les récriminations de ma mère. Il me raconte qu'elle voulait se débarrasser de tous mes livres, de toutes mes affaires, mais qu'il a rangé les cartons dans le coffre de sa voiture au lieu de les jeter. Depuis, il les promène dans Riyad. Cette image m'émeut, je ne peux m'empêcher de sourire et de pleurer à la fois, car cela signifie que mon père a conservé une partie de moi auprès de lui.

Il m'envoie toujours ses messages peu avant la fin de son travail. Il écrit probablement ses mails dans la voiture, avant de reprendre le chemin de la maison. À quelques reprises, je suis à deux doigts de lui répondre, mais je n'ai pas encore surmonté toutes mes angoisses, j'ai peur que tout sorte de moi d'un seul coup, et, par ailleurs, je ne veux pas lui indiquer où je me trouve exactement.

Je finis par lui écrire un petit mail. J'y raconte que je vais bien et qu'il me manque. Que je suis navrée de ce qui s'est passé. Je tremble en attendant sa réponse, j'ouvre ma boîte toutes les dix minutes en espérant en trouver une. À l'heure habituelle, effectivement, un message arrive.

Je retiens mon souffle. Mais ma peur est infondée, il est tout aussi aimable que les autres. Je suis infiniment soulagée, mais j'ai le cœur serré. Il me manque tant. L'idée de ne plus jamais le revoir est à peine supportable.

Nous sommes régulièrement en contact au cours des semaines qui suivent. Souvent, le matin, il m'envoie des photos de bouquets de fleurs et me souhaite une bonne journée. Le plus souvent ce sont des messages banals dans lesquels nous évitons de parler de ce qui s'est passé, du motif de ma fuite, de mon rejet de la foi, alors que tout cela représente tant de choses pour moi.

Globalement, je vais beaucoup mieux, j'ai retrouvé de la joie de vivre et le plaisir de suivre mes cours de langue. Un jour, l'un de mes condisciples, Saam, me demande si je peux lui prêter mon vélo. Il aimerait aller à la prière du vendredi pendant la pause déjeuner, et la mosquée est trop éloignée pour qu'il y aille à pied. Je suis contente qu'il me demande ce service. Saam est syrien, comme mes parents. Il a quitté Alep avant la guerre, il y a fait de la prison, on l'a frappé, torturé, humilié. C'est un petit homme coquet, au milieu de la cinquantaine, avec des cheveux blancs, un sourire timide et une voix basse. À Alep, il enseignait le droit à l'université. Même à présent, il lui arrive de ne pas pouvoir s'empêcher de nous faire des conférences Pendant les pauses, il nous lit des œuvres du poète syrien Nizar Qabbani, et il le fait avec tant de générosité et de passion que même notre professeur d'allemand, qui ne comprend pas l'arabe, l'écoute avec recueillement. Nous nous immergeons dans les mots splendides que nous offre Saam et nous oublions pour un instant combien la beauté est souvent loin de nous.

Chacun se débrouille comme il peut pour supporter le sentiment d'avoir tout perdu. Saam trouve un appui dans la foi. Il prie cinq fois par jour et est persuadé qu'Allah lui indique le chemin. Il sait que je me suis détournée de l'islam, que, pour moi, depuis ces cinq dernières années, la religion a plutôt été un poids et un danger qu'un soutien. Saam est croyant. Je suis athée. Quand on voit à quel point notre monde est déchiré et l'acharnement avec lequel les gens se combattent pour des motifs religieux, on se dit qu'il est impossible que Saam et moi soyons amis. Mais ce qu'il voit en moi, ce n'est pas ce qui nous distingue, c'est ce qui nous lie. Nous sommes syriens tous les deux, nous apprenons l'allemand tous les deux. Nous cherchons l'asile en Allemagne pour des raisons différentes, mais nous sommes deux êtres humains en détresse. Saam me respecte, et je le respecte. Ce à quoi nous croyons est secondaire, pour lui comme pour moi. Je le sens dans chaque mot qu'il m'adresse. Je lui prête donc mon vélo de bon cœur. Je sais à quel point la prière du vendredi est importante à ses yeux. Ce que lui ne peut pas savoir, c'est à quel point il est important, pour moi, de pouvoir aller à l'école à vélo un vendredi tout à fait ordinaire du mois de mai.

En dépit de mes efforts pour prendre pied ici, la solitude ne cesse de me rattraper et la peur que m'inspire mon frère ne me laisse pas tout à fait en paix non plus. Les choses deviennent sérieuses lorsque j'accepte l'invitation d'un journaliste qui aimerait me recevoir dans son émission pour discuter avec moi de mon point de vue sur la religion. Je me demande dans quelle mesure je me mets en danger en me produisant dans une émission que l'on trouvera aussi sur Internet, en arabe, et que mes parents et mon frère pourront donc comprendre. Cela inciterait-il ce dernier à venir jusqu'ici pour me tuer ? J'ai longtemps hésité. Mais mon instinct de combattante a fini par l'emporter. Moi qui ai tant souffert sous le niqab, je ne peux pas me cacher à présent derrière ma peur.

Les conséquences de la diffusion de la vidéo me stupéfient. Je n'ai encore jamais été autant injuriée. Beaucoup me souhaitent la juste punition d'Allah, me disent que je suis une traîtresse, un déchet. Je m'attendais à des réactions vives, mais cette haine, cette colère, ces attaques personnelles m'atteignent plus que je ne l'aurais cru.

Lorsque je lis mes mails, tard dans la nuit, il s'avère que ma crainte n'était pas infondée : ma famille, elle aussi, a vu la vidéo. Ma mère m'écrit : « Tu n'es plus ma fille. Pourquoi te laisses-tu manipuler par cette propagande ? Nous souffrons tellement, et tout cela à cause de toi et de toi seule. » Elle m'a envoyé d'autres messages, mais je ne les lis pas : celui-là m'a suffi. Je referme l'ordinateur, les larmes aux yeux. L'angoisse se mêle à la tristesse : je tente de ne plus penser à la peur que m'inspire mon frère, qui sait désormais où je vis.

Je sais maintenant que j'ai perdu ma famille à tout jamais. La honte que j'ai fait s'abattre sur elle est devenue publique. À présent, elle ne peut plus me pardonner sans perdre la face. Le pont qui me reliait à mon ancienne vie est détruit pour toujours. Je n'ai plus d'hier, juste un aujourd'hui et peut-être un demain. Pourtant, au cours des journées qui suivent l'émission, je parviens, sans trop savoir comment, à ne pas désespérer, à me raccrocher à l'idée que mon discours a aussi suscité des réactions positives. Je lis des messages de femmes et d'hommes qui vantent mon courage et trouvent admirable de prendre une position aussi forte.

La peur d'une vengeance de mon frère se dissipe elle aussi un peu plus chaque jour, mais sans disparaître tout à fait. À juste titre.

Car si je pensais m'en sortir avec quelques commentaires négatifs sur les propos que j'ai tenus en public, je me suis fait des illusions.

C'est Amir qui, un matin, me suggère d'ouvrir ma page Facebook : je dois voir ce qu'on écrit à mon propos sur le réseau social. Quelqu'un y a téléchargé une interview que j'avais donnée après ma conférence devant le Conseil central des ex-musulmans. Elle est en ligne depuis des mois, et, à l'époque, les réactions avaient été très positives. Mais là, on en a fait un montage, avec des éléments illustrant un propos qui vise à me nuire avec une efficacité maximale. Et à alimenter une chasse à la femme sur Internet.

Lorsque je lis ce post, la vidéo a déjà reçu plus de deux mille commentaires et a été partagée des centaines de fois. Les commentaires sont d'une autre nature que ceux que j'ai pu voir à mon sujet après la première diffusion de ma vidéo. Les messages de haine sont beaucoup plus concrets et les utilisateurs, sur Facebook, sont moins anonymes. Nombre de profils donnent de vrais noms et l'on peut même, pour certains, savoir où ils travaillent et où ils vivent. Un homme qui habite au Liban écrit, en substance, qu'il connaît des personnes au sein du prétendu État islamique qui seraient prêtes à m'assassiner. Il donne le nom d'un homme dont il affirme qu'il va se rendre en Allemagne pour m'exécuter. Il écrit que, dès demain, on trouvera ma tête à côté de mon corps. Un autre en appelle à mon frère pour qu'il accomplisse la mission qui est désormais la sienne : me liquider. Dans une semaine au plus tard, selon lui, ma mort fera les gros titres partout en Allemagne. Les plus anodins de ces messages haineux m'accusent d'être partie en Occident dans le seul but de prendre du plaisir avec des hommes et de boire de l'alcool. Des internautes d'une troisième catégorie me reprochent d'avoir inventé mon histoire pour usurper plus facilement mon titre de séjour en Allemagne. L'un d'eux écrit qu'Allah me punira.

Qu'ils soient de la première ou de la seconde catégorie, ces messages me font mal et me mettent en rage. Mais ceux de la première me plongent dans l'angoisse et la panique. En Islam, il n'y a pas de porte de sortie : tourner le dos à la foi est considéré comme un crime impardonnable et passible de mort.

C'est un traumatisme universel qui nous unit tous, nous, les ex-musulmans : la peur de mourir parce que nous avons rompu avec la religion, la crainte que la peine qu'on nous réserve dans notre pays d'origine ne finisse par nous frapper ici, en Occident. Cette peur persiste toute une vie durant.

Le lendemain, j'appelle des amis pour leur demander conseil. Je vais porter plainte au commissariat : tout le monde me dit que c'est ce que je dois faire. Je sais bien entendu que dans un État comme l'Allemagne il est possible de déposer une plainte, mais je dois avouer que ce n'est pas la première idée qui m'est venue. J'ai vécu trop longtemps dans un pays où une femme victime de violences ne peut s'adresser à aucune autorité susceptible de l'aider. La policière qui m'accueille se montre très aimable et respectueuse à mon égard. Elle prend note de tout ce que je lui dis et m'assure qu'il est illégal de menacer une personne sous cette forme. Cela va de soi, mais ces phrases ainsi que son calme et son sérieux me redonnent la confiance que j'avais perdue ; elle me demande de faire des captures d'écran des menaces les plus graves et de les lui apporter.

En sortant du commissariat, je me rends à mon cours d'allemand. Je me fais l'effet d'une somnambule. J'ai la tête qui tourne, je suis incapable de me rappeler ce qui s'est passé une heure plus tôt. J'erre comme un fantôme. Je ne comprends rien, je suis incapable de me concentrer. Sur le trajet du retour, j'attends à l'arrêt de bus avec d'autres élèves du cours. Deux hommes qui ressemblent à des Syriens se tiennent non loin de nous, et j'ai le sentiment qu'ils parlent de moi, qu'ils me connaissent. Je suis tellement heureuse de ne pas être seule. Tout à coup, je sens une menace derrière toute chose. Le soir, je me fraie un chemin à coups de clics dans les nombreux commentaires publiés sur Facebook et je tente de sélectionner les pires, ceux que je présenterai à la police. C'est un processus douloureux, comme si l'on nettoyait une plaie tout en la rouvrant constamment. Je pleure beaucoup, je passe du temps au téléphone avec Stefan, qui m'avait consolée lorsque les réactions à mon interview vidéo m'avaient mise K-O.

Je savais, à l'époque, que la diffusion de cette vidéo anéantirait tout espoir de réconciliation avec ma famille. Je crains aujourd'hui que les commentaires n'atteignent encore plus la fierté de mon frère et ne l'incitent à venir me tuer. Il est trois heures du matin quand j'ai rassemblé toutes les captures d'écran que j'ai enregistrées et que je déposerai au poste de police. Les mots hantent mes rêves. Je me réveille comme si j'avais subi le supplice de la roue.

Le lendemain, mon compte Facebook est fermé. Je suppose que des utilisateurs intégristes l'ont signalé comme compte spammeur. J'ai entendu dire que les fondamentalistes utilisent cette méthode pour faire taire les athées et les critiques contre l'islam. C'est une nouvelle gifle : ils commencent par menacer de me tuer puis, quand ils comprennent que ce ne sera pas si facile, que je vais me défendre et que je vis dans un pays où des lois me protègent, ils tentent de m'ôter la liberté de m'exprimer publiquement. Fût-ce sur Facebook.

Au début du cours, je raconte à mon professeur d'allemand ce qui m'arrive et je lui demande si, exceptionnellement, je peux sortir avant l'heure. Quand je rentre à la maison, la tête recommence à me tourner. Je m'effondre. Amir me rattrape avant que je ne tombe par terre et il me porte jusqu'au lit. Il reste assis près de moi jusqu'à ce que je sois endormie. Lorsque je me réveille, il a fait cuire des spaghettis et préparé une salade. Je lui suis très reconnaissante de ne pas me laisser seule, et, en même temps, j'aimerais le débarrasser des soucis que je lui cause : ce n'est pas facile, pour moi, de savoir que je fais peser un tel poids sur ses épaules.

Au cours des journées suivantes, mes amis forment un filet qui me rattrape dans ma chute et me retient. Stefan appelle tous les jours pour savoir comment je vais. Nous nous rapprochons encore plus au cours de cette période. Il devient pour moi une sorte de grand frère. Cela peut paraître exagéré, mais, à cette époque où la peur est omniprésente, je vois en lui un ange gardien qui veille sur moi. Quand je suis triste, il me répète que je suis une femme hors du commun, que je suis plus forte que je ne le sais moi-même. Cela fait du bien d'entendre ça. Dans les moments où l'on ne croit pas en soi, c'est une grande consolation d'entendre que d'autres le font pour vous.

Pendant le week-end, les idées noires m'envahissent entièrement. J'ai des crises de panique et des insomnies interminables, j'arrive à peine à avaler quelque chose. Durant ces heures que je passe éveillée sur mon lit, je m'imagine comment mon frère va faire pour me retrouver. J'échafaude différents scénarios : il va prendre l'avion pour la Belgique et, de là, le train pour l'Allemagne. En tant que Syrien, il aurait sans doute des difficultés à y entrer directement. Mais, qui sait, peut-être y parviendrait-il quand même ? Je ne pourrais rien faire pour m'y opposer. Je ne peux pas être certaine qu'il projette de me tuer, il n'y a rien d'écrit, rien de concret que je puisse présenter contre lui. Mais je constate au cours de ces journées qu'une autre peur s'ajoute à celle-ci. Celle que mon frère, même à présent, n'exerce encore une forte influence sur moi, et que, à cause de lui, je renonce à donner à mon rêve de vie libre toute l'ampleur que je me suis toujours promis de lui accorder. C'est à cause de mon frère que j'ai pris la fuite, à cause des contraintes auxquelles j'étais soumise et dont j'ai tant souffert. Dès lors que je me soumets ici à des contraintes du même type, même si je me les fixe moi-même, mon frère a gagné. Je ne lui offrirai pas ce triomphe. Ce que je dois faire, c'est compenser par quelque chose qui en vaille la peine tout ce que j'ai abandonné derrière moi. Une vie dans la peur n'est pas une vie. Et, après tout, c'est pour être libre que je me suis évadée.

Il m'arrive de me sentir comme un arbre qu'on a transplanté et qui n'a pas encore vraiment pris racine. La seule chose que je dois faire, c'est regarder vers l'avant et construire un avenir qui, un jour, aura plus de poids que mon passé. Tendre les bras pour attraper les bonnes choses qui m'attendent. Pousser en direction de mon bonheur et lui donner du temps pour étendre ses racines.

Car ce bonheur ne va pas de soi. J'en ai un exemple concret au mois d'avril, lorsque Dina Ali s'adresse à moi *via* un contact commun et me demande de lui envoyer un message. Dina a entendu parler de mon histoire et a elle aussi quitté l'Arabie saoudite pour vivre libre. Elle a fui pour échapper à un mariage forcé. Quand j'en entends parler, elle est bloquée, morte de peur, dans un aéroport à Manille. Elle comptait y prendre un avion pour l'Australie, mais on ne l'a pas laissée partir. Son passeport lui a été confisqué, probablement parce que ses parents ont eu vent de son projet avant qu'elle ne soit arrivée en terrain sûr. J'écris aussitôt à tous les contacts qui me viennent à l'esprit : journalistes, représentants de l'ONU, organisations de défense des droits de l'homme dans le monde entier. Il faut l'aider de toute urgence, sous peine de voir quelque chose de terrible se produire. Mais il ne se passe rien. Personne ne peut aider Dina : elle est retenue pendant treize heures à l'aéroport et doit finalement repartir pour Riyad avec deux hommes de sa famille – la communauté de Twitter se passionne pour son destin, on suit le vol de l'avion, les internautes cherchent des moyens de la sauver une fois qu'elle est sur place, à Riyad. Ce sont des heures dramatiques, mais elle n'a aucune chance. Après l'atterrissage, elle est arrêtée et, probablement, conduite dans une prison pour femmes. On ne le sait pas exactement. On ignore, aujourd'hui encore, ce qu'elle est devenue. Y penser me brise le cœur. Je continue à écrire à son propos et j'essaie de faire en sorte qu'on ne l'oublie pas. Mais la vie du monde reprend rapidement son cours habituel. À part quelques militants, tout le monde a oublié Dina.

Cela aurait pu m'arriver. On aurait pu me barrer la porte de l'émigration, à moi aussi. J'ignore ce qu'il serait advenu de moi. Je ne peux m'empêcher de repenser sans arrêt à une phrase de Hamza Kashgari, un journaliste et blogueur saoudien un peu plus jeune que moi auquel ses propos ont également valu un séjour en prison à l'époque où je vivais encore à Riyad : « Les femmes saoudiennes n'iront pas en enfer, il y a longtemps qu'elles y vivent. »

Et les femmes ne sont pas les seules. À l'époque où je me trouvais à Riyad, l'histoire d'un individu avait profondément ébranlé ma foi dans ce pays : celle du blogueur saoudien Raif Badawi, arrêté un dimanche du mois de juin parce qu'il avait osé critiquer le gouvernement saoudien. J'étais horrifiée. À cette date, j'avais déjà de sérieux doutes à propos de Dieu. Pour moi, Badawi était un héros. Son courage illuminait un chemin dont j'ignorais jusqu'à l'existence : refuser, dans ce pays, de vivre sur le mensonge, s'engager, au contraire, pour quelque chose auquel on croit. C'est par Twitter que j'ai appris son arrestation. À ce moment-là, j'ai éprouvé une profonde répugnance pour mon pays et pour les gens cruels qui avaient mis Badawi derrière des barreaux. Ce jour-là, même l'air qu'on respirait en Arabie saoudite me donnait des haut-le-cœur, comme s'il avait été empoisonné par l'haleine de ceux qui ne traitent pas les êtres humains comme des humains. Badawi a été condamné à dix ans de prison et mille coups de fouet, une peine qui pourrait lui coûter la vie. Un vendredi, en janvier 2015, cinq mois avant mon évasion du royaume, Badawi a reçu sa première série de coups de fouet. Traditionnellement, les incroyants et les blasphémateurs sont punis le vendredi, après la prière qui, ce jour-là, est la plus importante de la semaine. J'ai vu sur Internet la vidéo de la première partie du supplice. Quelqu'un l'avait postée sur YouTube. Je me suis caché les yeux derrière mes mains, tant cette scène était atroce ; j'étais incapable de croire que cela se déroulait vraiment, dans mon pays, dans ma ville, à quelques kilomètres seulement de ma chambre.

Cet après-midi-là, ma mère m'a demandé si je voulais les accompagner, mon père et elle, au centre commercial. J'ai décliné l'invitation en prétextant des maux de ventre. Je n'ai rien pu manger ce jour-là, je ne voulais pas quitter ma chambre. Et je n'ai pas arrêté de regarder cette vidéo atroce. Je me suis forcée à ne pas me cacher la réalité des choses. Le monde occidental a condamné ces coups de fouet, mais il m'a semblé que c'était du bout des lèvres. La richesse de mon pays le protégeait visiblement de sanctions trop sévères. Même des États libres comme l'Allemagne n'ont pas protesté assez vigoureusement à mon goût. L'Arabie saoudite est, après les Émirats arabes unis, le principal partenaire commercial de la République fédérale dans le monde arabe. L'Allemagne est le troisième fournisseur d'armes du monde, et l'Arabie saoudite l'un des principaux clients de l'industrie allemande de l'armement.

J'ai échappé à cet enfer, et par mes propres moyens. J'aimerais faire quelque chose de cette vie que j'ai conquise au prix d'un si dur combat.

Je parviens à redonner à mon quotidien une sorte de normalité. Les cours d'allemand me procurent une structure solide, et je vois quel bien cela me fait de me concentrer sur mon apprentissage de cette langue.

Deux mois après ces menaces de mort, je suis réveillée par le soleil qui brille dans ma chambre. C'est un samedi et je me lève désormais de bonne heure même le week-end, parce que l'école m'en a donné l'habitude. Ce matin-là, je sens que quelque chose de neuf commence. Amir me prête de l'argent. J'en ai trop dépensé ce mois-ci et je suis complètement à sec, mais mon école organise le lundi un repas pour lequel chacun doit apporter un plat typique de son pays. J'aimerais préparer mon préféré, l'*al kabsa*. Amir m'aide et je lui promets en contrepartie d'en faire cuire suffisamment pour qu'il lui en reste une belle part. J'achète au supermarché arabe du coin de la rue du poulet, du riz et les épices nécessaires pour l'*al kabsa* dont le parfum me rappelle le pays où je suis née.

Le dimanche, je prépare le poulet. Je ne peux m'empêcher de penser à ma mère − c'est elle qui m'a appris cette recette. J'avais dix-neuf ans à l'époque, et il me semblait alors que le monde fonctionnait normalement, qu'il n'y avait aucune contradiction à y apporter, que tout s'agencerait comme il le fallait pour peu que j'épouse un homme et que je fonde une famille. Il est rare que je pense à ma mère depuis qu'elle m'a rejetée. Le faire me cause trop de douleur. Je suis encore blessée. Mais lorsque je mélange la cardamome, les clous de girofle, le *baharat*, la cannelle et le poivre au riz encore sec, lorsque la cuisine s'emplit du parfum qui l'envahissait quand j'étais petite fille, je ne peux pas empêcher le souvenir de ma mère de remonter à la surface. Maman, me dis-je, même si tu ne m'aimes plus, moi je t'aime toujours. Je pense aux beaux moments que nous avons partagés − car il y en a eu aussi. Lorsque j'étais petite, il lui arrivait de me caresser la tête, comme mon père, et de se moquer de ma curiosité en me voyant, assise sur ma chaise, l'observer pendant ses préparatifs. Maintenant que l'eau bout sur la plaque avec le poulet, les écorces de cannelle et les oignons, je me dis que, même si le gouffre qui s'est ouvert entre nous ne sera jamais comblé, je continue à porter beaucoup d'elle en moi. Je tente d'y trouver une sorte d'amour qui me console de ce qui a cessé d'être. Les odeurs qui se sont élevées dans la cuisine sont un morceau de mon enfance, qui a trouvé sa place ici, à Cologne, si loin de tous ceux que je connaissais enfant.

Le lendemain matin, je me lève de très bonne heure pour terminer la préparation de l'*al kabsa*. Je vais en apporter une quantité respectable à l'école. Personne ne doit pouvoir dire, à la fin du repas, qu'il en aurait bien repris un peu. Cela aussi, on me l'a appris dans mon enfance : quand on prépare le repas pour d'autres que soi, on n'en fait jamais trop, il vaut mieux qu'il en reste. J'emballe le tout dans un grand récipient en plastique et je me réjouis déjà de faire découvrir mon plat préféré aux élèves et aux professeurs du cours. J'espère qu'il leur plaira.

À mon père, ce soir-là, j'écris qu'il me manque, que je pense souvent à lui, mais que je vais bien malgré tout. Je lui raconte même ce que j'ai préparé ce jour-là. Qu'il soit revenu dans ma vie, au moins par ce biais, me rend beaucoup de choses plus faciles, même s'il est aussi devenu plus compliqué de refouler la tristesse et le sentiment de solitude.

Nous ne tardons pas à quitter le champ des banalités – nous sommes trop proches pour ne pas être honnêtes l'un vis-à-vis de l'autre. Nous abordons donc, prudemment, les sujets difficiles. Pendant des semaines, je me demande si mon père a vraiment compris que je suis désormais athée, ou bien si, contrairement à ma mère, cette idée n'occupe pas tout son esprit. Mon père me demande si je suis en bonne santé. Je lui parle de mon cours d'allemand, tout en veillant à ne pas mentionner la ville dans laquelle je vis. Il se réjouit que j'aie repris des études. Et un jour, enfin, il écrit dans un mail une réponse à une question que je n'aurais jamais pu lui poser, que je n'aurais même jamais eu le courage d'évoquer parce que je ne voulais en aucun cas courir le risque de le perdre encore une fois : « Je sais que tu es différente à présent, Loulou. Que tu crois à d'autres choses que moi, ça ne me dérange pas. Tu restes ma fille malgré tout. »

Lorsque je lis ces lignes, je ressens, pour la première fois depuis que la porte de la voiture s'est refermée à Riyad le 19 mai 2015, une légèreté qui se diffuse de mon ventre jusqu'à mon cerveau et mes jambes, presque comme si la joie allait me forcer à danser ou à faire des bonds. Ce que j'ai toujours souhaité en secret sans jamais vraiment oser l'exprimer s'est concrétisé : mon père continue à me soutenir, bien que je l'aie abandonné, couvert de honte et plongé dans l'inquiétude. Comment est-il possible que quelqu'un soit aussi bon avec moi ? Je suis emplie d'une douleur joyeuse que je ne parviens pas à décrire, un mélange de bonheur à l'idée que mon père m'aime à ce point et de douleur quand je pense à l'ampleur de cette perte. J'éprouve une telle reconnaissance. L'ancienne Rana, que j'ai oubliée depuis longtemps et que j'ai crue perdue à tout jamais, cette Rana-là existe encore. Dans le cœur de mon père, elle et moi sommes une seule et même personne.

ÉPILOGUE

En mai, je m'installe enfin dans mon premier appartement bien à moi : une grande étape. J'ai longtemps rêvé de disposer d'un espace pour moi toute seule. Amir était triste quand je lui ai dit que j'envisageais de déménager, mais il a fini par l'admettre. Le fait que j'aie mis beaucoup de temps à trouver le logement adéquat l'a certainement aidé à s'habituer à cette idée.

Tout ce que je possède tient toujours dans un taxi. Je laisse les meubles à Amir. Je n'emporte que mes vêtements, mes livres, mon ordinateur portable, mes produits de beauté et quelques affaires pour la cuisine. Amir a déjà déménagé quelques jours plus tôt. Nous avons décidé de nous voir au moins une fois par semaine. Je sais depuis longtemps qu'il aurait aimé un plus grand engagement de ma part, alors je l'ai laissé partir pour que cet amour, qui ne sera jamais aussi profond qu'il l'aurait souhaité, le tourmente le moins longtemps possible.

Pourquoi suis-je incapable de m'engager dans un amour de ce type ? Peut-être parce que je suis justement en train, pour la première fois, de construire une vraie relation avec moi-même. Je suis venue dans ce pays pour être libre, pour prendre enfin mes propres décisions et pour mener ma vie en toute indépendance. Il ne serait pas loyal de demander à Amir d'y jouer un simple second rôle. Je devine qu'il a besoin de quelqu'un qui lui accorde de la place, qui le mette au centre de sa vie. Je sens que son amour pour moi a mûri mais n'a pas disparu. Le voyage dont nous sommes venus à bout a été trop difficile, trop dangereux et trop imprévisible pour que nous puissions jamais nous détacher totalement l'un de l'autre. Mais nous n'en sommes plus au stade où il ferait tout pour nous empêcher d'aller chacun de son côté. Son amour est devenu adulte et moins exigeant.

Nous nous disons au revoir dans ce qui aura été notre premier appartement, le premier en tout cas qui nous aura donné l'impression d'être un chez-soi, et pas seulement un lieu où nous pouvions reprendre brièvement notre souffle. Combien de lits avons-nous partagés ? Combien de malheurs, combien de moments d'amour et de rire ? Tant de choses lourdes, mais aussi une légèreté qu'on ne peut ressentir que lorsqu'on n'a plus de repères et que la peur nous étouffe. Des moments comme celui où nous avons mangé une glace sur le port d'Izmir, très loin de chez nous, sans projet, sans avenir et pourtant heureux des petites et des belles choses, par exemple. Nous avons tous les deux le don rare de pouvoir jouir de l'instant présent sans penser à ce qui va suivre. Nous nous regardons dans les yeux. Il y a beaucoup à dire, alors nous ne disons rien. C'est un au revoir sans paroles. Pas un adieu.

Je me rends en taxi à mon nouvel appartement. Je dépose les quelques sacs et sacoches qui contiennent mes affaires. J'ai désormais une grande chambre claire pour moi toute seule, c'est à moi qu'il revient de la meubler comme je l'entends et d'en faire mon foyer.

Je retourne en train à mon ancien appartement pour récupérer mon vélo. Après un coup d'œil à nos fenêtres vides, je me mets en selle et file vers le centre-ville et mon nouveau logis. Je n'ai de comptes à rendre à personne, ni sur l'endroit d'où je viens ni sur celui où je vais. Cela dépend maintenant de moi seule. Que mon histoire tourne bien ou mal, ici, dans cette ville, c'est en grande partie moi qui en serai responsable. Pendant les premières nuits, je dors comme j'ai rarement dormi jusqu'ici. Quand j'éteins la lumière, le silence règne tout autour de moi. Je suis seule. Je sombre dans un profond sommeil, comme si je pouvais enfin me libérer de l'épuisement accumulé de l'année passée. Comme si j'avais besoin de tout cet espace pour y parvenir. Tout est si calme, si paisible autour de moi quand je me réveille qu'il m'arrive parfois de me demander, si tout cela, ma vie dans cet appartement, est un rêve ou la réalité. Quand le sommeil s'est éloigné de moi, comme un tissu qui vous glisse des épaules, je prends conscience, désormais, que je suis bien dans ma nouvelle réalité. Je suis une femme indépendante dans un pays libre et peu de choses pourraient être plus belles que cela. Ce genre de vie n'était pas du tout prévu pour une femme comme moi. Parfois, je me demande comment j'y suis arrivée et je ne peux m'empêcher de sourire.

Un après-midi, une semaine après mon déménagement, j'entre dans un café après mon cours d'allemand. Je commande un cappuccino. Je suis seule à ma table. Je regarde les gens assis autour de moi, ils sont deux par table ou seuls devant leur ordinateur, un livre à la main ou les yeux rivés à un téléphone. J'observe les hommes et les femmes qui marchent dans la rue. Les voitures qui passent. Je perçois tout cela, j'observe toute l'activité autour de moi, la vie quotidienne à Cologne.

Pour moi, cette liberté n'ira jamais de soi. C'est peut-être le cadeau que j'ai reçu en dédommagement de tout ce que j'ai dû sacrifier : éprouver une reconnaissance perpétuelle. J'aime être dans la rue après une averse et sentir l'air frais. Quand je roule à vélo sur l'asphalte encore humide et imprégné du parfum d'un orage qui vient de se dissiper, il m'arrive de me rappeler combien de fois j'ai demandé à mon frère ou à mon père de me conduire, vitres ouvertes, dans les rues de Riyad après qu'il avait plu. Je voulais simplement sentir l'odeur de l'air. Le plus souvent, ils trouvaient ça idiot ou étaient trop fatigués pour me promener en ville ; de toute façon, le niqab réduisait mon champ de vision, diminuant d'autant l'intensité de mon émotion. À présent j'exauce mes vœux moi-même.

Le 19 mai 2017, je célèbre les deux ans de mon évasion comme si c'était mon anniversaire. Une semaine à l'avance, je réserve dans un café au sud de la ville une grande table et un buffet : poulet, frites, mozzarella. J'invite tous ceux qui m'ont permis de vivre cette journée ou qui ont été là pour moi quand je doutais que ma fuite avait un sens : Amir, Stefan, Claudia, Dittmar, Andrea… J'aimerais leur porter un toast. Quand je me réveille, ce matin-là, je vais chercher mon hijab, mon niqab et mon abaya dans le vestiaire. Je les ai gardés dans un sac pendant tout ce temps. Je me revêts de tout cela comme je l'ai fait une, deux, trois fois par jour pendant toute ma première vie, et je regarde mon image dans le miroir. Une montagne noire de tissu. La seule chose qu'on puisse reconnaître de moi, ce sont mes yeux. C'est un sentiment étrange, tellement familier et pourtant si éloigné. Le simple fait de respirer de nouveau à travers le voile me renvoie aussitôt à l'époque où je ne croyais déjà plus en Dieu. J'ôte le foulard, le niqab, l'abaya. Me voilà vêtue d'un pantacourt en jean et d'un marcel rose, devant la glace. Je suis fière d'avoir été assez forte pour pouvoir me métamorphoser en cette jeune femme moderne et libre.

Cette journée est plus importante pour moi que tous les autres jours de fête de l'année. C'est en réalité l'anniversaire de ma vraie naissance.

Le soir, le cœur battant, j'attends mes invités au café. Stefan et Amir apportent des ballons à l'hélium qui se collent au plafond quand je les lâche. Stefan m'offre un parfum français qui s'appelle « La vie est belle » et correspond exactement à ce que je ressens ce soir-là. Je me réjouis de ces cadeaux, des visages heureux de mes amis, de cette soirée particulière. Nous mangeons, nous buvons, nous rions, nous parlons. Au cours de la soirée, je ne cesse d'observer mes amis, je suis tellement heureuse d'avoir rencontré ces gens merveilleux. J'ai peine à croire que j'ai fait la connaissance de tant de gens, que je suis allée dans tant de lieux, que j'ai pris tant de décisions avant de me retrouver ici, dans ce café, à cette table. Je me réjouis déjà de l'année à venir, de tout ce qui m'attend. J'aimerais aménager mon appartement, passer mon examen d'allemand. À partir de cet été, je fréquenterai une classe de mise à niveau pour pouvoir aller au terme de mon diplôme. Ensuite, je pourrai aller faire des études dans une université allemande – des études de physique, bien entendu. Ce soir-là, parmi ces gens magnifiques, je vis un moment de calme et de paix. À cet instant, je comprends que j'ai enfin commencé ma nouvelle vie. Je me sens suffisamment forte pour appeler mon père au téléphone le lendemain. C'est la première fois que j'entendrai sa voix depuis que je suis montée dans l'avion qui allait me conduire à Istanbul, deux ans plus tôt. C'est avec cette pensée que je tombe sur mon lit ce soir-là, épuisée, mais heureuse.

REMERCIEMENTS

On ne mène aucun combat toute seule. Parmi les personnalités et les scientifiques hors du commun que j'admire, beaucoup ont pu aller aussi loin parce qu'il y en avait eu d'autres pour les aider et leur permettre d'aller plus haut.

Sans ces nombreuses personnes admirables qui ont peuplé ma vie, je n'aurais pas eu de livre à écrire ni ma nouvelle vie à commencer dans un pays libre. Je remercie Hossein, un ex-musulman de Syrie que je connais depuis 2013 et qui m'a aidée à m'enfuir, même si je ne sais ni à quoi il ressemble, ni quel âge il a, ni comment il s'appelle réellement. Il a toujours été là quand j'avais besoin que quelqu'un m'écoute, en particulier au cours des mois difficiles qui ont précédé ma fuite. Je vois en lui un ami authentique, même si nous ne nous connaissons que par Internet, et il m'a confortée dans ma décision de quitter l'Arabie saoudite.

Merci à Lina, merci à Nona, merci à tous ceux dont je ne peux citer le nom parce que cela les mettrait en danger, qu'ils soient en Arabie saoudite ou ailleurs.

Quand j'ai enfin échappé à cet enfer et que je suis arrivée en Turquie avec seulement deux cents dollars en poche, ce sont Armin Navabi et le réseau d'Atheist Republic qui m'ont prêté assistance. Je ne sais pas comment j'aurais survécu autrement. J'espère que je pourrai faire un jour la connaissance en chair et en os de tous les membres de cette communauté rencontrée sur la Toile et les remercier personnellement les yeux dans les yeux. Armin, tu es notre héros athée. Merci pour tout, et pour m'avoir appris ce que l'humanisme signifie réellement.

Merci à Maryam Namazie, qui a un si grand cœur, merci à Imtiaz Shams, qui déploie une telle énergie dans ce qu'il fait. Merci à Poppy et Andrew.

Merci à Richard Dawkins, dont je n'aurais jamais osé rêver recevoir le soutien. Il est l'auteur du livre qui a déclenché en moi cet éveil qui m'a conduite là où je vis désormais. Merci pour tout, pour le savoir que vous partagez et pour chaque instant que vous consacrez à votre mission qui consiste à faire de ce monde un lieu meilleur pour nous tous.

Merci à Iman, en Arabie saoudite. J'admire ton courage et j'espère que nous nous rencontrerons un jour. Merci à Ahmed, du Koweït, tu as été comme un frère pour moi. Merci à Sally Abazeed, ton aide a beaucoup compté. Merci à Farrokh, en Iran, et à Heder, en Irak, qui ont eux aussi, l'un comme l'autre, rompu avec la religion.

Lorsque je suis arrivée en Allemagne, sans connaître personne, bien des choses étaient difficiles, mais j'ai eu la grande chance de faire la connaissance de Mina Ahadi, qui m'a ouvert tant de portes. Grâce à elle, j'ai pu tenir mon premier discours ; et c'est grâce à elle qu'il existe un réseau d'ex-musulmans en Allemagne. Merci aussi à ma nouvelle famille, la Fondation Giordano Bruno, merci à Michael-Schmidt Salomon, Stefan Paintner, Dittmar Steiner.

Sans parler l'allemand, je ne serais pas allée loin dans mon nouveau pays. J'aimerais remercier tous ceux qui m'ont permis d'apprendre cette langue. Merci à M. Nink et à Mme Kilian, de l'IHK-Stiftung für Ausbildungsreife und Fachkräftesicherung. Sans eux, fréquenter cet établissement de remise à niveau serait encore à l'état de rêve.

Merci à la police de Cologne, grâce à laquelle je me suis sentie en sécurité et protégée lorsque des anonymes m'ont menacée sur Facebook.

Un grand merci à la femme qui a toujours cru en moi, qui m'a toujours aidée, qui a toujours été là pour moi : merci à toi, Heidrun Stangenberg, d'être mon amie et de me soutenir en toute occasion, merci d'être celle que tu es.

J'aimerais en outre remercier mon agent, qui a investi tant de travail pour mettre ce projet en œuvre, a tout fait pour que ce livre devienne réalité, a toujours été à mes côtés quand j'avais besoin d'aide et a fait preuve en tout cela d'une incroyable patience. Je te remercie de tout cœur, Felix Rudloff.

Enfin, j'aimerais remercier ma coauteure, Sarah Borufka. Sans ta voix, ce livre n'aurait jamais vu le jour. Nous avons franchi des obstacles ensemble, traversé la tête haute des périodes de stress, et au terme de ce travail en commun il y a cette histoire. Merci pour ta patience, tes mots et notre admirable livre.

Merci aux éditions btb-Verlag et à son équipe magnifique, merci à tous ceux qui ont cru à ce projet.

TABLE DES MATIÈRES

Composition et mise en pages
Nord Compo à Villeneuve-d'Ascq